4.95

YR HAF HIRFELYN

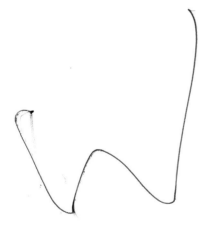

YR HAF HIRFELYN

Nofel i'r dysgwyr hŷn

THE LONG GOLDEN SUMMER

A novel for older, more advanced Welsh Learners

IVOR OWEN

GWASG GOMER
1988

Argraffiad Cyntaf - 1988

ISBN 0 86383 309 8

Dymuna'r cyhoeddwyr gydnabod cymorth a chyfarwyddyd Adrannau'r Cyngor Llyfrau Cymraeg a noddir gan Gyngor Celfyddydau Cymru.

Argraffwyd gan J. D. Lewis a'i Feibion Cyf.,
Gwasg Gomer, Llandysul, Dyfed

I'r ddau gyfaill
W. H. D. a J. L. W.

CYNNWYS

To the Reader

This novel is for older readers who have reached a comparatively high standard in Welsh. We think that it is suitable for you who are approaching 'the Bridge', or who already have both feet on 'the Bridge'.

The vocabulary is extensive, and the text contains most of the grammatical constructions that occur in Welsh, as well as examples of the various tenses and conjugations of verbs. Among the verb tenses, towards the end of the novel, there are examples of the concise forms of the imperfect tense of verbs, and of the impersonal form of the past tense. But don't let such grammatical terms frighten you. Of course, it is worth knowing the terms; they can serve as guide-lines. But you didn't learn to speak your mother tongue by learning the rules of grammar, but by listening to words and sentences being repeated over and over again, and then imitating what you have heard. There is constant repetition of vocabulary, phrases and sentences in this novel, and if you find any difficulty in understanding their meaning, you will be assisted by the vocabulary and notes at the end of the book.

Some more literary forms are introduced in the latter chapters of the novel, more particularly in negative dependent clauses. You will find no trouble in understanding and learning them. Your Welsh will be that much better for using them; that much better too for imitating in your own speech the vocabulary and phrases in the novel.

The conversation and speech in the novel have the flavour of the South Wales dialect, and you will find such words and phrases as 'cer' and 'dere', and 'lan y llofft' and 'cwtsh-dan-stâr'. These forms may be familiar enough to readers in North Wales too. In any case, North Wales equivalents are given in the notes and even in the text itself.

The text also includes the words of some Welsh folk songs, and some lines from a famous sonnet by Sir Thomas Parry-

Williams. The notes contain translations of these, as well as explanations of any references to historical characters.

Here's wishing you fun as you read, and one hopes that you will derive pleasure from the novel. It is a light novel. Light? Perhaps it is not so light after all!

At y Darllenydd

I chi'r dysgwyr hŷn sy wedi cyrraedd safon weddol uchel yn y Gymraeg y mae'r nofel hon. Credwn ei bod hi'n addas i chi sy'n nesu at 'y Bont', neu sy, hyd yn oed, â'ch dwy droed ar 'y Bont' yn barod.

Mae'r eirfa'n eang ac mae'r testun yn cynnwys y rhan fwyaf o'r cystrawennau brawddegol sy yn y Gymraeg, ynghyd ag enghreifftiau o wahanol amserau a rhediadau berfau. Ymhlith amserau'r berfau, tua diwedd y nofel, mae enghreifftiau o ffurfiau cryno amser amherffaith berfau, ac o ffurf amhersonol yr amser gorffennol. Ond peidiwch â gadael i dermau gramadeg fel hyn eich dychryn chi. Wrth gwrs, mae'n werth gwybod y termau gramadeg; fe allan nhw fod yn ganllawiau i chi. Ond nid trwy ddysgu rheolau gramadeg y dysgoch chi siarad eich mamiaith, ond trwy wrando ar eiriau a brawddegau'n cael eu hailadrodd drosodd a throsodd, ac yna ddynwared yr hyn roeddech chi'n ei glywed. Mae ailadrodd cyson yn y nofel hon o eirfa, ymadroddion a brawddegau, ac os cewch chi unrhyw anhawster i ddeall eu hystyr o'r testun ei hunan, fe gewch chi bob help yn yr eirfa a'r nodiadau ar ddiwedd y llyfr.

Mae rhai ffurfiau mwy llenyddol yn cael eu cyflwyno ym mhenodau olaf y nofel, yn fwyaf arbennig mewn is-gymalau dibynnol negyddol. Chewch chi ddim trafferth i'w deall a'u dysgu nhw. Fe fydd eich Cymraeg chi gymaint â hynny'n well o'u harfer nhw wedyn; gymaint â hynny'n well hefyd wrth ddefnyddio'r eirfa a'r ymadroddion sy yn y nofel yn eich siarad eich hunain.

Mae naws tafodiaith De Cymru yn y sgwrsio a'r siarad yn y nofel, ac fe gewch chi eiriau ac ymadroddion megis 'cer' a 'dere', 'lan y llofft' a 'cwtsh-dan-stâr'. Mae'n bosibl bod y ffurfiau hyn yn ddigon cyfarwydd i ddarllenwyr y Gogledd hefyd. Beth bynnag, mae'r cyfystyron yn iaith y Gogledd i'w cael yn y nodiadau a hyd yn oed yn y testun ei hunan.

Mae yn y testun eiriau rhai caneuon gwerin Cymru, a rhai llinellau o soned enwog gan Syr Thomas Parry-Williams. Mae'r nodiadau'n cynnwys cyfieithiadau o'r rhain, yn ogystal ag egluro unrhyw gyfeiriadau at gymeriadau hanesyddol.

Hwyl i chi gyda'r darllen, a gobeithio y cewch chi lawer o bleser o'r nofel. Nofel ysgafn ydy hi. Ysgafn? Efallai nad ydy hi mor ysgafn wedi'r cwbl!

1. Y Tro Olaf

Roedd haul cynnes yr haf yn diflannu'n araf dan donnau'r bae. Roedd ei wrid ar y môr ac ar yr awyr uwchben. Ar graig ar y bryn, yn gwylio'r olygfa hardd, roedd gŵr ifanc a merch yn eistedd, ac roedd braich y gŵr ifanc am ganol y ferch. Doedd dim geiriau rhyngddyn nhw. Roedden nhw'n eistedd yn dawel, dawel yn mwynhau'r baradwys o'u cwmpas. Ond toc, dyna'r ferch yn troi ei phen at y gŵr ifanc ac meddai hi,—

'Y tro olaf, Aled?'

Symudodd y gŵr ifanc ddim, dim ond dal i edrych ar yr haul yn mynd i lawr.

'Aled, fe glywaist ti?' meddai'r ferch wedyn.

'Do, fe glywais i.'

'Dyma'r tro olaf i ni eistedd yma ar y graig . . . yn y baradwys yma?' Cwestiwn oedd gan y ferch.

'Y tro olaf, Catrin. Ie, y tro olaf. Yfory, fe fyddwn ni'n gadael y coleg, yn gadael y baradwys yma, fel rwyt ti'n dweud, a welwn ni mo'n gilydd am . . . amser mawr . . . am byth efallai.'

'Aled! Paid â siarad fel yna. Byth eto? Cofia, fe fyddwn ni'n cwrdd yr wythnos nesaf yn y seremoni graddio.'

'Byddwn, ond beth wedyn?'

'Gwrando, Aled. Fe fydd rhaid i ni gwrdd. Fe fydd rhaid i ti ddod i fy ngweld i, ac fe fydd rhaid i fi ddod i dy weld ti. Rydyn ni wedi bod gyda'n gilydd am . . . am dair blynedd nawr.'

'Ydyn, Catrin, ac rydyn ni wedi cael amser da gyda'n gilydd. Sgarmes nawr ac yn y man,' meddai Aled a gwên ar ei wyneb, 'ond rydyn ni wedi bod yn ffrindiau da drwy'r amser.'

'Ac mae rhaid i ni ddal i gwrdd.'

'Sut gallwn ni gwrdd, Catrin? Fe fydd milltiroedd rhyngon ni. Wela i ddim gobaith am y dyfodol o gwbl.'

Tynnodd Aled ei fraich yn rhydd, a dal ei ben rhwng ei ddwy law.

'Nac oes, does dim gobaith.'

'Paid â siarad fel yna, Aled, neu fe fydda i'n torri fy nghalon.'

Cydiodd Catrin yn ei ddwylo a'u gwasgu. Ond tynnodd Aled ei ddwylo'n rhydd.

'Gwrando, Catrin. Fe fyddwn ni'n gadael y coleg yma yfory. Rwyt ti'n lwcus. Yfory fe fyddi di'n mynd adref i dy bentref bach yn y wlad, ac mae swydd gen ti'n barod. A fi? Fe fydda i'n mynd adref hefyd, ond nid i bentref bach hyfryd, ond i un o bentrefi'r mwg a'r glo mân . . . i Drefynach. Mae'r pwll glo'n gweithio yno o hyd, wrth lwc, ond fydd dim gwaith i fi yno. Does dim swydd gen i i fynd iddi. Mynd adref i fynd ar y dôl; dyna beth fydda i'n ei wneud.'

'Rwyt ti'n siŵr o gael swydd cyn bo hir, Aled.'

'Cyn bo hir? Hy! Rydw i wedi ceisio am ugain o swyddi'n barod. Doeddwn i ddim wedi cael fy ngradd pan oeddwn i'n cynnig am y swyddi yma, mae'n wir, ond fe ges i dysteb dda gan yr Athro Jones, chwarae teg iddo fe.'

'Tysteb ardderchog, ddywedwn i, Aled.'

'Wel, tysteb ardderchog, te, ond doedd hi ddim yn ddigon da i gael swydd i fi. A dyma'r pwynt, Catrin. Fydd dim gobaith am gael swydd nawr am fisoedd.'

'O, bydd . . . bydd.'

'Na fydd. Mae pob swydd sy i ddechrau ym mis Medi yn llawn erbyn hyn, a fydd dim swyddi newydd tan fis Ionawr. Felly, fe fydda i ar y dôl tan fis Ionawr, yn siŵr i ti. Ac fe fydda i'n lwcus i gael swydd bryd hynny.'

'Gwrando, Aled. Gradd mewn Cerddoriaeth sy gen ti, felly does dim rhaid i ti edrych am swydd mewn ysgol. Mae swyddi eraill i gerddorion, siŵr o fod. Rwyt ti'n gallu canu'r piano a throi dy law at offerynnau eraill. Mae'n bosibl cael swydd mewn cerddorfa . . . neu . . . neu . . .'

'Neu beth, Catrin? Na, rydw i eisiau gwaith mewn ysgol. Rydw i eisiau bod yn athro, ac fe fydda i'n athro da, rydw i'n gwybod. Dysgu plant i ganu ac i wrando ar gerddoriaeth dda, yn lle gwrando ar y baw maen nhw'n gwrando arno heddiw . . . y pync, a'r roc a'r pop a phethau.'

'Rwyt ti'n gallu ysgrifennu miwsig hefyd, Aled, ac arwain côr neu gerddorfa. Fe fydd gwaith i ti yn rhywle. Paid â thorri dy galon. Mae'r gwaith yn siŵr o ddod.' Daeth gwên fach i wyneb Catrin. 'Gwrando, Aled. Fe fyddi di ar y dôl, fel rwyt ti'n dweud . . .'

'Byddaf, yn ddigon siŵr.'

'Ond fe fyddi di'n gweithio'n galed yr un pryd.'

'Gweithio'n galed? Ble? Yn sefyll yn y gwt yn aros am arian y dôl . . . neu yn y pwll glo?'

'Na, fe fyddi di'n ysgrifennu opera!'

'Opera?'

Fe droiodd Aled i edrych ar Catrin . . . ei gariad. Ei gariad? Wel, roedden nhw wedi bod yn mynd gyda'i gilydd ers . . . ers tair blynedd, ond roedd rhywbeth yn ei feddwl yn dweud bod yr amser hwnnw'n dod i ben. Ond roedd gwrid yr haul ar ei hwyneb nawr, ac roedd hi'n edrych yn annwyl iawn iddo fe.

'Catrin, rwyt ti'n annwyl iawn, on'd wyt ti?'

'Ydw, siŵr,' atebodd Catrin a gwên ar ei hwyneb. 'Ond roeddwn i'n sôn am ysgrifennu opera. Opera yn Gymraeg. Mae digon o dalent gen ti, ac mae digon o eisiau opera yn y Gymraeg.'

'Mae ysgrifennu opera yn waith hir a chaled, Catrin. Ac mae'n rhaid cael stori dda i ddechrau.'

'Rydw i wedi meddwl am stori.'

'Wedi meddwl am stori? Ond dwyt ti ddim wedi sôn am opera o'r blaen.'

'Nac ydw, ond mae'r syniad wedi bod yn fy mhen ers llawer dydd, ac rydw i wedi meddwl am y stori i ti.'

'Wyt ti, wir?'

'Ydw.'

'Beth ydy'r stori? Stori fodern? Stori am Gymru heddiw? Am Blaid Cymru a bechgyn a merched yn mynd i'r carchar dros eu gwlad a dros eu hiaith?'

'Na, Aled. Dydy'r stori ddim yn un fodern, ond stori hanes ydy hi. Rwyt ti wedi dysgu cerddoriaeth yn y coleg yma; rydw i wedi dysgu llawer am hanes Cymru.'

'Wel, dwêd beth ydy'r stori.'

'Stori Rhyfel y Degwm.'

'Rhyfel y Degwm? Chlywais i erioed am unrhyw Ryfel y Degwm. Beth oedd y rhyfel a ble roedd e?'

'Naddo, chlywaist ti erioed amdano. Ond rwyt ti wedi clywed am y *Battle of Hastings* a *Waterloo*, a rhyw ryfeloedd lle roedd y Saeson yn ymladd. Dyna beth maen nhw'n ei ddysgu i'r plant yn yr ysgolion, ond dydyn nhw ddim yn sôn llawer am ein rhyfeloedd ni yng Nghymru. Ac mae Rhyfel y Degwm yn bwysig iawn yn hanes Cymru. O, ydy, yn bwysig iawn.'

Roedd Aled yn cymryd diddordeb nawr.

'Ble roedd y rhyfel yma, Catrin? A phwy oedd yn ymladd ynddo fe?'

'Ffermwyr Cymru oedd yn ymladd yn y rhyfel yma, a'r gweithwyr ar y ffermydd.'

'Y ffermwyr yn ymladd yn erbyn y gweithwyr?'

'Na, y twpsyn. Roedd y ffermwyr a'r gweithwyr yn ymladd *gyda*'i gilydd, nid *yn erbyn* ei gilydd. Roedden nhw'n ymladd gyda'i gilydd yn erbyn yr Eglwys.'

'Yn erbyn yr Eglwys? Jiw! Jiw!'

'Ie, yn erbyn yr Eglwys, ac yn erbyn y tirfeddianwyr . . . y land-lordiaid, wyt ti'n gwybod.'

'Chlywais i erioed am . . . Oedden nhw'n lladd ei gilydd? Chlywais i erioed am ffermwyr yn lladd tirfeddianwyr.'

'Naddo, siŵr iawn. Doedden nhw ddim yn eu lladd nhw . . . Ond fe hoffen nhw wneud, yn ddigon siŵr.'

'Wel, pam maen nhw'n galw'r peth yn rhyfel, te?'

'Gwrando nawr, Aled. Does gen ti ddim syniad beth oedd y rhyfel. Mae pobl yn lladd ei gilydd ym mhob rhyfel i ti, ond doedd dim lladd yn Rhyfel y Degwm. Dyma beth oedd e. Roedd rhaid i'r ffermwyr dalu un rhan o ddeg o gynnyrch eu ffermydd i'r Eglwys i dalu'r ficeriaid a'r curadiaid a phobl

fawr yr Eglwys. Ond . . . ond doedd y rhan fwyaf o'r
ffermwyr ddim yn mynd i'r Eglwys.'

'Ddim yn mynd i'r Eglwys? Dyna i chi lot o baganiaid!'
Chwerthodd Catrin.

'Dwyt ti ddim yn mynd i'r Eglwys. Felly, rwyt ti'n bagan
hefyd. Na, doedd y ffermwyr ddim yn mynd i'r Eglwys;
roedden nhw'n mynd i'r capeli.'

'A! Rydw i'n gweld. Roedden nhw'n Anghydffurfwyr.
Rydw i'n Anghydffurfiwr fy hunan . . . pan fydda i'n mynd
i'r capel, wrth gwrs.'

'A dydy hynny ddim yn aml iawn.'

'Nac ydy. Beth mae dy dad yn ei ddweud am hynny, tybed,
a fe'n weinidog ar gapel?'

'Dim llawer. Nawr, i ddod yn ôl at y pwynt. Doedd yr
Anghydffurfwyr ddim yn mynd i'r Eglwys, a'u cwestiwn
nhw, felly, oedd ''Pam mae rhaid i ni dalu i gadw'r eglwysi ac
ati?'' Roedd ganddyn nhw eu capeli eu hunain ac roedd
eisiau eu harian i gadw'r capeli i fynd. A hefyd, roedd y
ffermwyr yn ddigon tlawd, achos roedden nhw'n talu rhenti
uchel i'r tirfeddianwyr.'

'Rydw i'n deall nawr. Roedd y ffermwyr yn gwrthod talu'r
Degwm . . . yr un rhan o ddeg o gynnyrch eu ffermydd.'

'Dyna fe.'

'Beth oedd yn digwydd wedyn, Catrin?'

'Roedd y bwmbeilïaid yn cael eu hanfon i'r ffermydd ac
roedden nhw'n mynd â'r gwartheg a'r defaid neu offer y
ffermydd i ffwrdd i dalu'r Degwm.'

'Ac roedd y ffermwyr yn gadael i'r bwmbeilïaid yma fynd
â'r anifeiliaid a'r offer?'

'Wel, roedden nhw'n gwneud eu gorau i'w stopio nhw, ac
roedd llawer sgarmes rhwng y ffermwyr a'r bwmbeilïaid.
Ond roedd yr ynadon yn anfon plismyn a milwyr hefyd.'

'Ac roedd llawer sgarmes rhwng y ffermwyr a'r plismyn,
siŵr o fod. Jiw! Ardderchog! A ble roedd y sgarmesoedd
yma'n digwydd?'

'Roedden nhw'n digwydd trwy Gymru i gyd, ond y lle mwyaf pwysig oedd Dyffryn Clwyd, ac roedd rhaid i ffermwyr o Langwm fynd o flaen yr ynadon achos roedden nhw wedi bod mewn sgarmes. Ond fe ddaethon nhw'n rhydd.'

'Pryd oedd hyn i gyd, Catrin?'

'Yn y ganrif ddiwethaf. Yn y flwyddyn 1887 roedd y sgarmes yn Llangwm.'

'Can mlynedd yn ôl.'

'Mae'r stori'n un ddiddorol, Aled.'

'Ydy, siŵr. Ond beth am y sgript . . . y libretto . . .? Fyddi di'n ysgrifennu'r sgript?'

'Fe alla i dreio, Aled. Mae dy dad yn fardd, ac os ysgrifenna i'r stori'n llawn, fe allith e wneud y penillion i'w canu. Fe fydd eisiau penillion i'r corws ac ati.'

'Bydd. A nawr, Catrin, gad i ni gerdded. Mae'r haul wedi mynd, ac mae rhaid i ni fynd hefyd.'

'Gad i ni aros yma yn y tywyllwch, Aled . . . a . . . a . . . Dyma ein noson olaf ni yma, cariad . . .'

'Catrin!' Ac fe gymerodd e hi yn ei freichiau . . .

2. 'Mae Aled yn well enw na Twpsyn'

Safodd Aled ar ochr y ffordd fawr, ei rwcsach ar ei gefn, a'i gês llyfrau yn ei law dde. Roedd e wedi cerdded dwy filltir allan o'r dref, ac yn barod roedd y pac ar ei gefn a'r cês yn ei law yn mynd yn drymach, drymach bob munud. Roedd rhaid iddo fe aros ac eistedd. Beth bynnag, roedd e allan o'r dref nawr ac felly roedd mwy o obaith cael lifft. Roedd can milltir eto ganddo fe i fynd cyn cyrraedd ei gartref yn Nhrefynach.

Eisteddodd ar ochr y ffordd a'i feddwl yn mynd yn ôl at ei noson olaf gyda Catrin. Ie, ei noson olaf. Roedd hi'n gynnes, gynnes o hyd yn ei freichiau, a'i chusan hi ar ei wefusau. 'Pryd bydda i'n ei gweld hi eto? Fydda i'n ei gweld hi o gwbl eto . . . ar ôl y seremoni graddio? Wn i ddim . . . wn i ddim . . . Does dim gobaith am ddim . . . dim . . . dim . . .' Roedd Aled yn ddigalon iawn.

Daeth lori fawr heibio ac arafu ychydig. Roedd y gyrrwr, mae'n siŵr, yn disgwyl i'r gŵr ifanc yma gyda'i bac ar ei gefn a'i gês godi ei law i ofyn am lifft. Ond roedd Aled ar goll yn ei feddyliau, a chododd e mo'i law, na hyd yn oed godi ei ben i edrych ar y lori. Yn wir, doedd e'n clywed dim nac yn gweld dim. 'Wel, dydy'r creadur yna ddim eisiau lifft,' meddyliodd y gyrrwr. 'Mae e wedi mynd i gysgu ar ei ben-ôl ar ochr y ffordd.' Canodd y gyrrwr gorn ei lori a gweiddi, 'Breuddwydion melys!' a gyrru i ffwrdd yn gyflym. Roedd sŵn y corn yn canu yn ddigon i ddeffro Aled o'i 'freuddwydion melys', ac fe welodd e'r lori'n cyflymu i ffwrdd.

'Diawl!' meddai fe, 'dyna fi wedi colli lifft. Mae'n siŵr bod hwnna'n mynd i lawr i'r De. Does dim lwc i fi y dyddiau yma . . . mynd adref i fod ar y dôl . . . a cholli lifft . . . sôn am fywyd heb obaith . . . Pa! O, wel, mae'n well i fi ddechrau cerdded eto.' Druan ohono fe!

Dechreuodd Aled gerdded, ond ust! Dyna sŵn car yn dod y tu ôl iddo fe. Fe droiodd i edrych. Na, roedd dau neu dri o geir yn dod gan ddilyn ei gilydd . . . ceir mawr crand. Byddai'n

braf cael lifft yn un o'r rhain. Cododd Aled ei law mewn
gobaith, ond fe aeth y car cyntaf heibio heb arafu dim . . .
dim ond cyflymu heibio. Ac yna fe welodd Aled y blodau a'r
arch drwy ffenestr yr hers. Ie, hers! Safodd Aled a'i law i fyny
o hyd a'i geg ar agor, a'r ddau gar arall hefyd yn mynd
heibio'n gyflym.

'Angladd, myn brain i! Dydw i ddim eisiau lifft yn hwnna,'
a syrthiodd ei fraich yn wan i'w ochr, ac roedd rhyw deimlad
oer yn ei fol. Ond yn fuan, fe welodd e'r ochr ddigri i'r peth,
os digri hefyd. Meddwl am gael lifft mewn hers! A dyma fe'n
chwerthin a chwerthin dros y lle. A chwerthin roedd e pan
ddaeth car arall heibio. Mae'n beth od i'w ddweud ond
roedd meddwl am gael lifft mewn hers neu gar angladd wedi
codi llawer ar ei galon! Na, doedd e ddim yn ddigalon nawr.
Ac roedd e wedi deffro digon i godi ei law i stopio'r car arall
yma. Tybed fyddai hwn yn aros? A dyna lwc o'r diwedd.
Breciodd y car ac arafu ac aros ychydig ymlaen ar y ffordd.
Merch, neu wraig, doedd Aled ddim yn siŵr, oedd yn gyrru,
ac fe redodd e, gorau y gallai gyda'i bac ar ei gefn a'i gês, ar ôl
y car, a mynd at ochr y gyrrwr. Ie, merch oedd yn gyrru . . .
merch ifanc. Roedd ffenestr y car ar agor.

'Hew! Merch! Pert hefyd!' meddyliodd Aled, 'a char
mawr, braf.'

A dyma lais o'r car,—

'Mynd ymhell?'

'Llais hyfryd hefyd,' meddyliodd Aled, ac yn uchel,
'Mynd i lawr i'r De. Newydd orffen yn y coleg. Oes lle gyda
chi?'

Daeth gwên i wyneb y ferch.

'Ydych chi'n gweld rhywun heblaw fi yn y car? Wrth gwrs,
mae lle. Neidiwch i mewn.'

'Digri hefyd,' meddyliodd Aled.

'Yr ochr arall, y twpsyn.'

Roedd Aled wedi dodi ei law ar ddrws y gyrrwr i'w agor.

'Wel, ie, siŵr iawn. Mae'n ddrwg gen i. Rydw i'n dwp iawn
y bore yma. Y drws arall, wrth gwrs.'

Chwarddodd y ddau, ac aeth Aled i mewn i'r car.

'Caewch y drws ar eich ôl. Rydych chi'n dweud y gwir eich bod chi'n dwp y bore yma,' meddai'r ferch, a chwerthin eto.

Roedd Aled wedi mynd i mewn i'r car ac eistedd gyda'i bac ar ei gefn a'i gês yn ei law, a heb feddwl am gau'r drws ar ei ôl. Caeodd Aled y drws.

'Taflwch y stwff yna i'r sedd gefn—ac nid allan trwy'r ffenestr. Dyna fe! Popeth yn iawn nawr?'

'Popeth yn iawn,' atebodd Aled ar ôl taflu'r rwcsach a'r cês i'r sedd gefn.

'Ffwrdd â ni, te,' meddai'r ferch, ac fe lithrodd y car ymlaen mor esmwyth â chath.

'Pa mor bell rydych chi'n mynd?' gofynnodd y ferch wedyn.

'Wel, rydw i'n mynd i Drefynach i lawr yn y De. Chlywsoch chi erioed am y lle, rydw i'n siŵr.'

'Clywed am y lle? O, ydw, rydw i wedi clywed am y lle. Rydw i'n byw yno.'

'Beth? Byw yno? Byw yn Nhrefynach? Nac ydych!'

'Wel, ydw. Rydw i newydd ddweud wrthoch chi, y twpsyn. Wir, rydych chi'n dwp y bore yma.'

Chwerthin roedd y ferch wrth gwrs.

'Ond dydw i ddim yn eich adnabod chi, ac rydw i'n adnabod pawb yn Nhrefynach. Wel, roeddwn i'n adnabod pawb,' meddai Aled.

'Ond dydych chi ddim yn fy adnabod i. Ond dydw i ddim yn synnu o gwbl, achos dim ond am ddau fis rydw i wedi bod yn byw yno.'

'O, dywedwch chi. Athrawes ydych chi, newydd ddod i'r lle, efallai,' meddai Aled.

'Na . . . na . . . Dydw i ddim yn athrawes. Fy nhad ydy rheolwr y pwll glo yn Nhrefynach, Pwll y Dderwen. A lle mae Tada'n mynd, rydw i'n mynd hefyd. Handi iawn, achos fe sy'n ennill fy mara a chaws.'

'Eich tad . . . rheolwr y pwll . . . wel, myn brain i! Wel, ie . . .

Fe ddywedodd fy nhad yn ei lythyr fod rheolwr newydd wedi dod i'r pwll. A chi ydy ei ferch e!'

'Ie, fi ydy ei ferch e. Wel, mae Mam yn dweud mai fe ydy fy nhad, ac fe ddylai hi wybod.'

'Dylai, siŵr . . . Ho-ho-ho . . . Dylai, dylai. Neb yn gwybod yn well,' a chwerthodd Aled dros y lle.

'Ydy'ch tad chi'n gweithio yn y pwll?' gofynnodd y ferch wedyn.

'Ydy, ydy. Colier ydy e. Mynd i weithio yno yn syth o'r ysgol. A chi sy'n byw yn y tŷ mawr . . . yn Nhŷ'r Dderwen?'

'Ie, ni sy'n byw yn Nhŷ'r Dderwen—Pwll y Dderwen, Tŷ'r Dderwen—chi'n deall, twpsyn? Fi a Mam a Tada.'

'Dyna chi wedi fy ngalw i'n dwpsyn eto, ac yn wir, roeddwn i'n dwp y bore yma. Ydych chi'n gwybod beth wnes i?'

'Does gen i ddim syniad nes eich bod chi'n dweud wrtho i,' atebodd y ferch.

Fe gafodd Aled bwl o chwerthin, ac yna,—

'Roeddwn i'n ceisio cael lifft cyn i chi ddod, ac fe godais i fy llaw i stopio car, a . . . wyddoch chi beth oedd e?'

'Wel, wel! Dyna gwestiwn eto. Na wn i, nes eich bod chi'n dweud. Dwedwch, beth oedd e?'

'Hers!'

'Hers?'

'Ie, hers, a blodau ac arch ynddo fe!'

Cafodd y ddau bwl o chwerthin.

'Byddai'r boi yn yr arch . . . neu'r ferch, neu hen wraig . . . yn ddigon parod i newid lle gyda chi,' meddai'r ferch.

'Byddai, siŵr.' A rhagor o chwerthin.

Roedd y ddau yn dawel wedyn am funud neu ddwy, ac fe gafodd Aled gyfle i gael cip ar y ferch wrth ei ochr. Roedd e'n hoffi beth roedd e'n ei weld. Yn wir, roedd hi'n ferch bryd-ferth a'i gwallt melyngoch yn hir at ei hysgwyddau, ac roedd hi'n gwisgo rhyw fath o flows neu grys gwyn a throwsus ysgafn o liw golau.

Fe droiodd y ferch yn sydyn ato fe.

'Edrych ar fy nghoesau rydych chi? Welwch chi ddim llawer yn y trowsus yma. Ond mae trowsus yn well mewn car na ffrog neu sgert. Ond maen nhw'n ddigon siapus . . . y coesau rydw i'n feddwl, wrth gwrs.' Roedd gwên ar wyneb y ferch.

'Siŵr eu bod nhw,' atebodd Aled, ac yna,—

'Ga i ofyn beth ydy'ch enw chi?'

'Wrth gwrs, fy machgen glân i. Cewch, cewch! Marged ydy f'enw i . . . Marged Mathias gydag un 't'. Mae rhai pobl yn sbelian Mathias gyda dwy 't', ond mae un yn ddigon i Mam a Tada a fi.'

'Marged? Rydw i'n hoffi'r enw.'

'O, mae e'n hen ffasiwn. Cael fy enwi ar ôl fy mam-gu wnes i. Mae hi'n byw yn Aberglasfor. Dyna lle rydw i wedi bod nawr . . . yn aros gyda hi am ychydig o ddyddiau. Beth ydy'ch enw chi? Nid Twpsyn Jones neu rywbeth fel yna! Mae'n od fy mod i'n galw Twpsyn arnoch chi. Dydych chi ddim yn ddig wrtho i?'

'Dig? Jiw, Jiw! Na, dim o gwbl. Rydw i yn dwp y bore yma, mae'n wir. Aled ydi'r enw. Aled Rowland.'

'Aled? Neis iawn. Rydw i'n hoffi'r enw Aled. Neis iawn, wir. Mmmm! Aled!'

'Mae'n swnio'n neis iawn y ffordd rydych chi'n dweud yr enw.'

'O, ydy, siŵr o fod. Nawrte, roeddech chi'n dweud eich bod chi newydd orffen yn y coleg. Gorffen am y tymor . . . neu am byth . . . wedi gorffen eich cwrs?'

'Am byth! Rydw i'n mynd adref i fod ar y dôl. Does dim swydd gen i.'

'Ow! Beth oedd eich pwnc yn y coleg?'

'Cerddoriaeth, ac fe wnes i Gymraeg hefyd.'

'Cerddoriaeth a Chymraeg? Diddorol iawn.'

Roedd y ferch yma'n hawdd siarad â hi, ac meddai Aled,—

'Rydw i'n mynd i ysgrifennu opera . . . tra bydda i ar y dôl.'

'Opera? Dyna dda! Mae llawer o ddiddordeb gen i mewn opera. Rydw i'n mynd i Gaernewydd nos yfory i wrando ar

Gwmni Opera Cymru'n perfformio "Trovatore". Ym . . .
ym . . . hoffech chi . . . ym . . . ddod? Ym . . . ym . . . mae'n
debyg y bydda i'n mynd ar fy mhen fy hun. Fe fyddwn i'n
falch o'ch cwmni chi. Rydw i'n falch o gwmni bob amser.
Dyna paham y stopiais i i'ch codi chi.'
    'Hoffwn i ddod? Wel, chi'n gwybod . . .'
    Roedd Aled wedi bod yn gwrando'n ofalus ar lais y ferch
yma—llais Marged. 'Mae llais siarad hyfryd ganddi hi,'
meddyliodd Aled, ac yn uchel, heb ateb ei chwestiwn yn
iawn,—
    'Ydych chi'n canu? Mae llais siarad hyfryd gennych chi.'
    'O, fe fydda i'n mewian weithiau, fel cath â phoen yn ei
bola . . . yn y bath.' ('Siŵr ei bod hi'n edrych yn bert yn y
bath,' meddyliodd Aled.) 'Ond weithiau fe fydda i'n torri
allan i ganu grwndi yn lle mewian.'
    'Smalio mae hi,' meddyliodd Aled, ac yna,—
    'Rydw i'n siŵr bod llais canu da gyda chi. Llais contralto.'
    'Na, fy machgen glân i. Soprano ydw i, pan fydda i'n agor
fy ngheg gyda'r d. r. m. ac ati.'
    'Wel, fe ddywedwn i fod llais soprano cyfoethog gyda chi.'
    'Y dyn sy wedi bod yn astudio Cerddoriaeth yn y coleg sy'n
siarad nawr, ie?'
    'Ie. Mae gen i glust, chi'n deall. Ydych chi'n canu solos ac
ati?'
    'Ydw, weithiau. Ond rydw i'n gobeithio gwneud mwy o
ganu cyn bo hir.'
    'O, dywedwch chi. Dydw i'n synnu dim.'
    'Rydw i wedi cynnig am le yn y corws gyda Chwmni
Opera Cymru. Rydw i wedi cael awdisiwn.'
    'Yn wir? Da iawn. A beth ddywetson nhw?'
    'Fe fyddan nhw'n ysgrifennu ata i cyn bo hir.'
    'Wel, da iawn.'
    'Wel, Aled . . . fe ga i'ch galw chi wrth eich enw . . . rydyn
ni'n byw yn yr un pentref, cofiwch, ac mae Aled yn well enw
na Twpsyn . . . Mae syched arna i nawr. Mae yna gaffe ryw

filltir ymlaen ar y ffordd. Fe arhoswn ni yno am gwpanaid o goffi.'

'Wel . . . ym . . . does . . . does dim arian gen i. Diwedd y tymor, a'r grant wedi mynd bob ceiniog, chi'n gweld.'

'Twt! 'Sdim ots. *Be my guest*, fel mae'r Saeson yn ei ddweud, ac fe allwn ni siarad am eich opera, a dydych chi ddim wedi ateb fy nghwestiwn am fynd i Gaernewydd nos yfory. Dewch, Aled-enw-neis. Coffi nawr.'

3. 'Mae rhaid cael tipyn o garu mewn opera'

'Dyma ni! Fe fydda i'n galw yn y caffe yma'n aml pan fydda i'n mynd a dod i weld Mam-gu yn Aberglasfor. Allan â chi!' meddai Marged ar ôl parcio'r car mewn lle gwag wrth ochr y caffe.

Cododd Aled a mynd allan o'r car. Arhosodd Marged yn ei sedd i wylio'r bachgen coleg yma. Oedd, roedd e'n dal . . . ysgwyddau sgwâr . . . siŵr ei fod e'n chwarae rygbi . . . gwallt tywyll, a hwnnw'n hir ond heb fod yn rhy hir . . . golygus hefyd . . . 'Bachan bach teidi yn wir.' Dyna oedd ym meddwl Marged fel roedd hi'n gwylio Aled yn dod rownd at ei hochr hi i'r car. Agorodd e'r drws iddi hi ddod allan. 'Gŵr bonheddig hefyd,' meddyliodd Marged gan ddod allan o'r car.

'Rhaid i fi gloi'r drysau yma,' meddai hi, 'neu fe fydd rhywun yn siŵr o ddwyn eich wardrob chi—dyna ydy'r rwcsach yna, ie?'

'Ie, fy wardrob, ond does dim llawer ynddo fe. Ond mae'r llyfrau yn y cês yn werthfawr . . . yn werthfawr i fi.'

'I mewn â ni i'r caffe, te . . . Aled.'

'Ar eich ôl chi . . . Marged,' atebodd Aled, ac yn ei feddwl, 'Marged? Rydw i'n hoffi'r enw. Hen ffasiwn, meddai hi. Wel, dydy *hi* ddim yn hen ffasiwn beth bynnag. Siapus hefyd,' meddyliodd gan fwrw golwg slei arni hi yn ei math-o-grys a'i throwsus o liw golau.

Roedd croeso iddi yn y caffe.

'Miss Mathias!' meddai gwraig y caffe. 'Mae'n dda eich gweld chi. Mynd i weld eich Mam-gu eto? Sut mae hi y dyddiau yma?'

'Wedi bod yn ei gweld hi, Mrs. Ifans. Mae hi'n dda iawn . . . fel botwm o gwmpas y lle . . . a chofio'i bod hi dros ei phedwar ugain. Coffi, os gwelwch yn dda, Mrs. Ifans. Beth amdanoch chi, Aled? Rhywbeth i'w fwyta? Mae Mrs. Ifans yn gwneud y cacennau gorau yn y byd.'

'Wel, diolch. Rydw i'n hoff iawn o gacennau.'

'Dyna ni, te. Ac ychydig o'ch cacennau gorau chi, Mrs. Ifans, os gwelwch yn dda.' Ac wrth Aled, 'Y ford yn y cornel acw, Aled. Dewch!'

Aeth y ddau i eistedd wrth y bwrdd yn y cornel, ac Aled yn meddwl, 'Hew! Mae hon yn dipyn o feistres . . . yn feistres arni hi ei hun, ac ar bawb o'i chwmpas, synnwn i ddim.' Ac wrth eistedd wyneb yn wyneb â hi wrth y ford, roedd yn amlwg iddo fod rhyw swyn arbennig yn perthyn iddi hi. Ac yna, 'Twt! Am beth rydw i'n meddwl? Dydw i ddim yn ei hadnabod hi o gwbl. Does dim ond rhyw awr er pan welais i hi am y tro cyntaf. A beth bynnag, mae Catrin gen i, ac mae hi'n annwyl iawn.'

'Nawrte, Aled,' meddai Marged ar ôl i Mrs. Ifans osod y coffi a'r cacennau ar y ford o'u blaen, 'yr opera yma. Roeddech chi'n sôn eich bod chi'n mynd i ysgrifennu opera. Beth amdani?'

Roedd gwên ar ei hwyneb hi, a'r twll yn ei boch . . . yn . . . mor ddeniadol . . . ac roedd ganddi hi ddannedd bach gwyn, gwyn yr un lliw â chwpanau gorau ei fam . . . y cwpanau dydd Sul . . . Oedd, roedd rhyw swyn anghyffredin yn perthyn i'r ferch yma. Ac yna, daeth llun Catrin i feddwl Aled. Neithiwr roedd hi yn ei freichiau . . . yn gynnes, gynnes . . . Neithiwr? Na, roedd hynny flynyddoedd maith yn ôl mewn rhyw fyd arall . . . yn ôl yn amser y Mabinogion . . . neu cyn hynny hyd yn oed.

Edrychodd Marged arno fe. Doedd e ddim wedi ateb ei chwestiwn. Roedd ei feddwl e ymhell, bell i ffwrdd. Ble, tybed? Am beth roedd e'n meddwl?

'Hei, Aled! Gysgoch chi neithiwr? Mae rhyw olwg bell iawn yn eich llygaid. Fe ofynnais i i chi am yr opera yna. Beth ydy'r stori, dywedwch? Ond cofiwch, mae gen i lawer o ddiddordeb mewn opera.'

Ysgydwodd Aled ei ben.

'O . . . ym . . . mae'n ddrwg gen i . . . rhyw bethau oedd yn croesi fy meddwl.'

'Beth, Aled? Beth oedd yn croesi eich meddwl chi? Wedi gadael rhywun ar ôl yn y coleg? Cariad, efallai?'

'Cariad? Jiw, Jiw! Na . . . Cariad? Twt, na!' ac Aled yn gwybod bod ei wyneb yn cochi, ac fe geisiodd wthio Catrin i gwtsh-dan-stâr ei feddwl. Ond ar yr un pryd roedd yn amhosibl peidio â chymharu'r ddwy ferch—hon oedd yn eistedd wyneb yn wyneb â fe; hon a'i llygaid yn disgleirio fel sêr yn ei phen, a'r twll yn ei boch . . . a'r dannedd bach gwyn, gwyn hefyd . . . roedd yn amhosibl peidio â'i chymharu hi â Catrin, y ferch academaidd ond annwyl roedd e gyda hi neithiwr . . . na, nid neithiwr . . . yn ôl yn amser y Mabinogion. Fe wthiodd e Catrin i dywyllwch cwtsh-dan-stâr ei feddwl a chau'r drws arni hi, gan obeithio y byddai hi'n dawel yno.

Roedd llygaid Marged arno fel pe bai hi'n darllen ei feddwl, ac fe aeth y gwrid ar ei wyneb yn gochach, gochach.

'Rydych chi'n gwrido, Aled. Pam? Dywedwch wrth eich modryb Marged nawr. Ond mae modryb Marged yn gwybod yn barod. Meddwl am eich cariad roeddech chi. Mae cariad gennych chi. Mae cariad gan bob stiwdent yn y coleg. Rydw i'n gwybod achos rydw i wedi bod mewn coleg fy hunan.'

'Do? Ble?'

'Yn y Coleg Cerdd a Drama yng Nghaernewydd.'

'Yn y Coleg Cerdd? Wel, tawn i'n marw!' Roedd sôn am y Coleg Cerdd yn ddigon i fynd â meddwl Aled oddi ar Catrin am y tro. 'Yn astudio canu, wrth gwrs.'

'Ie, canu . . . neu mewian, a chanu'r piano.'

Edrychodd Aled arni hi â rhyw ddiddordeb newydd. Roedd hi'n gantores . . . roedd hi'n canu'r piano. Roedd yr un diddordebau gan y ddau ohonyn nhw. Roedd sêr yn dechrau disgleirio yn ei lygaid e nawr wrth edrych arni hi, ond yn syth, dyna guro wrth y drws. Catrin oedd yn curo wrth ddrws ei chwtsh, eisiau dod allan, ond, 'Aros di lle rwyt ti,' meddai Aled wrthi hi . . . yn ei feddwl, wrth gwrs.

'Wel, tawn i'n marw!' meddai Aled yr ail waith.

'Dyna'r ail waith i ti ddweud ''Tawn i'n marw!'' ' meddai

Marged. 'Gwylia di, neu fe gei di dy daro'n farw ar ben y cacennau hyfryd yma.'

'Jiw! Mae hi'n galw ''ti'' arna i nawr. (Bydd yn dawel yn dy gwtsh, Catrin.) Tawn i . . . wo, nawr! Paid â dweud hwnna eto.' Hyn i gyd, wrth gwrs, yn mynd ymlaen ym meddwl Aled.

Fe aeth Marged ymlaen,—

'Beth am yr opera yna nawr, Aled?' Roedd ei diddordeb hi'n amlwg.

'Wel, fel hyn. Rydw i wedi gorffen yn y coleg; wedi cael fy ngradd mewn Cerddoriaeth. A nawr rydw i'n mynd adref i fynd ar y dôl achos does dim swydd gen i. A does dim gobaith am swydd nawr am fisoedd. Fydd dim swyddi gwag nawr tan fis Ionawr, ac mae'n ddigon posibl na fydd dim swyddi ar gael bryd hynny chwaith. Efallai . . . efallai y bydda i ar y dôl am fisoedd . . . am flwyddyn . . . mae rhai bechgyn o'r coleg wedi bod yn aros am swydd am ddwy flynedd a mwy . . . ond rydw i'n byw mewn gobaith.'

'Rhaid byw mewn gobaith, fel rydw i. Dydw i ddim wedi cael lle yn y corws gyda'r Cwmni Opera eto, er fy mod i wedi cael yr awdisiwn.'

'A rydych chi ar y dôl hefyd?'

'Wel, na. Mae Tada'n ennill digon i fy nghadw i rhag mynd ar y dôl. Fi ydy'r unig blentyn.'

'Lwcus chi!'

'Oes brodyr a chwiorydd gyda chi?'

'Oes, brawd a chwaer, ond maen nhw wedi cael swyddi; y ddau'n gweithio yn Lloegr ers blynyddoedd nawr.'

'Rhaid mynd ar ôl eich bara a chaws lle bynnag mae e i'w gael. Ond mae'n biti bod rhaid i'n pobl ifanc ni adael eu gwlad i chwilio am waith. Ond yr opera, Aled.'

'Wel . . . Ma . . . Ma . . .'

'Dwêd yr enw, y twpsyn. Rydw i'n galw Aled arnat ti, ac yn galw ''ti'' arnat ti hefyd. Rydyn ni'n ffrindiau yn barod, a rydw i'n hoffi dy gwmni di,' ac fe chwerthodd Marged. 'Dau gerddor ar y dôl . . . wel, dau gerddor di-waith, beth bynnag, a'r ddau gyda'r un diddordeb mewn opera a chanu ac ati. Rydyn ni'n dau yn byw yn yr un byd, Aled.'

'Ond bod eich tad chi'n rheolwr pwll glo, a fy nhad i'n golier cyffredin odano fe.'

'O, baw! Paid â dweud dy fod yn gomiwnydd neu rywbeth fel yna. Os wyt ti'n gomiwnydd fe fydda i'n dy adael di i gerdded yr holl ffordd adref i Drefynach, ac i dalu am y coffi a'r cacennau yma hefyd.' Ond roedd digon o wên ar ei hwyneb i ddangos y twll yn ei boch, ac i ddangos y dannedd bach gwyn, gwyn. 'Nawr, yr opera fawr yma y bydd y Cymry o Sir Fôn i Sir Fynwy yn sathru ar draed ei gilydd i'w gweld hi.'

'Wel, fel hyn. Fe ges i syniad. ('Naddo, *fi* gafodd y syniad,' gwaeddodd Catrin o'i thwll-dan-stâr.) Fel rydw i wedi dweud, fe fydda i ar y dôl, efallai am fisoedd, ond alla i ddim bod yn segur . . . Mae rhaid bod gen i rywbeth i'w wneud, a'r syniad oedd mynd ati i ysgrifennu opera er mwyn lladd yr amser.'

'Syniad da, Aled . . . syniad ardderchog. Ac mae stori gen ti'n barod? Stori garu fel ''Carmen'' a phawb yn lladd ei gilydd yn y diwedd. Hyfryd! Bwcedi o waed ar hyd y lle, a phawb yn torri eu calonnau. Beth ydy'r stori, Aled?'

'Wel, dydy'r stori ddim gen i eto. Dydy'r libretto ddim yn barod. Ond nid opera garu neu opera serch fydd hi, ond opera hanes.'

'Opera hanes? Ach-y-fi! Mae rhaid cael tipyn o garu mewn opera, a'r ferch yn troi ei thrwyn ar yr arwr, a fe wedyn yn syrthio ar ei gleddyf neu rywbeth . . . ar ôl sticio'r cleddyf drwy galon y ferch, wrth gwrs . . . Rhywbeth fel yna, ti'n gwybod, Aled.'

Pwl o chwerthin, siŵr iawn, rhwng y ddau. Meddai Aled,—

'O, fe fydd tipyn o garu yn yr opera. Bydd, siŵr o fod, ond fel dywedais i, dydy'r libretto ddim gen i eto.'

'Pwy sy'n ysgrifennu'r libretto? Chi? A beth ydy'r hanes? Hanes Bonaparte a Josephine? ''Dim heno, Josephine.'' Fe alla i weld yr hen Boni yn methu codi digon o stêm i fynd ati hi ryw noson. ''*Not tonight, Josephine*,'' a dyna fe yn ei goban nos yn mynd i gysgu ar y soffa.' Roedd sŵn chwerthin Marged fel clychau yng nghlustiau Aled.

'Wel, dyma ferch,' meddyliodd Aled, a Catrin yn sibrwd yn ei glust, 'Hen hoeden ydy hi, siŵr o fod.' Ac Aled yn ateb, 'Na, dydy hi ddim yn hoeden o gwbl. Mae popeth yn hwyl iddi hi; dyna i gyd. Mae hi'n llawn bywyd, ac yn mwynhau bywyd. Fe fydd hi'n hwyl adnabod y ferch yma. Rydw i'n ei hoffi hi'n fawr yn barod.' Ar ôl chwerthin, meddai Aled,—

'Na, nid Boni na Josephine fydd yn yr opera, ond hanes Rhyfel y Degwm. Ydych chi'n gwybod beth oedd Rhyfel y Degwm?'

'Mae gen i ryw syniad. Ffermwyr yn gwrthod talu'r degwm i'r Eglwys, yntê? A rydw i'n gwybod beth oedd y degwm hefyd. Un rhan o ddeg o gynnyrch y ffermydd. Ydw i'n iawn?'

'Ydych, rydych chi'n iawn. Ond mae rhaid i fi ddweud fy mod i ddim yn gwybod llawer am yr hanes. Ffrind i fi fydd yn ysgrifennu'r sgript . . . neu'r libretto.'

'Mae e, eich ffrind, wedi astudio'r hanes yn y coleg?'

'Nid ''fe'' ydy fy ffrind, ond ''hi'',' atebodd Aled, a Catrin yn sibrwd, 'Nid ei ffrind e ydw i, ond ei gariad, ac mae'n well i chi'r hoeden wybod hynny nawr.'

'O, ''hi'', ie?' Diflannodd yr hwyl o lygaid Marged am foment neu ddwy. Yna, 'Ydy hi wedi dechrau ar y sgript eto?'

'Nac ydy, hyd y gwn i. Neithiwr roedden ni'n trafod y mater am y tro cyntaf.' (Neithiwr? Na, can mlynedd yn ôl.)

'O, felly! Roeddech chi'n trafod y mater uwchben cwpanaid o de oer a gwan yn y bar yn y coleg.'

'Na, wir; roedden ni ar ben y . . .' a stopiodd Aled yn sydyn . . . a gwrido. Roedd e'n barod i gicio'i hun. Roedd e'n siarad yn dwp.

'A-ha! Rydych chi'n gwrido, Aled. Mae'r ffrind yma, eich *amanuensis*—dyna air pert amdani hi—mae hi'n fwy na ffrind, ddywedwn i.'

'Twt, na! Nac ydy. *Working partnership*, dyna i gyd.'

('Dyna gelwydd eto,' sibrydodd Catrin o'i chwtsh. 'Un olwg ar wyneb pert, a dyna ti'n colli dy ben. Dim rhagor o gelwyddau, cofia!')

'Wel, does dim ots. Nawr, gwrando, Aled. Dydw i ddim yn hoffi'r syniad yma am opera am Ryfel y Degwm. Mae hanes y rhyfel yn ddigon diddorol, mae'n siŵr, ond wyt ti'n meddwl, Aled—a dyma fi'n galw ''ti'' arnat ti eto—wyt ti'n meddwl y bydd pobl yn hoffi stori fel yna? Fe all stori hanes fod yn sych ofnadwy i gynulleidfa.'

'Fe all, mae'n wir.'

'Ac fe fydd eisiau llawer o bobl i gymryd rhan mewn opera hanes, yn enwedig mewn hanes fel hanes y degwm.'

'Mae'n bosibl.'

'Wel, dwêd ''Mae'n bosibl, *Marged*.'' Wyt ti wedi anghofio fy enw'n barod?'

Gwenodd Aled.

'Mae'n bosibl . . . Marged.'

'Dyna fe. Rydw i'n meddwl bod eisiau stori fwy syml. Ac rydw i'n siŵr y byddai'n well gan gynulleidfa weld opera garu nag opera hanes.'

'Mae'n bosibl . . . ym . . . Marged.'

'Rwyt ti'n dechrau dysgu, rydw i'n gweld. Rydw i'n meddwl bod eisiau stori garu syml Gymreig a Chymraeg, Aled. Beth wyt ti'n feddwl?'

'Rydych chi . . .'

'Rwyt ti . . .'

'Rwyt ti, Marged, yn siarad lot o synnwyr.'

'Wel, ydw, wrth gwrs. Digon o synnwyr cyffredin gen i. Nawrte, wyt ti'n gwybod am stori garu Gymraeg?'

'Wel . . . wel . . . ym . . . alla i ddim meddwl am un yn syth nawr,' atebodd Aled.

'Wel, os na elli di, fe alla i.'

'O? Pa stori ydy hi?'

'Stori y ferch o Gefn Ydfa.'

'Y ferch o Gefn Ydfa? Wrth gwrs! Fe wn i rywbeth amdani hi. Ann Thomas oedd enw'r ferch, yntê?'

'Mae pawb yn gwybod y stori, Aled. Bydd pawb mewn unrhyw gynulleidfa yn gwybod y stori, ac felly, fe fyddan nhw'n gallu mwynhau'r opera yn well wedyn.'

'Mae hi'n stori drist iawn, Marged.'

'Ydy, fe wn. Ond mae pobl yn mwynhau stori drist. Fe fyddan nhw wrth eu bodd yn eu dagrau. Meddylia am Ann Thomas, druan, merch i bobl gyfoethog, yn syrthio mewn cariad â Wil Hopcyn, gweithiwr bach digon tlawd. A'i mam hi'n dweud, ''Na, chei di ddim priodi'r Wil yma. Beth sy ganddo fe i'w gynnig i ti? Dim! Fe fyddi di'n byw mewn rhyw hen hofel o gartref heb hanner digon o fwyd yn dy fol. Ac fe fydd llond tŷ o blant gen ti, ac fe fydd yn gas gan y Wil yma ddod adref, a ble bydd e'n mynd? Ar ôl y cwrw . . . a rhyw hen ferched eraill, siŵr o fod. Na! Mae gen ti gartref cysurus nawr, ac fe fydd hi'n ddrwg arnat ti os priodi di'r Wil yma. Ond rydw i'n dweud wrthot ti nawr, chei di ddim priodi â fe. Na chei! Na chei! Gwrando nawr, cariad. Mae gen i ŵr i ti. Mab Mr. Maddocks. Mae e'n ŵr tal, golygus, ac mae Mr. Maddocks—yr hen ddyn, wrth gwrs—mae e'n ddyn cyfoethog, ac fe fydd ei arian e i gyd yn dod i'w fab ar ôl iddo fe gicio'r bwced. Ac fe fyddi di'n byw'n gysurus byth wedyn.'' '

'Ac mae rhaid i Ann, druan, briodi Maddocks *Junior*.'

'Ydy, mae hi'n priodi Maddocks *Junior*. A beth sy'n digwydd wedyn? Mae hi'n torri ei chalon, ac mae hi'n marw. Edrych, Aled, mae dagrau yn fy llygaid wrth feddwl amdani hi wedi cau ei hunan yn ei hystafell ac yn meddwl am Wil Hopcyn.'

'Â Wil, druan. Beth mae e'n ei wneud? Mae e'n mynd i ffwrdd, ac yn canu,—

      ''Mi sydd fachgen ifanc, ffôl
        Yn byw yn ôl fy ffansi;
        Myfi'n bugeilio'r gwenith gwyn,
        Ac arall yn ei fedi.'' '

'Iawn, Aled. Maddocks oedd yn medi, ond chafodd e ddim llawer o gynnyrch ar ôl medi.'

'O, Marged, rwyt ti'n iawn. Fe fydd stori'r ferch o Gefn Ydfa yn gwneud opera ardderchog.'

'Bydd, ac fe fydd rhaid i ni, Aled, fynd ati i roi'r peth wrth ei gilydd. ('Gwylia di'r hoeden,' sibrydodd Catrin o'i chwtsh-dan-stâr, ond doedd Aled ddim yn gwrando arni hi.) Fe gawn ni lawer o hwyl wrth fynd ymlaen â'r gwaith.'

'Gwaith, Marged? Beth wyt ti'n feddwl?'

'Y gwaith o ddeffro tipyn ar bobl Trefynach. Maen nhw'n hanner cysgu ac mae rhaid eu deffro nhw, ac rwyt ti'n mynd i ganu'r larwm . . . gyda fy help i. Ond fe allwn ni siarad mwy am y peth ar y ffordd adref yn y car. Iech! Mae'r coffi yma'n oer. 'Sdim ots! I lawr â fe.' Ac fe yfodd hi'r coffi oer. 'Cer di i dalu'r bil am y coffi a'r cacennau yma,' ac fe roiodd hi ddarn punt yn dawel ar y ford o'i flaen, a chodi'n syth a mynd allan gan godi ei llaw ar Mrs. Ifans wrth fynd.

4. 'Cydweithio ydy'r gair'

Fe aeth Marged ac Aled yn ôl i'r car. Na, doedd neb wedi
dwyn y 'wardrob', ac ar ôl cau'r ddau felt yn gysurus
amdanyn nhw, i ffwrdd â nhw. Fe ddechreuodd Marged
siarad ar unwaith.

'Rydw i'n hoffi'r syniad yma am opera, Aled. Ble cest ti'r
syniad?'

'O, fe ddaeth o rywle. Mae rhaid ei fod e yn fy mhen ers
llawer dydd.' ('Dyna'r celwydd yna eto. *Fi* gafodd y syniad,'
meddai'r llais o'r cwtsh-dan-stâr.)

'Ac fe fuost ti a'r *amanuensis* yn trafod y mater wedyn
uwchben cwpanaid o de oer ar ben y mynydd.'

'Fel mater o ffaith, ie, ar ben y mynydd, ond doedd dim
cwpanaid o de oer.'

'Wel, na; roedd rhywbeth mwy cynnes na the oer
rhyngoch chi'ch dau. Roedd hi'n noson braf neithiwr ac fe es
i am dro i fyny Rhiw'r Dolau. Dyna lle roeddech chi, mae'n
siŵr. Fe welais i ŵr ifanc—stiwdent, fwy na thebyg—a'i
fraich am ganol merch. Nid chi oedd y gŵr ifanc, Aled?'

'Fi? Na!' ('Celwydd eto,' o'r cwtsh.) Mae'n amhosibl
trafod unrhyw beth yn iawn a'ch braich am ganol rhyw
ferch.'

'O, fe allwch chi drafod llawer o bethau, Aled, fy machgen
glân i. Ond nid ''rhyw'' ferch oedd hon gyda chi neithiwr.'

'A dweud y gwir, na! Mae hi dipyn bach yn sbesial . . . yn
arbennig.' ('Da iawn,' o'r cwtsh.) Ac roedd Aled yn teimlo'i
hunan yn gwrido wrth siarad fel hyn. Ac erbyn hyn roedd
Marged yn ddigon siŵr yn ei meddwl fod y ferch yma yn fwy
na 'sbesial', fel mater o ffaith. Ond doedd dim ots am hynny.
'Fe alla i fwynhau ei gwmni hyd yn oed os oes cariad ganddo
fe yn rhywle . . . rhywle . . .' Ble roedd hi'n byw, tybed. Yn
ddigon pell i ffwrdd, gobeithio.

'Ble mae dy gariad di'n byw, Aled?'

'Fy nghariad?'

'Ie, dy gariad. Paid â bod yn swil. Mae gen i hanner dwsin o gariadon ar hyd a lled y wlad, ac un neu ddau dros Glawdd Offa. Mae'n beth braf cael lot o gariadon—dangos eich bod chi'n byw, ac yn mwynhau bywyd. Does dim rhaid bod o ddifri gyda'r un ohonyn nhw. Cael tipyn o hwyl a sbort sy'n bwysig.'

'Wel, os ydych chi . . .'

'Na, nid "os ydych chi" ond "os wyt ti". Rydyn ni'n ffrindiau, cofia. Ac fe fyddwn ni'n fwy o ffrindiau cyn bo hir . . . ffrindiau agos iawn. Fe fyddwn ni'n gweithio gyda'n gilydd. Y ferch o Gefn Ydfa, cofia.'

Taflodd Aled gip arni hi, ar y dwylo ar yr olwyn lywio, y siâp hyfryd yn y math-o-grys a'r trowsus lliw golau. Digon hawdd deall bod llawer o gariadon gan hon. 'Fe allwn i syrthio mewn cariad â hi fy hun. ('Gwylia di,' meddai'r llais o'r cwtsh.) ''Fe fyddwn ni'n fwy o ffrindiau,'' meddai hi, ond fydda i ddim yn gweld llawer arni hi . . . a fi ar y dôl.'

'Wel, dwêd ble mae hi'n byw, a beth ydy enw'r ferch arbennig o sbesial yma.'

'Mae hi'n byw yn sir Feirionnydd . . . pentre bach . . . a . . . a Catrin ydy ei henw hi.' ('Diolch, Aled. Rwyt ti'n ddyn o'r diwedd. Dim rhagor o gelwyddau, cofia.')

'Dyna fe. Rydyn ni'n deall ein gilydd nawr. Mae gen ti gariad, ac mae gen i lawer, ond does dim un gen i yn Nhrefynach. Mae'r lle yn dir diffaith. Yn dir diffaith, Aled. Dim llawer o bobl ifanc, a dim bywyd yn y lle. Ond fe fydd bywyd yn y lle nawr, ac fel dywedais i, ti, Aled, fydd yn canu'r larwm.'

'Dydw i ddim yn deall, Marged.'

Chwerthodd Marged yn sydyn.

'Mae'n beth od, Aled, fy mod i'n siarad fel hyn â thi. Yn dy holi di am dy gariad, ac yn galw ''ti'' arnat ti. Ond rydw i'n teimlo fel pe bawn i'n dy adnabod di ers blynyddoedd, ond awr neu ddwy yn ôl doedden ni ddim hyd yn oed wedi cwrdd. Mae rhaid ein bod ni wedi chwarae gyda'n gilydd yn yr un *crèche* neu rywbeth ers llawer dydd, a'n bod ni wedi bod yn chwarae gyda'r un tedi bêr. Oedd tedi bêr gen ti pan oeddet ti'n fabi?'

Ac fe chwerthodd Marged unwaith eto.

'Twt am hynny nawr. Roeddet ti'n dweud dy fod ti ddim yn deall. Wel, fel hyn, Aled-bachgen-neis. Mae eisiau cychwyn pethau yn y pentref. Mae llawer o'r bobl ifanc orau yn mynd i ffwrdd, yn gadael y pentref bob blwyddyn. Fe ddywedaist ti fod dy frawd a dy chwaer yn gweithio dros Glawdd Offa. Ond rydw i'n siŵr bod digon o dalent ar ôl yn y pentref, dim ond cael gafael arno fe. Yn yr hen ddyddiau roedd digon o bethau'n mynd ymlaen.'

'O, oedd. Oedd, wir. Mae fy nhad yn hoff iawn o sôn fel roedd pethau pan oedd e yn fachgen . . . a chyn ei amser e hefyd. Roedd côr ym mhob capel yn perfformio oratorio bob blwyddyn; cwmni drama Cymraeg a chwmni drama Saesneg, a chwmni opera hefyd—cwmni amatur, wrth gwrs, a cholier ifanc yn arwain y côr. Ac roedd timau pêl-droed, a thîm hoci, meddai fy nhad.'

'Rwyt ti'n dweud y gwir, Aled, y gwir bob gair. Wn i ddim beth sy'n bod arnon ni'r bobl heddiw. Dydy'r bobl ddim yn dod at ei gilydd fel roedden nhw ers llawer dydd.'

'Mae'n well ganddyn nhw aros gartref i wylio'r teledu.'

'Rwyt ti'n iawn, Aled. Ac un peth pwysig arall ydy bod pobl ddim yn mynd i'r capel nawr, wel, dim llawer o bobl. Yn y capeli roedd llawer o'r pethau'n dechrau, y corau a'r cwmnïau drama ac ati—meddai Tada—ond mae llawer o'r capeli wedi cau nawr, wedi cael eu tynnu i lawr ac ati. A dyna un peth bydd rhaid i ti ei wneud, Aled; bydd rhaid i ti godi côr yn y pentref. Ie, dyna fe! Côr i berfformio dy opera di. Wyt ti ddim yn meddwl ei fod e'n syniad da—cychwyn côr?'

'Syniad ardderchog, Marged, ond dydw i ddim wedi ysgrifennu'r opera eto.'

'Gwrando, Aled. Wyt ti ddim yn clywed fy meddwl bach i'n gweithio? Clic—clic—clic! Wyt ti'n ei glywed e? Wyt ti'n gweld, Aled, os dechreui di gôr, neu os cychwynni di gôr yn y pentref, fe fydd côr gen ti'n barod erbyn y bydd yr opera'n

barod. Ac fe fyddan nhw wedi dysgu tipyn am ganu hefyd ac
ati. Fydd dim rhaid i ti ddysgu'r d. r. m. ac ati iddyn nhw yn y
côr. Wyt ti ddim yn meddwl fy mod i'n ferch fach glyfar i
feddwl am hyn i gyd? Ffiw! Mae rhaid i fi fod yn dawel nawr
ar ôl rhoi cymaint o straen ar fy meddwl bach i.'

'Rwyt ti wedi siarad llawer o synnwyr, Marged . . . llawer
iawn o synnwyr, a rydw i'n gweld dy bwynt di. Ond does neb
yn gwybod pa mor hir y bydda i yn Nhrefynach.'

'Misoedd ddywedaist ti. Fe fydd hynny'n ddigon o amser i
roi'r côr ar ei draed.' Chwerthodd Marged, ac yna, 'A dyna'r
gair olaf nes byddwn ni'n cyrraedd Trefynach, ac fe elli di
feddwl am dy gariad Catrin ac am yr hwyl gawsoch chi
neithiwr ym mreichiau eich gilydd ar ben Rhiw'r Dolau, ac fe
alla i feddwl am y criw o gariadon sy gen i ar hyd ac ar led y
wlad.'

'Heb anghofio'r un neu ddau dros Glawdd Offa.'

'Heb eu hanghofio nhw, Aled. Dyna i ti Gilbert yn Aber-
tawe, Philip yng Nghasnewydd, Idris yn Nant-y-moel,
Hywel yn Llanbedr-pont-Steffan, Dai Sebon Meddal ym
Mhontypridd a Wil Hwyaden ym Mountain Ash . . .'

'Ac rydych chi wedi bod yn caru gyda phob un ohonyn
nhw? Gilbert a Philip a'r bois yna i gyd? Whiw!'

'Na, y twpsyn. Rhai o fy ffrindiau yn y coleg oedden nhw—
dyna i gyd. Pwy wyt ti'n meddwl ydw i? Yr hen frenhines yna
o Sbaen roedd rhaid iddi hi gael hanner dwsin o gariadon
bob nos?'

'Pwy oedd hi?'

'Wn i ddim, ond fe glywais i sôn rywbryd am hen hoeden o
frenhines, ond does dim ots amdani hi nawr. Na, ffrindiau
oedd y bechgyn i gyd, ac fe gawson ni lawer o hwyl gyda'n
gilydd. Ac fe hoffwn i pe bai un neu ddau ohonyn nhw'n byw
yn Nhrefynach nawr, yn y tir diffaith, wyddost ti, Aled?
Ond fe fyddi di yno, Aled, i gymryd eu lle nhw . . . efallai . . .
A nawr rydw i'n cau fy ngheg.'

Ac roedd hi cystal â'i gair.

Am filltir ar ôl milltir wedyn roedd tawelwch rhwng y ddau yn y car, ond am ambell sylw nawr ac yn y man am y wlad o gwmpas. Fe gafodd Aled fwy nag un cip ar y ferch hyfryd yma wrth ei ochr. Roedd ganddi wyneb prydferth . . . a gwefusau llawn . . . gwefusau . . . rhaid ei bod hi'n gantores dda dros ben. Roedd arno fe eisiau gofyn iddi hi ganu yno, yn y car, ond ar yr un pryd, roedd e'n mwynhau'r tawelwch rhyngddyn nhw. Sylwodd ar y trwyn bach syth, a'r bochau crwn fel dau afal a gwrid yr haf arnyn nhw. A'r gwallt yn donnau at ei hysgwyddau. Beth oedd lliw ei gwallt? Melyngoch? Ie, gyda'r aur yn rhoi sglein ynddo. Wir, roedd hi'n ferch hardd. Ac mor fywiog hefyd . . . a digri. Ond yn y tawelwch roedd Catrin yn gwthio'i hun i'w feddwl nawr ac yn y man . . . a neithiwr . . . neithiwr roedd hi yn ei freichiau yn gynnes, gynnes, ac yn sydyn, a heb yn wybod iddo'n iawn, fe ochneidiodd Aled. Fe glywodd Marged yr ochenaid.

'Jiw, Jiw, Aled! Ochneidio? Beth sy'n bod? A! Fe wn i. Meddwl am dy gariad rwyt ti. Beth oedd ei henw hi nawr? Rydw i wedi anghofio.' (Ond doedd hi ddim wedi anghofio, ac roedd hi'n gwybod hynny'n iawn.)

'Catrin ydy ei henw hi,' atebodd Aled.

'Rwyt ti dros dy ben a dy glustiau mewn cariad â hi, on'd wyt ti?'

'Wel . . . wel, wn i ddim am hynny, ond roedden ni'n mynd o gwmpas lot gyda'n gilydd. Fe wyddoch chi sut mae myfyrwyr, stiwdents, yn mynd o gwmpas yn barau. Rhyw fath o bartneriaid yn fwy na dim.'

'Fe wn i. Dai Sebon Meddal o Bontypridd oedd fy mhartner i. Dyna i chi enw ar fachgen—Dai Sebon Meddal!'

'Sut cafodd e'r enw?'

'Wn i ddim yn iawn, ond roedd rhyw lais sebon meddal ganddo fe. Roedd e, wel, mae e, yn denor bach da, a phan oeddech chi'n gwrando arno fe'n canu, roeddech chi'n teimlo fel pe bai e'n rhwbio sebon meddal i lawr eich cefn. Ac roedd ei ddwylo fe fel sebon meddal hefyd pan oedd e . . . wel, rydych chi'n gwybod . . .'

'Gwybod beth?' gofynnodd Aled er bod ganddo fe syniad beth roedd hi'n ei feddwl.

'Paid â bod yn naïf, Aled. Rwyt ti wedi bod yn caru, on'd wyt ti, ac rwyt ti'n gwybod beth mae bechgyn yn ei wneud.'

Taflodd Aled gip arni hi, ac er mawr syndod iddo fe, roedd gwrid ar ei bochau—roedd hi wedi cochi!

'Does dim rhaid i fi ddweud rhagor, nac oes,' meddai hi, a dyna hi'n chwerthin, rhyw chwerthin bach swil. Ac roedd y chwerthin yn ddigon i wneud i Aled deimlo ychydig bach, bach yn anghysurus—yn anghysurus am y tro cyntaf yng nghwmni'r ferch yma. Fe ddaeth i'w gof lawer noson gynnes yng nghwmni Catrin. Ochneidiodd, ond wnaeth Marged ddim sylw y tro hwn.

Roedd tawelwch unwaith eto rhwng y ddau. Efallai fod y ddau'n ail-fyw amserau pleserus yn y gorffennol. Ond toc, meddai Marged,—

'Mae rhaid bod meddwl isel gennych chi amdana i, Aled . . . mai hen hoeden ydw i.'

'Dim o'r fath beth. Dydyn ni ddim yn perthyn i'r *Band of Hope* yn yr oes hon.'

'Ond mae'n rhyfedd . . . mae'n od iawn . . . fel rydw i wedi bod yn siarad mor rhydd â chi, Aled, ac yn galw "ti" arnoch chi, ac yn eich galw chi wrth eich enw. Ydych chi'n meddwl fy mod i'n hen ferch eon . . . hen ferch fforward, fel maen nhw'n dweud?'

'Dim o gwbl. Rydych chi'n dweud beth sy ar eich meddwl yn blwmp ac yn blaen.'

'Efallai fy mod i fel yna, ac weithiau fe fydda i'n rhoi fy nhroed ynddi hi. Gobeithio fy mod i ddim wedi rhoi fy nhroed ynddi hi gyda chi. Ond rydych chi'n gweld, Aled, rydw i'n teimlo mor gartrefol yn eich cwmni er fy mod i'n gwybod dim amdanoch chi, ond mai myfyriwr newydd adael y coleg ydych chi. Ond rydw i'n teimlo fel pe bawn i'n eich adnabod chi ers blynyddoedd, fel rydw i wedi dweud.'

'Felly rydw i'n teimlo hefyd.'

'Iawn. Mae'n dda gen i eich clywed chi'n dweud. A rydw i
am alw "ti" arnoch chi o hyd nawr, ac fe allwch chi . . . ha-ha
. . . fe elli di alw "ti" arna i. A phaid ti â bod yn swil gyda fy
enw.'

'Fydda i byth yn swil gyda thi eto . . . byth!'

Ac fe chwerthodd y ddau yn hapus yng nghwmni ei gilydd.

'Ac fe fyddwn ni'n cwrdd eto . . .'

'Gobeithio.'

Roedd Marged yn falch o glywed y gair 'Gobeithio'.

'Fe fydd rhaid i ni gwrdd i drafod y ferch o Gefn Ydfa. Rwyt
ti am wneud "y ferch" yn lle Rhyfel y Degwm, on'd wyt ti?'

'Ydw, siŵr iawn. Ac fe fydd rhaid cael eich . . . dy help di
. . . Marged.'

'Da iawn, Aled. Rwyt ti'n dysgu'n gyflym.'

'Wrth gwrs, fe fydd rhaid chwilio am hanes "y ferch" . . .
rhaid cael ei hanes yn fanwl, fanwl.'

'Fe chwilia i am ei hanes hi hefyd, Aled, ac mae rhaid i fi
ddweud fy mod i'n edrych ymlaen at y cydweithio yma.
Cydweithio ydy'r gair, Aled.'

'Cydweithio, Marged.'

'Fyddwn ni ddim yn hir nawr yn cyrraedd Trefynach.
Rydyn ni yng Nghwm y glo nawr . . . Fe fydda i'n mynd i'r
opera nos yfory. Fe ddywedais i efallai y byddwn i'n mynd ar
fy mhen fy hun. Ti'n gweld, mae dau docyn yn y tŷ, un i
Mam ac un i fi, ond . . . ym . . . roedd annwyd ar Mam pan es i
i weld Mam-gu dridiau yn ôl, ac os bydd hi ddim wedi
gwella, wel, fe fydd tocyn sbâr gen i. Fe fyddai gen ti ddi-
ddordeb yn y tocyn sbâr, Aled?'

'Fe fyddwn i wrth fy modd . . . Marged.'

'Iawn. Rwyt ti ar y ffôn?'

'626155.'

'Fe gofia i'r rhif. A nawr ble rwyt ti'n byw? Fe a' i â thi at y
drws.'

'Rhif dau, Lôn y Bryn.'

'Lôn y Bryn? Dydy Lôn y Bryn ddim ymhell o'n tŷ ni. Da
iawn, Aled. Cofia, Aled, hyd yn oed os na fydd y tocyn opera

yn sbâr, fe fyddwn ni'n cwrdd i drafod y ferch o Gefn Ydfa yn fuan. *Cydweithio*, cofia.'

'Rydw i'n siŵr o gofio.'

'Fi hefyd . . .'

5. 'Cenfigen, Marged, cenfigen'

Dim ond ei fam oedd gartref pan gyrhaeddodd Aled rif dau,
Lôn y Bryn. Roedd ei dad heb ddod adref o'r pwll lle roedd
e'n gweithio shifft y dydd. Ond roedd y croeso a gafodd Aled
gan ei fam yn ddigon i'r ddau.

'O, mae'n dda dy weld ti, Aled,' meddai'r fam. 'Doedden
ni ddim yn dy ddisgwyl di mor fuan. Sut dest ti?'

'Cael lifft wnes i yr holl ffordd, reit at y drws.'

'Fe fuost ti'n lwcus, felly.'

'Lwcus iawn, Mam, achos dim ond ychydig geiniogau sy
gen i yn fy mhoced.'

'Wel, dere i mewn, a rho'r pac a'r cês i lawr, da thi. Gest ti
fwyd yn rhywle? Siŵr bod eisiau bwyd arnat ti.'

'Ches i ddim ers amser brecwast, dim ond cwpanaid o goffi
a chwpwl o gacennau ar y ffordd.'

'Fe wna i gwpanaid i ti ar unwaith, ac wedyn tamaid o
fwyd. Fyddwn ni ddim yn cael cinio nes bod dy dad yn dod
adref o'r gwaith tua hanner awr wedi tri. Beth gymeri di?'

'Unrhywbeth, Mam. Fe fydd unrhywbeth wnewch chi yn
flasus ar ôl bwyd y coleg.'

'O'r gorau. Cig moch ac wyau ac ati, ie, Aled?'

'Fydd dim byd gwell, Mam.'

'Wel, dere i'r gegin tra bydda i'n paratoi er mwyn i ni gael
sgwrs.'

'Siŵr iawn, ond mae rhaid i fi ymolchi tipyn ar fy wyneb a
fy nwylo'n gyntaf.'

'O'r gorau, cer di i ymolchi. Fe fydd y tegell yn canu a'r
badell ar y stôf mewn dim amser.'

Pan ddaeth Aled yn ôl i'r gegin ar ôl ymolchi a rhoi cip ar ei
ystafell wely, roedd te yn y tebot a sŵn y cig moch yn ffrio'n
braf yn y badell.

'Cwpanaid yn dy law, Aled, tra mae'r cig moch yma'n
ffrio. O, mae'n dda dy gael di gartref. Fe fydd dy dad wrth ei
fodd. Mae hi'n unig iawn yma, dim ond ni'n dau; Hywel a
Sara i ffwrdd yn Lloegr yn ennill eu bara.'

'Fe fydda i gartref am sbel nawr, Mam, yn ôl pob golwg.'

'Heb gael swydd rwyt ti.'

'Ie, Mam. Ar y dôl y bydda i am sbel, mae arna i ofn.'

'Paid â phoeni. Fe fydd yn dda cael dy gwmni di. Mae dy dad yn flin iawn—wel, yn ddig iawn bod Hywel a Sara i ffwrdd. Fe slafiodd dy dad yn galed yn y pwll yna er mwyn rhoi addysg dda iddyn nhw—ac i ti hefyd, Aled—ond y Saeson sy'n cael ffrwyth ei waith caled, meddai fe. Ac mae rhaid i fi ddweud ei fod e'n dweud y gwir. Yn wir i ti, mae dy dad wedi suro tipyn yn ddiweddar rhwng popeth. Wnawn ni ddim sôn dim rhagor amdano fe nawr. Fe gest ti lifft reit at y drws, meddet ti. Gan bwy, Aled? Rhywun o'r pentref yma?'

'Do, fe ges i lifft gan ferch sy'n byw yma, lifft yr holl ffordd ond am y ddwy filltir gyntaf.'

'Pwy oedd hi, tybed? Ydw i'n ei hadnabod hi?'

'Ydych, mae'n debyg, er mai dim ond am ychydig o fisoedd mae hi wedi bod yn byw yma.'

'Wel, pwy ydy hi, te?'

'Marged ydy ei henw hi, a'i thad hi ydy rheolwr newydd y pwll glo.'

'O!'

'Roedd hi'n garedig iawn ar y ffordd i lawr. Hi dalodd am y coffi a'r cacennau. Ydych chi'n ei hadnabod hi, Mam?'

'Rydw i wedi ei gweld hi o gwmpas y pentref. Merch eithaf smart, yn ôl pob golwg.'

'Ydy, wir, smart iawn, ddywedwn i, ac yn eithaf digri hefyd. Fe fuon ni'n siarad a chlebran yr holl ffordd o Aberglasfor.'

'Do, wir? Beth am Catrin y dyddiau yma, Aled? Wyt ti'n ffrindiau gyda hi o hyd? Merch hyfryd iawn ydy Catrin. Ydy hi wedi cael swydd?'

'Ydy, mae hi wedi cael swydd yn ei hen sir. Fe fuodd hi'n lwcus dros ben.'

'Mae'n dda gen i glywed. Nawrte, mae'r bwyd yma bron â bod yn barod. Cer di â chyllell a fforc i'r ystafell arall. Fe gei

di fwyta ar dy ben dy hun, achos mae rhaid i fi fynd ymlaen
â'r cinio i dy dad.'

'O'r gorau, Mam . . .'

★　　　★　　　★

Dim ond am dridiau roedd Marged wedi bod i ffwrdd, ond
roedd y croeso gafodd hi gan ei mam yn Nhŷ'r Dderwen mor
gynnes â'r croeso gafodd Aled yn rhif dau, Lôn y Bryn.
Gwraig hardd, garedig yr olwg oedd y fam, a gwrid iechyd ar
ei bochau. Ond er bod golwg mor iach arni hi, cwestiwn
cyntaf Marged iddi oedd, —

'Sut ydych chi, Mam? Ydych chi'n well?'

'Sut . . . sut ydw i? Yn well? Ydw i wedi bod yn sâl, te?
Doeddwn i ddim yn gwybod fy mod i'n dioddef o unrhyw
salwch. A dweud y gwir, fues i erioed yn teimlo'n well.'

'Eich annwyd, Mam. Ydy'ch trwyn chi wedi bod yn
rhedeg . . .?'

'Marged, Marged, beth ydy'r holi yma? Fy nhrwyn i'n
rhedeg, wir! Nid crwt bach yn yr ysgol a'i drwyn e'n rhedeg
ydw i. Os clywais i'r fath beth!'

'A'r cosi yn eich gwddw, Mam?'

'Cosi yn fy ngwddw . . .'

'A'ch llygaid chi'n llosgi?'

Roedd gwên ar wyneb Marged, a deallodd y fam fod rhyw-
beth gan ei merch ar ei meddwl.

'Na, Marged, dydy fy nhrwyn i ddim yn rhedeg—a def-
nyddio dy iaith ach-y-fi di; dim cosi yn fy ngwddw, a dydy fy
llygaid i ddim yn llosgi. Ac fe alla i ddweud bod dim pen tost
gen i rhag ofn dy fod ti'n poeni mwy amdana i. A dydy fy
nghoesau i ddim yn wan odana i. O, ie, a dydw i ddim yn
gweld dwbwl. Felly, mae fy llygaid i'n iawn, ac fe alla i weld y
wên ar dy wyneb di. Nawrte, dwêd, pam yr holl holi medd-
ygol yma, Marged? Beth sy gen ti ar dy feddwl?'

'Wel, Mam-fwyaf-annwyl-y-byd, fe ddyweda i nawr. Mae dau docyn gyda ni i fynd i'r opera nos yfory. Un tocyn i fi, ac un tocyn i chi . . .'

'Paid â dweud un gair rhagor. Fe wn i beth sy gen ti. Rwyt ti eisiau'r ddau docyn.'

'Reit, Mam annwyl. Rydych chi wedi taro'r hoelen reit ar ei phen. Rydw i eisiau'r ddau docyn, un i fi ac un i fachgen bach gwrddais i ar y ffordd adref y bore yma. Fe roiais i lifft iddo fe yn y car. Bachan bach neis iawn, newydd orffen yn y coleg yn Aberglasfor. Mae e wedi dod adref i fynd ar y dôl— dim swydd ganddo fe er ei fod e wedi ennill ei radd, mewn Cerddoriaeth, Mam. Mae ganddo fe ddiddordeb mawr yn yr opera, ond mae e'n rhy dlawd . . . chi'n gwybod, Mam . . . rhy dlawd, pŵr dab, i brynu tocyn . . .'

'O, Marged, paid, neu fe fyddi di'n tynnu'r dagrau i fy llygaid. Ond cer ymlaen . . . Na, aros nes fy mod i'n cael fy hances i sychu'r dagrau . . .'

Smalio roedd y fam, wrth gwrs, ac roedd y ddwy, y fam a'i merch, yn deall ei gilydd i'r dim.

'Mae rhaid iddo fe, y truan tlawd, gael gweld opera nawr ac yn y man, achos mae e'n mynd i ysgrifennu opera . . . gyda fy help i.'

'Mynd i ysgrifennu opera, ydy e? Wel, pwy ydy'r cerddor mawr yma, y Verdi Trefynach yma?'

'Mae e'n fachan bach neis; gŵr bonheddig yn wir i chi, a'i enw e ydy Aled Rowland.'

'Aled Rowland? Rowland ddywedaist ti?'

'Ie, dyna beth ddywedais i.'

'Ow! Ydy e'n fab i William Rowland?'

'Wn i ddim beth ydy enw ei dad e, Mam, nac enw ei fam, na'i dad-cu. Ond mae ei dad e'n gweithio yn y pwll yma— colier cyffredin, meddai Aled. Ond pam roeddech chi'n dweud ''Ow!'' fel yna? Fel pe bai . . . pe bai arogl drwg arno fe? Ydych chi'n ei adnabod e, te? Ydych chi wedi cwrdd â fe rywbryd?'

'Nac ydw, ond rydw i'n adnabod ei dad e, os fe ydy William Rowland.'

'Arno fe, ar y tad, mae'r arogl drwg, te.'

'Paid â siarad fel yna, Marged.'

'Wel, beth am ei dad e, os oes rhaid i chi ddweud "Ow!" fel yna. Ydy e wedi lladd rhywun?'

'Nac ydy, hyd y gwn i, ond fe allai fe ladd Tada.'

'Ow! Fi sy'n dweud "Ow!" nawr. Beth sy ganddo fe yn erbyn Tada?'

'Cenfigen, Marged, cenfigen!'

'A dyma fi'n dweud "Ow!" eto. Beth ydy'r genfigen, Mam, a pam?'

'Tada gafodd y swydd fel rheolwr ar y pwll yma a William Rowland yn dweud mai ei frawd ddylai fod wedi cael y swydd. Does gan Tada ddim byd yn erbyn William Rowland nac yn erbyn y brawd—Gronwy ydy ei enw e. Fel mater o ffaith mae'r Gronwy yma'n un o'r is-reolwyr yn y pwll, ac mae e a Tada yn iawn gyda'i gilydd . . . ac maen nhw'n gweithio'n dda gyda'i gilydd. Ond mae William Rowland yn mynnu bod yn gas a dal yr hen genfigen yma, er bod Tada'n mynd allan o'i ffordd i gadw ar yr ochr orau iddo fe . . . yn ceisio bod yn ffrindiau gyda fe. Ond troi ei gefn bydd William Rowland bob tro bydd Tada'n mynd i siarad â fe. Fe gaiff e "Bore da" weithiau ganddo fe, ond dim byd mwy na hynny. Ond mae Tada'n ddigon parod i ddweud ei fod e'n weithiwr da. Does mo'i well yn y pwll, meddai Tada—fel colier, wyddost ti.'

'Fe ddyweda i "Ow!" unwaith eto, Mam. Ond does dim rhaid i fi beidio â bod yn ffrindiau gydag Aled, oes e? Chi'n gweld, Mam, rydw i'n hoffi ei gwmni fe, ac mae e'n ddigon golygus hefyd. Ond beth sy'n fwy pwysig ydy ein bod ni'n mynd i gydweithio ar yr opera yma.'

'Cydweithio? Ond dydych chi ddim yn adnabod eich gilydd eto.'

'Rydyn ni'n adnabod ein gilydd yn ddigon da. Rydych chi'n gwybod fel mae hi gyda rhai pobl. Rydych chi'n mynd yn ffrindiau gyda nhw'n syth—ar yr olwg gyntaf, Mam, fel syrthio mewn cariad ar yr olwg gyntaf.'

'Wyt ti wedi syrthio mewn cariad â'r bachgen yma ar yr olwg gyntaf, Marged?'

'Ddim eto, Mam, ond mae'n bosibl . . . mae'n bosibl y bydda i cyn bo hir. Ond dyma'r pwynt. Rydyn ni'n mynd i gydweithio ar yr opera yma a chodi côr yn y pentref i berfformio'r opera pan fydd hi'n barod.'

'Codi côr? Yn wir, rydych chi wedi bod yn gweithio'n gyflym.'

'A pheth arall, Mam annwyl, fi sy wedi dewis y stori ar gyfer yr opera.'

'Ti?'

'Ie, fi, Mam. Roedd e'n mynd i ysgrifennu hen opera hanes ach-y-fi . . . am Ryfel y Degwm, fel mater o ffaith, ond fe ddywedais i y byddai opera garu yn well gan gynulleidfa, ac fe gynigiais i stori'r ferch o Gefn Ydfa.'

'Wel, da iawn ti, Marged. Mae hi'n stori dda ac yn siŵr o wneud opera ragorol.'

'Ydych chi'n meddwl y ca i'r ail docyn nawr er mwyn i Aled ddod gyda fi i weld ''Trovatore''?'

'Cei, siŵr iawn. Ond wn i ddim beth fydd gan Tada i'w ddweud.'

'O, mae digon o synnwyr gan Tada. Does ganddo fe ddim byd yn erbyn Aled, a does gan Aled ddim byd yn erbyn Tada. Tad Aled ydy'r unig un sy'n dal cenfigen.'

'Siŵr iawn. O, fe fydd Tada'n ddigon bodlon i ti fynd i'r opera gyda . . . beth ydy ei enw fe nawr?'

'Aled, Mam, ac mae e'n fachan bach hoffus iawn.'

'Does dim rhaid i ti ddweud dim rhagor. Fe fydd Tada'n ddigon bodlon, cei weld.'

'Wrth gwrs fe fydd e'n fodlon . . . dim ond i fi roi fy mreichiau amdano fe . . . chi'n gwybod, Mam.'

'O, ydw, rydw i'n gwybod. Fe elli di ei droi e rownd dy fys bach . . .'

6. 'Sôn am y tir diffaith!'

Roedd hi'n braf bod gartref. Eisteddodd Aled yn ôl yn ei gadair, ei fol yn llawn ar ôl y pryd o gig moch a dau wy a thomato a bara wedi ffrio, a chwpanaid ar ôl cwpanaid o de.

'Hew! Roedd hwnna'n dda, Mam. Ches i ddim pryd o fwyd mor flasus er y Pasg pan oeddwn i gartref ddiwethaf. Gwell na'r stwff roedden ni'n ei gael yn y coleg—popeth mor oer a diflas.'

'Roedd golwg eisiau bwyd arnat ti, Aled,' atebodd y fam. 'Tamaid i aros pryd oedd hwnna. Fe gei di ginio iawn pan ddaw dy dad adref.'

'Cinio iawn? Fydd dim lle i ragor o fwyd gen i tan . . . tan amser swper. Na fydd, wir.'

'Fe gawn ni weld. Fe fydd dy dad adref cyn bo hir nawr. Fe fydd eisiau bwyd arno fe ar ôl slafio yn yr hen bwll yna.'

'Sut mae e, Mam? Dydych chi na fe'n dweud llawer yn eich llythyrau.'

'O, mae e'n iawn. Mae e'n gweithio'n galed, fe wn i hynny.'

'Does dim sôn am y pwll yma'n cau, oes e?'

'Nac oes, hyd y gwn i. Mae e'n bwll da, a digon o lo yno am hanner can mlynedd eto, meddan nhw.'

'Faint sy ganddo fe cyn gorffen yn y pwll?'

'O, rhyw bum mlynedd. Fe fydd e'n falch cael gorffen.'

'Sut siâp sy ar yr ardd, a'r lotment, wrth gwrs?'

'Mae'r ardd yn iawn, fe wn, a'r lotment hefyd hyd y gwn i. Dydw i ddim wedi bod i lawr i'r lotment ers wythnosau. Does dim rhaid i ni brynu llysiau o un pen i'r flwyddyn tan y nesaf.'

'A dyna lle bydd e bob awr o'r dydd ar ôl gorffen yn y pwll.'

'Efallai.'

'Efallai?'

'Ie, efallai, achos mae e'n sôn am brynu lle bach yn y wlad, a chadw buwch neu ddwy . . .'

'A mochyn yn y cwt! Dyna dda. Fe fydd e wrth ei fodd.
Ffermwr ddylai fe fod.'

'Ie, siŵr, Aled. Roedd arno fe eisiau mynd i goleg y ffermwyr pan oedd e'n ifanc, ond dyn go dwp oedd ei dad e . . . dy dad-cu di.'

'Sut, Mam?'

'Roedd dy dad-cu'n gweithio yn y pwll, ac fe wnaeth e'n dda, ac os oedd y pwll glo'n ddigon da iddo fe, roedd y pwll glo'n ddigon da i'w feibion hefyd. A dyna lle cafodd dy dad ac ewyrth Gron fynd. Ond fe ofalodd dy dad na fyddai dim un o'i feibion e'n mynd i slafio yn y lle budr.'

'Mae ewyrth Gron wedi gwneud yn dda yn y pwll.'

'Ydy, siŵr. Fe aeth e ati i astudio i fod yn rheolwr ac fe gafodd e ei wneud yn rheolwr ar Bwll Pendomen, nes i hwnnw gau.'

'A nawr mae e'n is-reolwr yma yn Nhrefynach.'

'Ydy, yn is-reolwr, ac mae hynny wedi mynd dan groen dy dad. D'ewyrth Gron ddylai fod yn rheolwr Pwll y Dderwen, meddai dy dad. Ac felly, mae rhaid i ti fod yn ofalus fel rwyt ti'n siarad am y ferch yna gwrddaist ti heddiw.'

'O, fe fydda i. Gyda llaw, ydy e'n barddoni nawr?'

'O, ydy, pan fydd e'n cael y cyfle. Dyna'i ddiléit e—ei farddoni, a'r ardd wrth gwrs.'

'Fydd e'n cystadlu nawr?'

'Wel, dydy e ddim wedi ennill dim cadeiriau na choronau yn ddiweddar. Ond fe fuodd e wrthi'n galed yn ystod y gaeaf. Ond fel rwyt ti'n gwybod, fydd e byth bron yn sôn am ei farddoniaeth nawr. Ei fywyd preifat e ydy ei farddoniaeth, meddai fe. Ond pan oedden ni'n caru ers llawer dydd, roedd e'n adrodd llawer o'i benillion i fi. Roeddwn i yn fy seithfed nef yn gwrando arno fe, a fy nghalon i . . . wel, wn i ddim beth i'w ddweud. ''Fy rhiain dlos'' roedd e'n fy ngalw i. Doedd dim ryfedd fy mod i wedi syrthio mewn cariad â fe . . . a'r ffaith ei fod e'n ddyn da hefyd . . . y dyn gorau yn y byd.'

'O, Mam, mae dagrau yn eich llygaid chi.'

'Oes; rydw i'n dwp, on'd ydw i? Ond ei weld e wedi suro rydw i achos na chafodd Gronwy mo'r swydd yn y pwll yma. Welais i erioed ddau frawd mor glòs. Wrth gwrs, mae dy dad yn hŷn na Gron, ac mae rhaid dweud ei fod e wedi bod yn frawd mawr i Gron er pan oedden nhw'n fechgyn yn yr ysgol. Fe glywais i Gron yn sôn lawer gwaith fel roedd dy dad yn ymladd ei frwydrau fe bob amser. Roedd hi'n berygl i unrhyw un godi bys yn erbyn Gron. Fe fyddai dy dad yn eu pennau nhw ar unwaith.'

'Beth ddigwyddodd ynglŷn â'r swydd rheolwr yn y pwll, te, Mam? A pham mae Dad mor ddig yn erbyn tad Marged?'

'Mae yna ddau beth, a dweud y gwir. Mae d'ewyrth Gron wedi pasio'n uwch na Mr. Mathias fel rheolwr—meddai dy dad, wrth gwrs. A'r rheswm pam cafodd Mathias y swydd oedd ei fod e'n briod â chwaer prif-reolwr y maes glo yn y De yma.'

'Nepotism, dyna beth ydy hynny,' meddai Aled.

'Wn i ddim beth ydy'r gair mawr am y peth, ond dyna pam cafodd Mathias y swydd. Ac mae'r holl beth wedi mynd dan groen dy dad.'

'Dyna biti, yntê? Ond mae ganddo fe le i deimlo'n ddig, a theimlo rhyw genfigen yn erbyn y dyn.'

A'r funud honno fe ganodd y ffôn.

'Gwell i chi fynd, Mam. Does neb yn gwybod fy mod i gartref . . . dim ond y ferch yna ges i lifft gyda hi.'

'Na, cer di. Mae fy nghalon i'n curo bob tro rydw i'n clywed y ffôn yna'n canu yn ystod y dydd. Meddwl efallai fod damwain yn y pwll . . . neu rywbeth. Cer di, Aled.'

Fe aeth Aled a chodi'r ffôn.

'626155.'

'O, rydw i'n adnabod y llais,' meddai'r llais o'r pen arall. 'Sut mae'r hwyl erbyn hyn, Aled?'

'Iawn.'

'Iawn? Dim ond "iawn"? Dwêd "Iawn, Marged," os wyt ti'n cofio f'enw i.'

'Rydw i'n cofio.'

'Bachgen, bachgen, paid â bod mor stiff. Rwyt ti'n swnio
fel pe baet ti ddim eisiau siarad â fi. Gwrando nawr, Aled.
Mae gen i newyddion da . . . a newyddion ychydig bach yn
drist. Ddim yn drist iawn, cofia. Mae Mam dan annwyd; fe
ddywedais i ei bod hi'n sniffian cyn i fi fynd i ffwrdd i weld
Mam-gu. Dyna'r newyddion tipyn bach yn drist. A'r newydd-
ion da ydy bod gen i ddau docyn i fynd i'r opera yng Nghaer-
newydd nos yfory, sef nos Fercher. Un tocyn i fi, ac un tocyn
yn sbâr. Nawrte, beth amdani? Wyt ti'n dod gyda fi i'r
opera, neu fydd y tocyn yn mynd yn wâst?'
    'Wel . . . ym . . .' Roedd Aled yn cofio beth roedd ei fam
wedi dweud wrtho fo am y genfigen oedd gan ei dad yn
erbyn teulu'r rheolwr . . . wel, yn erbyn Mr. Mathias.
    'Wel . . . ym . . . Paid â dweud "Wel, ym" wrtho i. Rwyt ti'n
dod gyda fi i'r opera, neu siarada i byth â thi eto . . . byth,
byth eto. Wyt ti'n clywed? Mae'r opera'n dechrau am
hanner awr wedi saith, ac felly, fe fydda i'n galw amdanat ti
am chwech o'r gloch gyda'r car. Rhyw dri chwarter awr
mae'n gymryd i fynd i Gaernewydd, ac fe gawn ni amser,
felly, i alw yn rhywle cyn mynd i'r theatr. A chofia di olchi tu
ôl i dy glustiau, a dy wddw a gwisgo coler glân, neu fe fydda
i'n troi fy nhrwyn atat ti am byth . . . am byth, cofia.' Ac yna,
fe newidiodd y llais. Nid smalio roedd hi nawr, ond pledio.
'Fe ddoi di, Aled, oni ddoi? Dwêd! Rydw i'n hoffi dy gwmni
di, ac fe fydda i'n unig iawn yn mynd ar fy mhen fy hun.'
    A sut gallai Aled wrthod y fath bledio?
    Fe aeth y llais ymlaen.
    'Mae Mam wedi dweud wrtho i sut mae hi rhwng dy dad a
Tada. Ond rhyngddyn nhw a'u busnes. Does dim cenfigen
na dim byd felly rhyngon ni'n dau. Hen bobl ydyn nhw,
wedi suro yn eu hen ddyddiau—er bod Tada ddim yn hen
iawn, cofia. Fe ddoi di, Aled?'
    'Dof, wrth gwrs, ac yn falch o'r cyfle i weld Cwmni Opera
Cymru'n perfformio. A diolch yn fawr i chi.'
    'I ti.'
    'Diolch yn fawr i ti, Marged.'

'Hyfryd! Hyfryd! Fe gawn ni amser bendigedig. Hwyl nawr, Aled.'

'Hwyl, Marged.'

Aeth Aled yn ôl i'r ystafell fyw at ei fam, a'i feddwl yn gymysglyd iawn. Doedd e ddim yn gwybod beth i'w feddwl yn iawn. Roedd e wedi addo mynd i Gaernewydd er bod cymaint o genfigen rhwng y ddau deulu . . . wel, rhwng y ddau dad. 'Beth fydd ganddo fe i'w ddweud, tybed?'

'I ti roedd y ffôn, Aled?' gofynnodd y fam. 'Y ferch yna, ie?'

'Ie, Mam. Roedd hi'n gofyn i fi fynd i'r opera gyda hi nos yfory yng Nghaernewydd, ac rydw i wedi addo mynd. Tocyn sbâr ganddi hi, meddai hi. Ei mam hi dan annwyd ac yn methu mynd. Piti gadael i'r tocyn fynd yn wâst.'

'Ei mam dan annwyd? Fe welais i hi y bore yma. Roedd hi yn siop Francis y Cig yr un pryd â fi, a doedd hi ddim yn swnio fel pe bai annwyd arni hi. Roedd hi'n edrych yn iach fel y gneuen.'

'Roedd hi'n sniffian pan aeth Marged i weld ei mam-gu ychydig ddyddiau yn ôl, meddai Marged ei hunan.'

'Wel, fe ddyweda i hyn, doedd hi ddim yn sniffian yn siop Francis y bore yma.'

'Oeddech chi'n siarad â hi, Mam?'

'Wel . . . dim ond dweud ''Bore da'' digon sych.'

'Rhaid i fi gymryd gair Marged. Fyddai hi ddim yn dweud celwydd, fyddai hi?'

'Wn i ddim yn wir. Mae'n swnio fel pe bai hi am gael gafael arnat ti, Aled. Ac mae rhaid dweud, does dim llawer o fechgyn ifanc yn y pentref nawr—i'w siwtio hi. Ac rydw i'n poeni beth fydd gan dy dad i'w ddweud. Dyn ffein, caredig ydy dy dad bob amser, ond nawr . . . wn i ddim beth i'w ddweud. O, wel, digon i'r dydd ei ddrwg ei hun, ddywedwn i. Ond rwyt ti wedi addo mynd gyda'r ferch yma, ac felly, mae rhaid i ti fynd.'

'Rhaid, Mam. Rydw i'n credu yr a' i i lawr i'r pentref am dro. Efallai fod rhai o fy hen ffrindiau o gwmpas; rhai wedi dod adref o'r colegau, efallai.'

'Fe fydd dy dad adref cyn bo hir nawr . . . am hanner awr wedi tri. Dere 'nôl erbyn amser cinio.'

'Cinio, Mam? Peidiwch â sôn am fwyd, Mam. Mae fy mol i mor llawn ag wy. Fydd dim lle i ddim byd tan amser swper nawr.'

'Fe gawn ni weld.'

'Cawn, cawn. Hwyl nawr. Rydw i'n mynd am dro i lawr i'r pentref a . . . a . . . pheidiwch â dweud gair wrth dad am y ferch yna . . . am Marged.'

'Ddyweda i ddim un gair o fy mhen. Hwyl i ti.'

Fe aeth Aled linc-di-lonc i lawr y bryn lle roedd ei gartref i sgwâr y pentref. Yno ar y sgwâr roedd y sinema—y Globe—a Llyfrgell y Gweithwyr ochr yn ochr, a grisiau'n arwain at y ddau adeilad. Roedd y sinema wedi cau ers llawer dydd, ac roedd sôn am droi'r adeilad yn neuadd bingo. Ond doedd hynny ddim wedi digwydd eto. Roedd y Llyfrgell ar agor fel arfer, a nifer o lowyr yn eistedd ar y grisiau yn yr haul cynnes yn sôn a sgwrsio am faterion y dydd. Glowyr ar shifft y prynhawn a'r nos—a'r pensiynwyr—oedd y rhain yn cymryd sbel fach cyn meddwl am y shifft nesaf. Roedd Aled wedi synnu lawer gwaith fel roedd y dynion yma'n gallu gwneud y tro gydag ond ychydig iawn o gwsg. A dyna lle roedden nhw nawr yn sgwrsio a siarad gan boeri ar y pafin islaw bob tro roedden nhw'n dod i *full-stop* mewn brawddeg.

Roedd Aled yn adnabod rhai o'r dynion.

'Shw' mae?' meddai Aled wrthyn nhw.

'Go lew,' atebodd un neu ddau ohonyn nhw. '*'Ow goes it?*' meddai un neu ddau arall. '*'Ome from the college already. You don't 'alf 'ave a good time, you blokes in the colleges.*'

'*We do a bit of work sometimes,*' atebodd Aled.

'*If you can call it work,*' meddai un arall o'r dynion a phoeri *full-stop* ar y pafin.

Fe droiodd Aled i lawr yr Heol Fawr, a gweld mor dlawd roedd y lle'n edrych nawr. Roedd hanner y siopau wedi cau, rhai wedi'u troi'n dai byw gyda'r parlwr lle roedd y cownter wedi bod a phobl y pentref yn mynd a dod i brynu eu nwydd-au. Roedd eraill heb ddim yn y ffenestri, dim ond llwch a baw a phryfed wedi marw. Roedd yr holl le fel pe bai e wedi torri ei galon a rhoi pob gobaith heibio. Roedd golwg eisiau paent hyd yn oed ar y ddwy dafarn yn y stryd.

'Uffach!' meddai Aled wrtho'i hun. 'Sôn am y tir diffaith! Roedd hi'n ddrwg pan ddois i i lawr yma yn ystod y Pasg, ond mae popeth yn waeth nawr—yn waeth, waeth o lawer. Uffach! Y siopau mawr i fyny'r cwm ydy'r rheswm am hyn— yr *hypers* a'r *supers* yn mynd â'r busnes oddi ar siopau bach y pentrefi. A'r *hypers* yma'n rhedeg bysus o'r pentrefi i'w siopau mawr nhw, a'r bobl yn cael mynd am ddim ar y bysus yma. Sôn am *unfair trading*! All y siopau bach fyth gystadlu â'r *hypers* yma. A beth sy'n digwydd i'r hen deuluoedd oedd yn cadw'r siopau bach? Y *family butcher* a'r *family grocer*? Damnio'r siopau mawr, ddywedwn i.'

Cerddodd Aled yn ôl i fyny'r stryd at y sgwâr a throi ar hyd Heol y Pwll, a da yr enw hefyd, achos roedd y stryd hon yn arwain yn syth i ben y pwll glo. Yma hefyd roedd siopau a'u hanner nhw wedi cau. A'r hen gapel mawr, Capel y Method-istiaid. Yma roedd e wedi bod. Ie, wedi bod! Roedd yr hen gapel mawr wedi ei dynnu i lawr a'r lle heb ei glirio'n iawn. Roedd Aled yn drist yn ei galon. Tir diffaith? Yn wir, dyma beth oedd tir diffaith.

'Uffach!' meddai Aled am y trydydd tro, 'ac yma bydda i'n byw nawr ar y dôl. Duw a'm helpo! Lwc bod rhywun fel Marged yn byw yma. Fe ga i ei chwmni hi nawr ac yn y man, gobeithio . . . pan fyddwn ni'n gweithio ar yr opera . . . am y ferch o Gefn Ydfa.'

A dyna hen gapel bach y *Forward Movement* ym mhen pellaf
y stryd yn agos at y drysau mawr i iard y pwll glo. Ond nid
Forward Movement oedd yr adeilad erbyn hyn, ond
Swyddfa'r Dôl.

'A dyna lle bydd rhaid i fi fynd yfory,' meddai Aled wrtho'i
hun. 'Iech! Alla i ddim aros yma . . . yn y twll marw yma. Fe a'
i am dro i ben y mynydd. Mae'r awyr yn lân i fyny yno . . . Fe
fydda i'n pasio Tŷ'r Dderwen ar y ffordd, ac efallai, efallai
. . . Paid nawr, Aled, fy machgen glân i . . . Cofia, dim ond
ddoe ie, ddoe, roeddet ti ar ben y mynydd gyda Catrin . . . ar
ben Rhiw'r Dolau, a nawr dyma ti'n meddwl am ferch arall.
O, ie, ac mae rhaid i fi ysgrifennu at Catrin ynglŷn â Rhyfel y
Degwm. Fe fydd hi o'i cho, rydw i'n siŵr, ond fe fydd y ferch
o Gefn Ydfa'n well . . . bydd . . . bydd yn well . . .'

7. 'Mudandod mwyn y mynydd'

Cerddodd Aled yn ôl ar hyd Heol y Pwll at y sgwâr ac yna troi i fyny rhiw serth Ffordd y Mynydd. Lawer gwaith roedd Aled wedi meddwl am Ffordd y Mynydd fel asgwrn cefn y pentref, a'r strydoedd oedd yn arwain ohoni ar y ddwy ochr fel yr asennau. Pe baech chi'n gofyn iddo fe pa ran o'r corff oedd strydoedd y siopau—yr Heol Fawr a Heol y Pwll—fe fyddai'n siŵr o ddweud mai nhw oedd y bol neu'r stumog, a'r ddwy goes fyddai'r ddwy ffordd oedd yn arwain i lawr at yr afon i lawr yng ngwaelod y cwm. A'r ddwy fraich? Mae rhaid i gorff wrth freichiau. Rhes o dai cownsil oedd un fraich, a rhes o dai preifat oedd y llall. Hon oedd Lôn y Bryn lle roedd Aled ei hun yn byw. Mor falch oedd William Rowland pan dalodd e'r rhandal olaf am y tŷ. Ond beth ydy corff heb ben? O, y mynydd ei hun oedd y pen.

Roedd Tŷ'r Dderwen, cartref rheolwr y pwll glo, yn dŷ ar ei ben ei hun, yr unig dŷ ar ei ben ei hun ac yn ei dir ei hun, yn y pentref ond am y Ficerdy. A siarad yn 'gorfforol', roedd y tŷ lle byddai'r gwddw, lle roedd y pen a'r asgwrn cefn yn cwrdd. O flaen Tŷ'r Dderwen roedd lawnt hyfryd a gwelyau o flodau o bob lliw yn harddu'r lle, ond roedd perth uchel i gadw pawb rhag gweld yr harddwch yma. Yna, y tu ôl i'r tŷ, roedd gardd fawr a gwal uchel o gwmpas hon eto—i gadw pawb rhag gweld beth oedd ynddi hi. Roedd Aled yn cofio'n dda fel roedd e wedi dringo'r wal uchel yma, pan oedd e'n grwt ysgol, i weld y coed afalau a'r coed ffrwythau eraill oedd yno. Lawer gwaith roedd e wedi blysio am yr afalau a'r pêr, ond roedd gormod o ofn cael ei ddal arno i neidio i lawr i'r ardd. Ac mae'n siŵr y byddai'r garddwr yn cuddio yno yn rhywle—y gŵr hwn yn cael ei dalu gan yr NCB, siŵr iawn. Doedd dim rhaid i Mr. Mathias godi bys i blannu tatw na dim.

Daeth Aled at y tŷ. Roedd sŵn lleisiau'n dod o'r lawnt, ond roedd e'n methu gweld neb o achos y berth uchel. Roedd e'n adnabod un o'r lleisiau, ond llais pwy oedd y llall? Llais y fam, siŵr o fod. Llais clir; doedd dim sôn am annwyd ar y llais yma. Roedd ei fam wedi dweud y gwir, nad oedd dim annwyd ar Mrs. Mathias. Pam roedd Marged wedi dweud celwydd wrtho fe ar y ffôn? Roedd yr ateb i'r cwestiwn yn ddigon amlwg i Aled. Roedd yn well gan Marged ei gwmni fe na chwmni ei mam, neu fod arni hi eisiau cwmni rhywun ifanc fel hi ei hunan. Ac roedd yn hawdd deall hynny. Doedd dim llawer o bobl ifanc o gwmpas y pentref nawr, ac efallai ei bod hi ddim wedi cael cwmni rhywun ifanc er pan ddaeth hi i fyw i'r pentref.

A nawr doedd Aled ddim yn siŵr beth i'w wneud—ei ddangos ei hun, a chael y cyfle i gwrdd â'i mam—heb neu gydag annwyd—neu fynd i fyny'r mynydd ar ei ben ei hun. Fe fyddai'n braf cael cwmni'r ferch unwaith eto, ond ar yr un pryd, roedd rhaid iddo fe fod yn ofalus. 'Oes, mae rhaid i fi fod yn ofalus . . . ac mae rhaid i fi ysgrifennu at Catrin.' Roedd Catrin yn mynnu cadw sŵn yn ei chwtsh-dan-stâr. Mynd ymlaen wnaeth Aled i fyny Ffordd y Mynydd, gan geisio bwrw'r ferch newydd yma allan o'i feddwl, a meddwl am Catrin yn unig.

Ond rhedeg o'r naill i'r llall roedd ei feddwl o hyd fel roedd e'n dringo'r ffordd serth. Roedd yn anodd peidio â chymharu'r ddwy ferch. Roedd hon, y Farged yma, mor fywiog, mor frwd am fywyd, a Catrin, yr hen gariad, mor solet a heb lawer o ddychymyg. Ond roedd hi'n gwybod sut i garu er ei bod hi'n ferch i weinidog capel—os oedd hynny o unrhyw bwys—ond ar yr un pryd doedd e ddim erioed wedi blysio amdani hi—am ei chorff. Ond am hon, y Farged yma, roedd e'n siŵr bod llawer wedi blysio amdani hi—y ffrindiau coleg yna, yn enwedig Dai Sebon Meddal. Roedd yn gas ganddo fe feddwl am y Dai yma, pwy bynnag oedd e.

Ysgydwodd Aled ei ben.

'Iech! Thâl hi ddim i fi feddwl fel hyn.'

Cyflymodd ei gerdded i fyny Ffordd y Mynydd nes ei fod yn teimlo'r chwys yn rhedeg i lawr ei gefn.

'Whiw! Mae hi'n boeth.' Ond roedd e'n mwynhau'r cerdded. Roedd heddwch i fyny'r mynydd yma—pob man mor dawel, mor llonydd ond am yr awel yn y rhedyn ar ochr y ffordd. O, braf! Braf! A meddwl! I lawr wrth droed y mynydd roedd y tai hyll, y strydoedd hyll, popeth yn hyll, ond yma ar y mynydd, doedd dim ôl llaw dyn yn unman, dim ond yn y gwaliau rhwng y caeau, ac roedden nhw erbyn hyn yn edrych fel pe baen nhw yno er pan grewyd y byd filiynau o flynyddoedd yn ôl. Tybed pa greaduriaid oedd yn byw yma filiynau o flynyddoedd yn ôl? Y mamoth, y teigr â'r ddau ddant fel dau gleddyf yn sticio allan ar ochr ei ben. Ac efallai y brontisawrws a'r pterodactyl. Hewc! Beth pe bai e'n cwrdd â rhai ohonyn nhw y diwrnod braf hwn? Fyddai dim lle i redeg—cuddio yn y rhedyn, efallai, fyddai orau. Syniad da! Cuddio yn y rhedyn! Dringodd Aled dros un o'r gwaliau— wel, hynny oedd ar ôl o'r wal; roedd hanner y cerrig wedi syrthio yn bentwr i'r llawr. Dringodd e i mewn i gae lle roedd y rhedyn bron mor dal â fe ei hunan. Gwnaeth wely iddo'i hunan yn y rhedyn, a thynnodd ei siersi a'i rhoi hi yn glustog dan ei ben, a gorwedd.

'O, braf! Braf!' Edrychodd Aled i'r glesni uwchben. 'Mor las! Ie, môr o las! Dim ond ambell gwmwl bach gwyn . . . gwyn fel gwlân yr ŵyn ar y mynydd.'

Caeodd Aled ei lygaid a gadael i'r heddwch a'r tawelwch mawr dreiddio drwy ei gorff a'i feddwl.

'Mor llonydd . . . mor dawel . . . Fyddai dim ots gen i nawr pe bawn i'n marw'n dawel fan yma . . . nawr, y funud yma a llithro i'r llonyddwch mawr,' a daeth y geiriau i'w feddwl, 'Ond llithro i'r llonyddwch mawr yn ôl.' Syr Thomas Parry-Williams! 'Roedd e'n gwybod ei stwff, ac rydw i'n gwybod y llinellau,—

> "Ac am nad ydyw'n byw ar hyd y daith,
>   O gri ein geni hyd ein holaf gŵyn,
> Yn ddim ond crych dros dro neu gysgod craith
> Ar lyfnder esmwyth y mudandod mwyn,

Ni wnawn, wrth ffoi am byth o'n ffwdan ffôl,
Ond llithro i'r llonyddwch mawr yn ôl.''

Bendigedig! Rhaid bod yr hen Syr Thomas wedi bod yn
gorwedd yn y rhedyn ar un o fynyddoedd Eryri i wybod am y
mudandod mwyn a'r llonyddwch mawr. Maen nhw yma
nawr . . . ar y mynydd yma. Ac i lawr yn y pentref hyll mae
dyn a'i ffwdan ffôl. Ie, ffwdan ffôl! Y slafio yn y pwll glo . . . yr
ymladd caled i ennill tamaid er mwyn byw. Twt! Nid byw
mae'r bobl i lawr yn y pentref; dim ond bod—dyna i gyd. Bod
o un funud i'r nesaf . . . o un awr i'r nesaf . . . y ffwdan ffôl . . .
a dyma fi hefyd yn fy ffwdan ffôl yn meddwl am ddwy ferch.
Beth ydy'r ots amdanyn nhw? Beth ydy'r ots . . . beth ydy'r
ots . . . Mae gan Syr Thomas rywbeth arall i'w ddweud . . .
beth oedd e nawr? A! ''Beth yw'r ots gennyf i am Gymru?''
Dyna fe!

　　''Beth yw'r ots gennyf i am Gymru? Damwain a hap
　　Yw fy mod yn ei libart yn byw . . .''

Ie, beth yw'r ots gen i am y lle yma? Damwain ydy'r cwbl.
Uffach! Beth sy i edrych ymlaen ato? Bywyd ar y dôl! Fe
fyddai'n braf cael marw nawr . . . marw . . . marw, a llithro . . .
llithro i'r llonyddwch mawr . . . mawr . . .' a syrthiodd Aled i
gwsg trwm yn y mudandod mwyn a'r llonyddwch mawr.

Deffrodd Aled yn sydyn. Roedd rhywun neu rywbeth yn
cosi ei drwyn. Agorodd ei lygaid, ac yno yn wên i gyd uwch ei
ben roedd y ferch yna, Marged Mathias. Daeth geiriau eraill
o waith Syr Thomas i'w feddwl, 'Duw a'm gwaredo! Ni allaf
ddianc rhag hon.' Ond sôn am Gymru roedd Syr Thomas ac
nid am ryw ferch oedd yn gallu dweud celwydd.
　　'Wel . . . wel . . . o ble daethoch chi?' oedd unig groeso Aled
iddi hi.
　　'Wyt ti ddim yn falch o 'ngweld i, Aled?' gofynnodd Marged
a'i gwên yn diflannu.

'Balch? Balch . . . siŵr iawn,' a meddwl, 'Uffach! Mae hi'n bert!'

'Fe welais i di'n mynd lan y ffordd i'r mynydd. Roeddwn i ar y lawnt gyda Mam, ond fe redais i lan y stâr ac edrych drwy ffenest f'ystafell, ac fe welais i di drwy'r ffenestr.'

'Fe glywais i chi ar y lawnt, a'ch mam, pan oeddwn i'n pasio.'

'Wel, y bachgen ffôl, pam na ddangosaist ti dy hun? Fe fyddai Mam wedi bod wrth ei bodd yn cwrdd â thi . . . mor falch ag ydw i o dy weld ti nawr. Ond efallai mai rhy swil oeddet ti . . . ac yn wir, rwyt ti'n edrych yn swil yn gorwedd fan yna . . . a fi'n sefyll wrth dy ben.'

Roedd Aled wedi deffro'n iawn erbyn hyn, a daeth fflach i'w feddwl, a chododd ar ei eistedd.

'Na, doeddwn i ddim yn swil. Ond roedd ofn arna i gael annwyd . . . annwyd oddi wrth eich mam.'

Edrychodd Marged ar Aled a'i wylio fe fel cath yn gwylio llygoden.

'Roedd arnat ti ofn, oedd e? Fyddai dim rhaid i ti ei chusanu hi . . . na dim byd felly,' a chwerthodd Marged, ond doedd dim llawer o hwyl yn y chwerthin . . . rhyw chwerthin bach digon di-hiwmor.

A meddai Aled yn sydyn,—

'Does dim annwyd ar eich mam. Roeddech chi'n dweud celwydd.'

'Wel, dyna beth ydy siarad yn blwmp ac yn blaen. Nac oes, does dim annwyd ar Mam, a beth ydy'r ots fy mod i wedi dweud celwydd bach fel yna; celwydd gwyn sy'n gwneud dim drwg i neb. Wyt ti'n meddwl y bydda i'n llosgi yn uffern am ddweud celwydd bach fel yna?' Daeth y wên yn ôl i'w hwyneb hi. 'Gwrando, Aled, oes lle i fi ar y gwely rhedyn yna wrth dy ochr di? Dwyt ti ddim yn ŵr bonheddig yn eistedd ar dy ben-ôl fan yna a gadael i fi sefyll fel bwgan brain mewn cae.'

'Bwgan brain mewn cae?' meddyliodd Aled. 'Fyddi di

byth yn edrych fel bwgan brain.' Ac yn uchel, 'Croeso i chi
eistedd,' gan wasgu'r rhedyn yn fflat wrth ei ochr.

'Croeso i chi eistedd? Ble mae'r "ti" wedi mynd?' gofyn-
nodd Marged fel roedd hi'n eistedd. 'Rwyt ti'n ddig, on'd
wyt ti, Aled? Ond does dim rhaid i ti fod yn ddig. Mae'n dda
gen i ddweud fod Mam yn iach fel y gneuen. Fuodd hi erioed
yn teimlo'n well, meddai hi. Ond roedd hi'n ddigon bodlon
cael annwyd bach er mwyn i fi gael cwmni rhywun o'r un oed
â fi yn y tir diffaith yma.' Chwerthodd Marged yn dawel.
'Wyt ti'n gweld, Aled, mae hi'n gwybod fy mod i'n hoff o
gwmni—cwmni bechgyn a merched o'r un oed â fi. Ac os na
cha i gwmni, mae arni hi ofn y bydda i'n rhedeg ar ôl rhyw ŵr
bach priod a mynd i drwbwl o achos hynny. Cofia, rydw i
wedi bod yn byw yma yn y tir diffaith ers rhai misoedd, a
dydw i ddim wedi cwrdd â neb o fy oed, dim ond ti yn y car y
bore yma. Mae bywyd wedi colli pob rhamant er pan ydw i'n
byw yn Nhrefynach. Jiw! On'd ydw i wedi bod yn siarad?
Rydw i'n colli fy anadl wrth siarad cymaint.' Ac fe gymerodd
hi anadl i lanw ei brest, a chwerthin. Roedd siâp ei
bronnau'n amlwg, ac roedd gan Aled lygaid i weld.

'Chwilio am ramant gyda fi rydych . . . rwyt ti?' gofyn-
nodd Aled a'i lygaid arni hi.

'Siŵr iawn, os wyt ti'n fodlon. Paid ag ofni. Rydw i'n
gwybod bod gen ti gariad. Wna i mo dy ddwyn di oddi arni
hi. Ond mae'n ddigon teg cael tipyn o hwyl nawr ac yn y
man,' ac fe glosiodd hi'n agos at Aled nes ei fod e'n teimlo'i
gwres hi yn erbyn ei ochr.

'Uffach!' meddai Aled wrtho'i hun. 'Sut galla i gadw'r
ferch yma draw? Fe allai hon gael hwyl ar y diafol ei hun, pe
bai hi'n mynnu.'

Teimlai ei gwres hi'n ffrydio drwy ei gorff ac roedd arno
flys rhoi ei freichiau amdani hi. Roedd hi'n gwisgo ffrog fach
ysgafn a'r gwddw'n isel, ac fe allai fe weld lliw'r haul ar ei
gwddw a gweld siâp ei bronnau. Fuodd dyn erioed mewn
cymaint o demtasiwn? Ffiw! Roedd hi'n deg cael tipyn o
hwyl, meddai hi. Beth oedd ei syniad hi o 'tipyn o hwyl'? Fe

gafodd e'r ateb yn syth. Gorweddodd Marged yn ôl ar wastad ei chefn ac edrych yn syth i'w wyneb. Llyfodd hi ei gwefusau ac roedd sêr yn ei llygaid brown. Ac i Aled roedd holl harddwch yr haf amdani hi—yn yr aur yn ei gwallt, yn y gwrid fel afalau ar ei bochau, yn lliw yr haul ar ei gwddw, a hyd yn oed yn lliw'r blodau bach pert ar ei ffrog. Temtasiwn! Ac roedd ei llygaid hi'n pledio arno fe.

'Fe elli di 'nghusanu i, Aled.'

Roedd ei gwefusau hi'n llawn ac agored, yn goch, iach gan ddisgwyl. 'Tipyn o hwyl?' meddai Aled wrtho'i hunan, a chyn iddo fe wybod dim, roedd e'n gorwedd gyda hi yng nghysgod y rhedyn. Gorweddodd y ddau yno'n hir, a'r caru'n fwy na thipyn o hwyl. Doedd dim geiriau rhyngddyn nhw—tawelwch a llonyddwch ym mhob man o'u cwmpas; y mudandod mwyn, ac O! mor fwyn y caru y prynhawn hirfelyn hwnnw o haf.

Toc, cododd Marged ar ei hochr a dodi ei llaw ar fron Aled dan wddw agored ei grys.

'Rwyt ti'n gariad, Aled . . . ac yn garwr. Ffiw! Wyt, yn wir,' a dyma hi'n chwerthin yn ysgafn. 'Fe gest ti lawer o ymarfer tuag Aberglasfor, ddywedwn i.'

'Dwyt ti ddim yn amatur yn y busnes chwaith. Beth oedd enw dy slâf di nawr? Dai Sebon Meddal,' ac fe chwerthodd y ddau yn iach.

'Dwyt ti ddim yn ddig wrtho i nawr, Aled, fy mod i wedi dweud celwydd am yr annwyd ar Mam?' meddai Marged.

'Celwydd bach gwyn,' atebodd Aled a gwasgu'r llaw oedd ar ei fron. Sebon Meddal? Na, roedd ei llaw hi fel hufen cynnes . . . hufen melyn cynnes.

'Ga i fy llaw yn ôl nawr, Aled? Gwell i ni fynd nawr. Mae hi siŵr o fod yn amser te.'

Safodd Marged ar ei thraed a thwtio'i dillad. Rhoiodd ei llaw i Aled i'w godi.

'Ar dy draed, fy machgen glân i,' meddai hi.

Cododd Aled ar ei draed ac edrych o'i gwmpas. Daeth cwestiwn i'w feddwl.

'Sut ffeindiaist ti fi yn y rhedyn yma, Marged? Roeddwn i'n meddwl fy mod i wedi cuddio o'r golwg.'

'Digon hawdd. Wrth gerdded trwy'r rhedyn at y gwely cysurus yma, roeddet ti'n sathru'r rhedyn dan dy draed. Ac fe welais i dy lwybr di drwyddyn nhw. Dyna'r llwybr nawr, ac fe awn ni yn ôl ar hyd yr un llwybr. Dere, a chofia, mae rhaid i ni gerdded yn barchus yn ôl adre.'

'Fe gerdda i mor barchus â gweinidog Methodist,' oedd yr ateb.

Ac yn 'barchus' aeth y ddau ar eu ffordd adref.

'Fe wela i di yfory, Aled. Chwech o'r gloch, cofia. O, ie, os byddi di'n digwydd mynd am dro i fyny'r mynydd ac yn pasio'n tŷ ni, mae'n ddigon posibl bydda i ar y lawnt ffrynt neu yn yr ardd. Fe fydda i'n falch o dy gwmni di unrhyw bryd yn y tir diffaith yma. Rwyt ti wedi dod fel . . . fel awel iach i chwythu arna i. Ac O! mae'n deimlad hyfryd. Rwyt ti'n cofio beth ddywedodd Bardd yr Haf, rydw i'n siŵr. "Tyrd eto i'r oed ataf." Fe ddoi di?'

'Mae . . . mae'n eithaf posibl,' atebodd Aled gan wenu'n braf.

'Chei di mo 'nghusanu i wrth y drws,' meddai Marged pan ddaethon at Dŷ'r Dderwen. 'Rydyn ni'n ddau fach barchus, cofia, nawr, ond fe gawn ni dipyn o hwyl rywbryd eto. Gawn ni, Aled?'

'Mae . . . mae'n eithaf posibl,' meddai Aled a'r un wên ar ei wyneb, a dododd ei law yn gynnes ar ei braich cyn troi tuag adref i Lôn y Bryn . . .

8. 'Cardod, dyna beth ydyn nhw'

Aeth Aled i mewn i'r tŷ yn Lôn y Bryn. Doedd neb yn yr ystafell fyw, neb yn y gegin, neb yn y parlwr.

'Fe wn i lle maen nhw,' meddyliodd Aled. 'Allan ar y lawnt yn y cefn.'

Ac yno roedd y tad a'r fam yn mwynhau cwpanaid o de ar ôl eu cinio. Roedd y ddau'n eistedd yn gysurus ar ddwy gadair gynfas, ac roedd bord fach wrth ochr y fam a'r tebot ac ati ar honno.

Cododd y ddau pan welson nhw Aled yn dod drwy ddrws y cefn, y fam i lanw'r cwpan sbâr oedd ar y ford, a'r tad i ysgwyd llaw â'i fab ac estyn croeso iddo fe.

'Aled! Mae'n dda dy weld ti. Sut wyt ti?'

'Iawn, Dad, ac mae'n dda bod gartref. Roedd y tymor diwethaf yn un caled iawn.'

'Oedd, siŵr o fod. Ond fe wnest ti'n dda iawn. Anrhydedd yn y dosbarth cyntaf! Ardderchog! A llongyfarchion unwaith eto. Pryd mae'r seremoni graddio?'

'Dydd Iau yr wythnos nesaf.'

'Fe fydd rhaid i ni gymryd diwrnod rhydd i fod yno, i dy weld ti yn dy glogyn a'r het dwp yna ar dy ben. Fe wnaeth Hywel a Sara'n dda yn y coleg ond fe wnest ti'n well hyd yn oed. Rydw i'n falch iawn ohonot ti.'

Gwthiodd y fam gwpanaid o de i'w law ac eisteddodd Aled ar y lawnt wrth draed ei dad.

'Diolch, Mam, a diolch i chi hefyd, Dad, ond does dim swydd gen i i fynd iddi.'

'Paid â phoeni am hynny nawr. Mae rhaid i ti gael sbel ar ôl yr holl waith caled. Fe ddaw swydd yn y man. Dyn ag anrhydedd yn y dosbarth cyntaf? Mae rhaid bod swydd iddo fe yn rhywle.'

'Gobeithio, Dad, gobeithio. Alla i ddim byw ar eich cefn chi o hyd. Mae'n gas gen i feddwl amdanoch chi'n slafio yn yr hen bwll yna bob dydd.'

'O, fe ddo i allan o'r lle ryw ddydd . . . ryw ddydd . . . fel dywedaist ti . . . gobeithio . . . rydw i'n dal i obeithio.'

'Fe fydda i'n mynd i lawr i Swyddfa'r Dôl yfory. Fe wn i lle mae hi. Fe fues i i lawr yn y pentref y prynhawn yma. Mae golwg ofnadwy ar y lle nawr.'

'Yn hen gapel y *Forward Movement* mae'r swyddfa,' meddai'r fam. Roedd rhaid iddi hi gael siâr yn y sgwrs.

Ond fe aeth Aled ymlaen,—

'Mae golwg y lle'n ddigon i dorri calon dyn, ar ôl byw fel rydw i wedi bod ar lan y môr am rai blynyddoedd. Mae hanner y siopau wedi cau, a hen gapel mawr y Methodistiaid fel pe bai bom wedi disgyn ar y lle. Mae'r lle'n mynd yn waeth ac yn waeth bob tro rydw i'n dod adref.'

'Ydy, ydy, yn waeth ac yn waeth, fel rwyt ti'n dweud. Ar y siopau mawr yma mae'r bai—y *supers* a'r *hypers*. A dydy pobl ddim yn mynd i'r capel fel roedden nhw pan oeddwn i'n grwt.'

'Pa mor aml byddwch chi'n mynd, Dad?' gofynnodd Aled gan wenu.

'O, mae dy fam yn cadw lle i'r ddau ohonon ni bob nos Sul.'

Ond newidiodd William Rowland y pwnc yn gyflym.

'Sut hwyl oedd ar Catrin?'

'O, mae hi'n iawn, ac yn lwcus. Mae swydd ganddi hi yn barod i fynd iddi ym mis Medi.'

'Fydd hi'n dod yma rywbryd yn yr haf? Bydd croeso yma iddi hi, fel rwyt ti'n gwybod.'

'Bydd, fe fydd croeso iddi hi,' meddai'r fam.

'Dydyn ni ddim wedi trefnu dim hyd yn hyn. Ond fe fyddwn ni'n gweld ein gilydd yn y seremoni graddio.'

'Gyda llaw,' meddai'r tad wedyn, 'fe gest ti lifft adref mewn car, meddai dy fam. Fe fuest ti'n lwcus. Doedd dy fam a fi ddim yn dy ddisgwyl di tan heno.'

'Do, fe fues i'n lwcus. Fe ges i lifft at y drws.'

Edrychodd Aled ar ei fam yn gyflym. Yn amlwg doedd hi ddim wedi sôn gyda phwy roedd e wedi cael y lifft.

'At y drws? Rhywun sy'n byw yn y pentref?'

'Ie, mae hi newydd ddod yma i fyw . . . Wel, mae hi'n byw yma ers rhyw ddau fis neu dri.'

'"Hi!" Pwy ydy'r "hi" yma, te? Mae'n swnio'n ddiddorol.'

'O, rhyw Fiss Mathias. Marged Mathias ydy ei henw hi.'

Stopiodd William Rowland a chwpanaid o de ar hanner ei ffordd i'w geg.

'Pwy ddywedaist ti?'

'Marged Mathias. Newydd ddod yma i fyw mae hi, fel dywedais i. Mae ei thad hi . . . yn . . . gweithio yn y pwll.'

'Gweithio . . . yn y pwll? Wyt ti'n gwybod pwy ydy e?'

'Ydw. Fe ydy rheolwr newydd y pwll.'

'Ie, fe ydy'r rheolwr. Ond sut cafodd e'r swydd ydy'r pwynt. Fe ddaeth e yma fel lleidr yn y nos.'

'O, Dad, peidiwch â siarad fel yna. Lleidr yn y nos, wir!'

'Fe ddyweda i eto . . . fel lleidr yn y nos. D'ewyrth Gronwy ddylai fod wedi cael y swydd ar ôl cau Pwll Pendomen, lle roedd e'n rheolwr. Ond na, chafodd e mo'r swydd. Roedd rhaid dod â'r creadur Mathias yma i mewn. A . . . wyt ti'n gwybod pam? Achos ei fod e'n briod â chwaer y Cyfarwyddwr.'

'Y Cyfarwyddwr?'

'Ie, Cyfarwyddwr Maes Glo y De yma, y dyn sy'n fòs ar bawb yn y De yma, sy'n fòs ar bob pwll ac ar bob dyn sy'n gweithio ynddyn nhw. Dyna sut cafodd e'r swydd achos ei fod e'n briod â chwaer y dyn mawr, pwysig yma. Ydy e'n well dyn na'n Gronwy ni wrth ei waith? Nac ydy, rydw i wedi chwilio tipyn o'i hanes, ac mae'n Gronwy ni wedi pasio'n uwch na fe . . . Ac fe gest ti lifft gyda'i ferch!'

'Wyddwn i ddim pwy oedd hi na beth oedd ei hachau hi.'

'Rwyt ti'n gwybod ei hachau hi nawr, ac mae'n gas gen i'r teulu i gyd.'

'O, Dad, rydych chi'n siarad yn dwp nawr. Dydych chi ddim yn adnabod y ferch.'

'O, rydw i wedi ei gweld hi'n swagro'i phen-ôl o gwmpas y pentref yma.'

'Wel, swagro neu beidio, Dad, roedd hi'n garedig iawn yn rhoi lifft i fi adref.'

'A rydw i'n siarad yn dwp, ydw i? Mae hi'n un o deulu'r Mathias, ac mae hynny'n ddigon i fi. A phaid ti â dweud eto fy mod i'n siarad yn dwp. Fi ydy dy dad wedi'r cwbl.'

Roedd Aled wedi codi ar ei draed erbyn hyn, ac fe allai fe edrych i lawr ar ei dad ar ei gadair gynfas. Dyn sgwâr, solet oedd William Rowland a dwylo mawr y glöwr ganddo fe, ac arnyn nhw roedd llawer craith las. Ac o edrych i lawr arno, fe allai Aled weld mwy nag un graith las ar ben ei dad lle roedd y gwallt wedi cilio.

'Mae'n ddrwg gen i, Dad, ond rydw i'n meddwl eich bod chi'n annheg iawn. Wnaeth y ferch yma ddim niwed i chi. Fel mater o ffaith, roedd hi'n garedig iawn ar y ffordd adref y bore yma.'

'Caredig? Dydy'r teulu yna ddim yn gwybod ystyr y gair.'

'Do, fe fuodd hi'n garedig iawn. Hi dalodd am y coffi mewn caffe ar y ffordd adref.'

Dododd William Rowland ei gwpan ar y llawr wrth ei draed, ac edrych ar ei fab fel pe bai e'n chwilio am eiriau, ond doedd y geiriau ddim yn dod.

'Doedd dim arian gan Aled. Mae hi'n ddiwedd tymor, cofiwch, William,' torrodd y fam i mewn.

'Dim . . . dim arian. Doedd dim ond eisiau i ti ofyn, ac fe gaet ti arian gen i,' meddai'r tad.

Gwenodd Aled drwy'r cwbl.

'Doeddech chi ddim yn y caffe, Dad.'

'Paid â smalio fel yna, 'machgen i. Fuost ti erioed yn brin o arian gen i. Fe ofalais i am hynny.'

'Naddo, Dad; fues i erioed yn brin . . . dim ond heddiw . . . wedi bod yn rhydd gyda'r arian ar ôl gorffen yr arholiadau, a thalu ymlaen llaw am hurio'r clogyn a'r het dwp ar gyfer y graddio.'

'Ond wyt ti'n gwybod beth ydy hyn—derbyn arian gan y ferch yna?'

'Ches i ddim arian ganddi hi . . . dim ond cwpanaid o goffi a chacen neu ddwy.'

'Coffi neu gacen neu arian, yr un peth ydyn nhw i gyd. Cardod, dyna beth ydyn nhw. Cardod! Dyna beth gest ti ar ei llaw hi. Cardod!'

'Wir, Dad, rydych chi'n siarad yn ffôl nawr. A wir i chi, roedd syched arna i. Roeddwn i wedi cerdded dwy filltir a mwy allan o'r dref gyda fy mhac ar fy nghefn, ac roedd hi'n boeth yn trampio ar hyd y ffordd. Felly, peidiwch â siarad am gardod, Dad. Cyfeillgarwch; dyna'r gair iawn. Cyfeillgarwch rhwng dau stiwdent. Fe fuodd hi yn y Coleg Cerdd am ddwy flynedd yn astudio canu.'

'O! Rwyt ti'n gwybod llawer amdani hi.'

'Mwy na rydw i'n dweud wrthoch chi nawr,' meddyliodd Aled gan deimlo gwres y prynhawn yn y rhedyn yn cynhesu ei fol. Ond meddai fe, 'Fe fuon ni'n sgwrsio lot ar y ffordd adref.'

'Do, mae'n siŵr, ac fe wyddost ti ei hachau'n ôl i Efa.'

'Ddim mor bell yn ôl â hynny, Dad.' Gwenodd Aled, ac roedd e ar fin dweud ei fod e wedi trefnu i fynd gyda hi i weld yr opera yng Nghaernewydd, ond fe allai hynny aros am y tro. Ond fe gafodd e syniad sydyn. 'Gwrandewch am funud fach, Dad. Pe bai ewyrth Gron wedi priodi chwaer y bòs yma, a chael y swydd o fod yn rheolwr ar Bwll y Dderwen, fyddech chi'n teimlo'n ddig wedyn? Fyddech chi'n meddwl ei fod e wedi cael y swydd yn annheg?'

'Na fyddwn, wrth gwrs, achos bod Gron wedi pasio'n uwch na Mathias.'

A dyna ddadl Aled wedi ei tharo ar ei phen. Ond fe gafodd syniad arall.

'Dywedwch, Dad, sut bydd y Mathias yma'n eich trin chi yn y gwaith.'

Cafodd y tad bwl o chwerthin . . . sarcastig.

'Sut mae e'n fy nhrin i? Does neb yn fy nhrin i, 'machgen i. Fe fydd e'n dod rownd nawr ac yn y man, ond fydda i ddim yn talu llawer o sylw iddo fe. Mae e'n ceisio cadw sgwrs â fi, ond y cwbl mae e'n ei gael gen i ydy "ie" neu "nage", neu "ydw" neu "nac ydw" . . .'

'Neu "oes" neu "nac oes",' meddai Aled gan chwerthin.

'Na, 'machgen i, allith e ddim cael dim bai ar fy ngwaith i. Ac mae e'n gwybod fy mod i'n gwybod mwy am y pwll na fe . . . nag unrhyw ddyn, o ran hynny. Rydw i wedi bod yn gweithio yn y pwll yna dros ddeng mlynedd ar hugain.'

'Yn agos i bymtheng mlynedd ar hugain,' torrodd y fam i mewn.

'Amser hir, Dad . . . amser hir iawn. Rydw i'n synnu, Dad, mai colier cyffredin ydych chi o hyd.'

'Dydy dy dad ddim yn golier cyffredin, Aled,' meddai'r fam a balchder yn ei llais.

'Wel, nac ydy, fe wn i hynny'n iawn, ond fe allai fe fod yn rheolwr ei hunan erbyn hyn. Ond wnaethoch chi ddim astudio gwaith pwll glo fel ewyrth Gronwy. Pe baech chi wedi gwneud, chi fyddai'r rheolwr nawr.'

'Doedd gen i ddim diddordeb mewn astudio Mathemateg a Daeareg a rhyw stwff fel yna. Roedd fy niddordeb i mewn pethau eraill, ac mae fy niddordeb i'n dal yn y pethau eraill yma o hyd.'

'Ydy, fe wn i'n iawn,' meddai Aled, a theimlo y gallai fe eistedd unwaith eto. Roedd y ddadl am deulu Mathias a'i achau drosodd . . . am y tro o leiaf. 'Sut mae'r barddoni'n dod ymlaen, a'r gynghanedd? Fuoch chi wrthi'n ddiweddar?'

'Naddo, ddim yn ddiweddar. Fe fues i'n brysur yn ystod y gaeaf. Yr ardd a'r lotment sy'n mynd â'r sylw y dyddiau yma.'

'Mae'r ardd yma'n bictiwr, Dad, gyda'r holl flodau ac ati.'

'Fe fuodd dy dad yn brysur iawn drwy'r gaeaf, Aled . . . ar ei draed yn hwyr bob nos bron . . . yn llosgi deupen y gannwyll, fel maen nhw'n dweud,' meddai'r fam.

'Beth roeddech chi'n ei wneud, Dad? Yn ysgrifennu rhyw gampwaith?'

'Campwaith? O, na, dim ond ffidlan. Ie, ffidlan tipyn.'

'Gyda'r gynghanedd, Dad?'

'Wel, roedd y gynghanedd yn rhan o'r ffidlan.'

'O, un rhyfedd ydy dy dad, Aled. Ddywedith e ddim beth fuodd e'n ei wneud,' meddai'r fam. Roedd hi'n swnio'n siomedig. 'Ers llawer dydd fe fyddai fe'n adrodd ei farddoniaeth i fi, ond ddim nawr.'

'Mae e'n meddwl efallai eich bod chi ddim yn gwybod digon am y gynghanedd, Mam.'

'O, fe wn i ddigon am y gynghanedd, ac am rai o'r mesurau caeth hefyd.'

'Yn y mesurau caeth buoch chi . . . ym . . . yn ffidlan, Dad?' gofynnodd Aled.

'Ie, yn y mesurau caeth. Maen nhw mor ddiddorol.'

Roedd William Rowland ar gefn ei geffyl pan fyddai'n sôn am farddoniaeth, yn enwedig am farddoniaeth yn y mesurau caeth. Roedd e wedi eu hastudio nhw'n ofalus a'u dysgu ac roedd e wedi ennill ambell gadair mewn eisteddfod am ei waith yn y mesurau yma. Teimlai Aled nawr y gallai fe fentro sôn ei fod e'n mynd i weld yr opera gyda Marged. Mae'n siŵr ei fod e wedi anghofio'i genfigen tuag at y teulu Mathias am y tro. Felly, dyma fentro . . . yn araf bach.

'Mae Cwmni Opera Cymru'n perfformio yng Nghaernewydd yr wythnos yma, Dad.'

'Beth maen nhw'n ei berfformio y tro yma?'

'Mae "Il Trovatore" ymlaen nos yfory.'

'Wyt ti am fynd? Oes gen ti docyn? Oes gen ti arian?'

'Ydw, rydw i am fynd. Fe fydd tocyn gen i, er bod dim arian gen i.'

Edrychodd ei dad ar Aled. Doedd e ddim yn deall ei fab yn iawn.

'Beth wyt ti'n feddwl, fe fydd tocyn gen ti er bod dim arian gen ti? Does dim tocyn gen ti y funud yma?'

'Nac oes, ond mae rhywun wedi addo tocyn i fi.'

'Pwy sy wedi addo tocyn i ti?'

'Nawr, peidiwch â neidio dros ben y ford yna, ac fe ddyweda i wrthoch chi. Y ferch yna sy wedi addo'r tocyn i fi. Merch y dyn Mathias. Roedd hi a'i mam yn bwriadu mynd i weld yr opera, ond mae'r fam dan annwyd, meddai'r ferch, a fydd hi ddim yn gallu mynd, ac felly, fe fydd tocyn sbâr gan y ferch.'

Er mawr syndod i Aled, neidiodd ei dad ddim dros y ford na dros ben y llestri, dim ond edrych ar Aled a'i lygaid yn llosgi yn ei ben.

'Gynigiaist ti dalu am y tocyn?'

'Naddo, siŵr iawn. Fydd pobl ddim yn cynnig talu am rywbeth fel yna.'

'Na fyddan? Cardod rydw i'n galw rhywbeth fel yna.'

'Cardod, fy mhen-ôl!'

'Does dim eisiau iaith fel yna yn fy nhŷ i.'

'Nac oes, Dad, fe wn i'n iawn. Mae'n ddrwg gen i. Ond mae yna un peth arall. Fe fydda i'n mynd i Gaernewydd yng nghar y teulu. Fe fydd Marged yn galw amdana i am chwech o'r gloch. O, un peth arall eto. Mae'n debyg y bydda i'n gweld llawer ar Marged yn y dyfodol achos rydyn ni'n mynd i gydweithio ar ysgrifennu opera am y ferch o Gefn Ydfa.'

'Y ferch o Gefn Ydfa?' meddai William Rowland.

'A synnwn i ddim, Dad, bydd rhaid i ni ddod atoch chi am help gyda'r sgript. Iawn, Dad?' Ac roedd gwên hyfryd ar wyneb Aled.

'Pŵ!' oedd ateb ei dad, ac Aled ddim yn siŵr ai poeri roedd e ai chwerthin. Ond meddai'r fam,—

'Mae rhagor o de yn y tebot yma. Cwpanaid arall, Aled, a chi, William.'

'Ie, cwpanaid arall, Mam,' atebodd Aled. 'Mae fy ngheg i mor sych â'r Sahara.'

'Dyma fe i ti.'

'Sut siâp sy ar y piano, Mam?'

'Fe gafodd ei diwnio wythnos yn ôl erbyn y byddet ti'n dod adref.'

Ac wedi cael ei gwpanaid . . . na, dau gwpanaid . . . fe aeth Aled i mewn i'r tŷ ac i'r parlwr i ganu'r piano tra oedd ei fam, gyda help ei dad, yn gorffen golchi'r llestri cinio a'u rhoi i'w cadw yn y gegin.

★   ★   ★

Rhedodd Aled ei fysedd i fyny ac i lawr y nodau du a gwyn.

'Piano da ydy hwn. Hyfryd!' a dyma fe'n dechrau ar un o breliwdiau Chopin. Roedd ei fam a'i dad yn gwrando o'r gegin.

'Mae e'n canu'r piano yna'n fendigedig,' meddai'r fam wrth ei gŵr.

Ond chafodd hi ddim ateb.

Yn sydyn dyma'r miwsig yn newid a nabyddodd y fam yr alaw ar unwaith. Nabyddodd y tad yr alaw hefyd, mae'n siŵr.

'Bugeilio'r Gwenith Gwyn,' meddai'r fam.

'Ie,' oedd ateb swta ei gŵr. Ac yna, fe ddaeth llais Aled ei hun.

> 'Mi sydd fachgen ifanc, ffôl
> Yn byw yn ôl fy ffansi;
> Myfi'n bugeilio'r gwenith gwyn,
> Ac arall yn ei fedi . . .'

'Llais da gan Aled hefyd,' meddai'r fam.

'Oes,' ateb swta eto, ac yna, 'Ydy, mae e'n ifanc; gobeithio ei fod e ddim yn ffôl hefyd.' Meddwl am Aled a'r ferch yna roedd e, yn fwy na thebyg.

Ac wedi dodi'r llestri i gyd heibio, meddai'r tad, —

'Fe a' i am dro bach i lawr i'r lotment. Oes eisiau rhywbeth arbennig arnoch chi?'

'Oes, siŵr. Mae ceg ecstra gyda ni nawr am sbel. Beth am eich tatws cynnar a phys. Fe fydd Aled wrth ei fodd . . .'

★   ★   ★

Yn ei wely y noson honno roedd holl ddigwyddiadau'r dydd yn fyw o flaen llygaid Aled . . . pwl o chwerthin ei fod e wedi ceisio cael lifft mewn hers . . . ei fol yn gynnes wrth feddwl am y caru yn y rhedyn . . . y gorwedd ar wastad ei gefn a gweld y glesni mawr uwch ei ben, a meddwl ei fod e'n

fodlon marw yn y mudandod mwyn . . . ei dad a'i genfigen
yn erbyn teulu Marged. Ac yna fe fynnodd Catrin ddod allan
o'i chwtsh-dan-stâr, ac fe deimlai Aled yn euog . . . euog.
'Neithiwr roeddwn i gyda Catrin, a'r prynhawn yma gyda
merch arall . . . yn caru gyda'r ddwy . . . Rhaid i fi fod yn ofalus
neu fe fydda i'n colli fy mhen gyda Marged. Hew! Mae hi'n
ferch . . . ' ac fe ddaeth y gair 'hoeden' i'w feddwl. 'Hoeden?
Nac ydy, ond roedd hi mor barod i garu . . . fi hefyd o ran
hynny . . . ac fe ŵyr hi sut i garu hefyd . . . Fe ddywedodd hi
rywbeth am ramant. Beth, nawr? Beth ddywedodd hi? Bod
bywyd wedi colli pob rhamant? Ie, dyna ddywedodd hi. Fe
wn i . . . mae hi wedi bod yn byw yma fel lleian mewn cwfaint
. . . dyna fe, fel lleian mewn cwfaint,' a theimlai Aled yn falch
ei fod e wedi meddwl am y gymhariaeth. Ond nid lleian oedd
hi . . . roedd hi'n gynnes . . . hyfryd, brwd . . . fe gofiai ei
chusan, ac fe gafodd Catrin ei gwthio'n ôl i'w chwtsh. Beth
oedd ei gair hi nawr wrth sôn am Drefynach? Y tir diffaith!
Dyna fe. Dim cwmni pobl ifanc . . . dim bechgyn o'i hoed hi
. . . wel, doedd hi ddim wedi cwrdd â neb eto . . . Ond dyna'r
hen deimlad euog yn dod yn ôl, ac wyneb Catrin yn glir o
flaen ei lygaid . . . 'Ddim eto . . . fydd dim caru gyda Marged
eto, neu fe fydd hi ar ben rhyngof fi a Catrin . . . Catrin druan
. . . ond "Duw a'm gwaredo, ni allaf ddianc" . . . ond mae
rhaid . . . mae rhaid . . . ' ond ym mreichiau Marged yn y
rhedyn y syrthiodd Aled i gysgu . . . a Catrin yn wylo yn ei
chwtsh . . .

9. 'Ni piau'r noson hon'

Yn brydlon am chwech o'r gloch y diwrnod wedyn—a dydd Mercher oedd hi—fe ganodd y gloch ar ddrws rhif dau, Lôn y Bryn. Roedd y teulu Rowland yn gwylio'r newyddion ar y teledu. Cododd William Rowland i fynd i ateb y drws, ond roedd Aled ar ei draed o'i flaen.

'Fe a' i, Dad. Marged sy 'na, mae'n siŵr.'

'Hi? Pŵ!' meddai'r tad fel pe bai e'n poeri yr un pryd.

Agorodd Aled y drws. Ie, Marged oedd yno. Tynnodd Aled anadl gyflym o'i gweld hi. Nefoedd! Roedd hi'n hardd. Roedd hi'n gwisgo'r ffrog symlaf yn y byd, ysgafn fel eira, ac yn wyn fel eira ond am y smotiau bach o flodau oedd arni. Roedd hi'n edrych fel angyles o hardd. Ei gwallt hi a'r aur ynddo . . . Syllodd Aled arni heb allu dweud gair . . . dim ond syllu, syllu.

'Beth sy, Aled? Pam rwyt ti'n syllu fel yna? Rwyt ti wedi fy ngweld i o'r blaen.'

'Marged!' meddai Aled o'r diwedd a'i lygaid wedi eu hoelio arni hi.

'Wyt ti'n barod, Aled? Wyt, rydw i'n gweld. Rwyt ti'n gwisgo dy siwt orau yn ôl pob golwg. Coler a thei . . . tei'r Brifysgol . . . Aled B.A., yr wythnos nesaf. Dere yn dy flaen, fy machgen pert i,' ac fe droiodd Marged a mynd at y car, y Rover 3500.

'Rydw i'n dod,' meddai Aled gan deimlo'i goesau'n wan oddi tano . . .

Gyrrodd Marged y car yn ofalus drwy strydoedd cul y pentref, a llawer pen yn troi i weld pwy oedd yn y car.

'Fyddwn ni ddim yn hir yn cyrraedd Caernewydd ar ôl cael y draffordd,' meddai Marged. 'Fe awn ni am ddiferyn bach cyn mynd i'r theatr. Fe fyddwn ni yn y *mood* wedyn, fel maen nhw'n dweud, i fwynhau'r opera. Wyt ti wedi gweld ''Trovatore'' o'r blaen, Aled?'

'Ydw, ar y teledu. Pwy ydy'r unawdwyr, wyt ti'n gwybod?'

'Na, sylwais i ddim yn iawn. Ond fe wn mai Sali Herbert ydy'r soprano.'

'Rydw i wedi ei chlywed hi. Fe wnaethon ni'r ''Elijah'' yn y coleg a hi oedd y soprano. Roedd hi'n fendigedig.'

'Fe gawn ni noson hyfryd felly, Aled. Rydw i'n edrych ymlaen.'

'Ym . . . Marged . . . roeddech chi'n sôn am fynd am ddiferyn bach cyn mynd i'r theatr. Cofiwch fy mod i ar y dôl. Fe fues i lawr yn Swyddfa'r Dôl y prynhawn yma yn dweud fy hanes.'

'Fe fuost ti, do? Dyna pam est ti ddim am dro i fyny'r mynydd y prynhawn yma.'

'Ie.'

'Roeddwn i'n disgwyl amdanat ti o ffenestr f'ystafell wely. Roeddwn i'n siomedig iawn.'

'Nac oeddet!'

'Oeddwn, yn siomedig iawn, iawn.'

Daeth syniad sydyn i feddwl Aled.

'Sut mae dy fam heddiw, Marged . . . ei hannwyd hi?'

'O, mae hi wedi gwella . . . wedi gwella'n gyflym iawn, fel mater o ffaith. Diolch i ti am ofyn, Aled. Fe es i â hi am dro i fyny'r mynydd achos doeddet ti ddim ar gael, ac fe wellodd hi ar unwaith. Ac mae rhaid i fi ddweud, er fy mod i mor hoff o Mam, fe fyddai'n well gen i dy gwmni di . . . yn enwedig yn y rhedyn.' Roedd tinc hapus yn ei llais hi. 'O, roedd hi'n braf, Aled . . . mor braf. Fe awn ni am dro rywbryd eto, Aled; awn ni?'

'Mae'n eithaf posibl, Marged. Neu efallai dylwn i ddweud, yn fwy na thebyg. Ie?'

'Bendi . . . Na, ddyweda i mo'r gair.'

'Sôn roedden ni, Marged, am y diferyn bach cyn mynd i'r theatr. Mae rhaid i ti gofio fy mod i ar y dôl, a . . . alla i ddim . . . ym . . . rwyt ti'n deall, on'd wyt ti?'

'Deall? Wrth gwrs rydw i'n deall. A phaid ti â sôn dim rhagor am y dôl. Gen i mae'r pwrs heno, ac felly, anghofia'r dôl neu fe fydda i'n rhegi.'

Fe ddaeth gair ei dad i feddwl Aled, ac meddai fe,—
'Cardod ydy peth fel hyn, ti'n talu am bopeth.'
'Cardod, fy . . .' Torrodd Aled ar ei thraws.
'Fe wn i beth roeddet ti'n mynd i'w ddweud.'
'Beth?'
'Cardod, fy mhen-ôl!'
'Fe drawaist ti'r hoelen ar ei phen.'

Ac yn sŵn eu chwerthin hapus, fe droiodd Marged y car i mewn i'r draffordd. Doedd dim llawer o siarad rhyngddyn nhw wedyn. Roedd y traffig yn drwm a holl sylw Marged ar yrru'r car, ac Aled yn eistedd yn ôl, fel eistedd mewn cadair fawr esmwyth gartref, yn mwynhau'r byd yn mynd heibio. A sôn am fynd! Chwe deg . . . saith deg . . . wyth deg milltir yr awr . . . naw deg . . . ac Aled yn gobeithio fod dim car polîs o gwmpas. Lwc nad oedd dim. Fuon nhw ddim yn hir yn cyrraedd Caernewydd, ac yna, wedi parcio'r car, i ffwrdd â nhw am y 'diferyn' bach er mwyn bod yn y *mood*.

★   ★   ★

Wrth ddod allan o'r theatr, meddai Marged,—
'Does dim rhaid gofyn wnest ti fwynhau'r opera, Aled. Digon hawdd gweld hynny ar dy wyneb di.'
'O roedd hi'n fendigedig.'
'Bendigedig? Oes dim geiriau eraill yn dy eiriadur di? Beth am ardderchog neu ragorol fel tipyn bach o newid?'
'Neu wych . . . neu anghyffredin o wych?' meddai Aled gan ymateb i hwyl y ferch.
'Neu anghyffredin o ragorol, a chymysgu'r geiriau ychydig. Oedd, wir, Aled. Roedd y perfformiad yn werth pob un o'r geiriau yna.'
Cydiodd hi yn ei law wrth fynd tuag at y car yn y maes parcio.
'Mae hi'n noson hyfryd, Aled. Os edrychi di i fyny, fe weli di'r sêr.'

Edrychodd y ddau i fyny, a bu bron iddyn nhw daro yn
erbyn hen ŵr oedd yn cerdded yn araf o'u blaen.

'Mae'n ddrwg gen i,' meddai Aled gan droi at yr hen ŵr.

'Popeth yn iawn,' atebodd yntau. 'Fe glywais i chi'n siarad
am y sêr, ac roedd rhaid i fi edrych hefyd. Ydyn, maen nhw'n
hardd heno. Hwyl i chi. Nos da.'

'Nos da,' atebodd Aled a Marged gyda'i gilydd a hithau'n
gwasgu ei law.

'Mae hi wedi oeri tipyn, Aled, ar ôl y gwres yn y theatr.
Lwc bod gen i gôt yn y car. Ac mae gen i syniad, Aled. Beth
am damaid o swper ar y ffordd adref?'

'Fe fyddai'n braf, Marged, ond fel rwyt ti'n gwybod . . .' a
dododd Aled ei law ym mhoced ei drowsus i ddangos bod
dim arian ganddo fe. Roedd rhywbeth yn ei boced . . . papur.
Tynnodd y papur allan. 'Wel, myn brain! Edrych, Marged.
Papur pum punt. O ble daeth hwn? O, fe wn i. Fe ofynnodd
Mam i fi a oedd eisiau arian arna i, ond fe ddywedais i "Na",
achos fe fydda i'n cael arian y dôl cyn bo hir. Mae rhaid ei
bod hi wedi stwffio'r papur pum punt yn fy mhoced heb yn
wybod i fi.'

'Da iawn dy fam. Ond stwffia di fe'n ôl yn dy boced nawr,
a dere â dy law di'n ôl i fi. Fi sy'n talu heno. Tipyn bach o
gardod eto, Aled, a defnyddio dy air dy hun.'

'Cardod, fy . . .'

Torrodd Marged ar ei draws.

'Fe wn i beth roeddet ti'n mynd i'w ddweud.'

'Beth?'

'Does dim eisiau ei ddweud e, Aled,' a chwerthodd y ddau
gyda'i gilydd. 'Mae yna fotél ryw filltir neu ddwy i fyny'r
draffordd. Fe awn ni yno am swper.'

'O'r gorau, Marged, ond wn i ddim pryd bydda i'n gallu
talu'n ôl i ti.'

'O, fe gei di dalu ryw ddydd, pan ddaw dy long i mewn i'r
porthladd. A gobeithio na fydd honno ddim yn hir yn dod.
Hynny ydy, Aled, gobeithio y cei di swydd yn fuan, ond

gobeithio hefyd na fydd y swydd ddim ymhell o Drefynach. Dyma ni wrth y car . . .'

Roedd Aled wrth ei fodd yn eistedd wrth y ford yn y motél ac yn wynebu Marged yn ei holl brydferthwch. O, roedd hi'n brydferth, a'i siarad hi mor ddigri. Gwthiodd Catrin ei hunan i'r golwg unwaith neu ddwy, ond thalodd Aled ddim llawer o sylw iddi hi. Doedd hi ddim yn gallu cystadlu â'r ferch yma oedd yn ei wynebu fe nawr.

Roedd hi'n hwyr iawn pan ddaethon nhw allan o'r motél, ac Aled yn poeni ychydig.

'Clyw, Marged,' meddai fe, 'fe fydd dy dad a dy fam yn poeni amdanat ti dy fod ti allan mor hwyr, a gyda'r car hefyd.'

'Efallai, wir, efallai. Fydd dy fam a dy dad yn poeni amdanat ti?'

'Wel, wn i ddim, ond efallai hefyd . . . ond bachgen ydw i.'

'Bachgen? Dyna beth wyt ti, fel pe bawn i ddim yn gwybod. Wyt, wir, rwyt ti'n fachgen annwyl, yn glamp o fachgen golygus hefyd. Na, paid â gadael i air bach fel yna fynd i dy ben di nawr. Fe ffonia i os wyt ti'n dewis.'

'Wel . . . ym . . . wel, fyddwn ni ddim yn hir yn cyrraedd adref, os byddi di'n mynd naw deg milltir yr awr eto. Na, does fawr o bwys i ti ffonio.'

'Dere, te!'

Aeth y ddau i mewn i'r car. Eisteddodd Aled yn ôl yn ei sedd a mwynhau'r mynd a'r goleuadau'n sgubo'r ffordd o'u blaen. Fuon nhw ddim yn hir yn cyrraedd strydoedd cyntaf Trefynach, ac Aled yn paratoi i ddiolch i Marged am noson fendi . . . noson ardderchog. Ond fe aeth Marged heibio i'r cornel lle roedd rhaid troi am Lôn y Bryn. Fe aeth hi'n syth i fyny Ffordd y Mynydd a heibio i'w chartref, Tŷ'r Dderwen.

'Ble . . . ble rwyt ti'n mynd, Marged? Rydyn ni wedi pasio Tŷ'r Dderwen.'

'Fe wn i hynny, Aled. Rydyn ni'n mynd i ben y mynydd. Rydw i eisiau siarad â thi.'

'O? Siarad am beth, Marged?'

'Fe gei di wybod toc.'

Gyrrodd Marged ymlaen ac i fyny Ffordd y Mynydd nes cyrraedd y fan lle doedd y ffordd yn ddim mwy na llwybr cert. Fe stopiodd hi'r car a diffodd y goleuadau. Y tu allan roedd y wlad i gyd yn laswyn yng ngolau'r lleuad.

'Edrych, Aled. Welaist ti erioed rywbeth mwy hyfryd na hyn? O, mae'n hyfryd.'

'Mae'n fendi . . . hyfryd, hyfryd, Marged.'

'Dere allan i fwynhau'r olygfa, Aled. Mae gen i gôt. Gobeithio na fyddi di'n oer. Ond mae gen ti goler a thei. Fe gadwith y rheiny di'n gynnes. Dwyt ti ddim yn gwisgo coler a thei fel arfer?'

'Nac ydw.'

'Os byddi di'n oer, fe gei di siario fy nghôt gyda fi.'

Aeth y ddau allan i'r nos, a chydio dwylo, a sefyll a gadael i harddwch a hyfrydwch y nos a'r olygfa ffrydio o'u cwmpas nhw.

'O, Aled, on'd ydy hi'n . . . fendigedig? Fe alla i ddefnyddio'r gair nawr. Does dim gair arall i ddisgrifio'r olygfa yma.' Fe glosiodd hi ato fe; rhoiodd yntau ei fraich am ei hysgwyddau a'i chadw hi'n glòs.

'Rydyn ni'n rhan o dragwyddoldeb i fyny yma nawr.'

'Tragwyddoldeb? Aled, paid â 'nychryn i.'

'Clyw am funud, Marged, ond mae rhaid i fi ddweud hyn wrthot ti. Wyddost ti, Marged, prynhawn ddoe, pan oeddwn i'n gorwedd yn y rhedyn, wyddost ti am beth roeddwn i'n meddwl?'

'Meddwl amdana i efallai. Does gen i ddim syniad.'

'Meddwl am farw, Marged, ym mudandod mwyn y mynydd. Fe fyddwn i'n fodlon marw yn y mudandod mwyn.'

'Na, Aled. Paid â sôn am farw. Rwyt ti'n fy nychryn i. Rydw i eisiau byw . . . byw, a mwynhau bywyd. O, Aled, paid â siarad fel yna eto; mae bywyd mor . . . mor hyfryd . . . dy

gwmni di, a chanu, a Mam a Tada. Mae bywyd yn hyfryd fel
y foment yma nawr. Rho dy freichiau amdana i, a phaid â
'nychryn i ddim rhagor. Edrych, mae yna lidiart fan draw.
Dere i bwyso fan yna.'

Gafaelodd Marged yn llaw Aled i'w dynnu at y llidiart.
Agorodd ei chôt i'w gasglu fe'n glòs ati . . .

'Mae'r mudandod mwyn o'n cwmpas ni ym mhob man,
Aled. Fe wn i ble cest ti'r geiriau. Ydyn nhw ar dy gof di, y
soned i gyd?'

'Ydyn, bob gair.'

'Dwêd nhw, Aled, a fydd arna i ddim ofn a dy freichiau di
amdanaf.'

'Y llinellau olaf, Marged,' ac mewn llais fel sibrwd awel yn
y rhedyn,—

'Ac am nad ydyw'n byw ar hyd y daith,
  O gri ein geni hyd ein holaf gŵyn,
Yn ddim ond crych dros dro neu gysgod craith
  Ar lyfnder esmwyth y mudandod mwyn,
Ni wnawn, wrth ffoi am byth o'n ffwdan ffôl,
Ond llithro i'r llonyddwch mawr yn ôl.'

Safodd y ddau yn dawel-lonydd a mud am funudau cyfan,
yn gynnes-glòs . . . yn y tragwyddoldeb mawr diddechrau,
diddiwedd.

'O, Aled,' meddai Marged o'r diwedd.

Dododd Aled ei law dan ei gên a chodi ei phen. Roedd dau
ddeigryn disglair yn ei llygaid. Plygodd Aled a'u cusanu i
ffwrdd.

'O, Aled, anghofia i byth mo'r noson hon ar ben y mynydd
. . . byth, bythoedd . . . Rydw i . . . Rydw i,' a stopiodd
Marged yn sydyn. Dododd ei dwylo ar frest Aled fel pe bai
am ei gadw fe draw, ac edrych yn ei wyneb, gwelw yng
ngolau'r lleuad.

'Beth sy, Marged?'

'Mae'n anodd, Aled, anodd, anodd, anodd. Ond rydw i
am ei ddweud.'

'Beth sy'n anodd, Marged?'

'Mae'r noson yma wedi'n clymu ni wrth ein gilydd ryw ffordd. Dyna pam mae e mor anodd, ond fe ddywedais i fy mod i eisiau siarad â thi.'

'Do, fe ddywedaist.'

'A siarad o ddifri.'

'Rydw i'n barod i wrando, Marged.'

'Wel, ni'n dau i ddechrau . . . ti a fi. Fe fues i'n meddwl llawer amdanat ti yn fy ngwely neithiwr. Ddoe y cwrddon ni am y tro cyntaf, ac o fewn oriau roedden ni'n caru yn y rhedyn. Roedd hi'n braf, Aled, cofia . . . y tywydd a'r caru. A fi roiodd y cam cyntaf . . . fi ofynnodd i ti fy nghusanu i. Mae'n siŵr dy fod ti'n meddwl mai hen hoeden oeddwn i ar y pryd. Dwêd y gwir nawr. Oeddet ti . . . oeddet ti . . . yn meddwl mai hoeden oeddwn i?'

'Nac oeddwn . . . ar y pryd, Marged, ond fe ddaeth y gair i fy meddwl yn fy ngwely neithiwr, ond fe wyddwn yn eithaf da dy fod ti ddim yn un fel yna.'

'Na, dydw i ddim. Ond roedd dy weld ti'n gorwedd fan yna, dy lygaid ynghau a rhyw heddwch hyfryd ar dy wyneb di, wel, wn i ddim beth ddaeth drosto i. Roedd hi'n demtasiwn o weld wyneb mor lân, mor annwyl . . . wel, fe ddaeth rhywbeth drosto i. Wyt ti'n deall, Aled?'

'Rydw i'n deall yn iawn. Roeddet ti wedi bod fel lleian mewn cwfaint.'

'Be . . . Beth ddywedaist ti? Fel . . . fel . . .'

'Fel lleian mewn cwfaint. Fe fues i'n meddwl amdanat ti neithiwr, yn dadlau â fi fy hun, oeddet ti . . . wel, rwyt ti wedi dweud y gair . . .'

'Hoeden.'

'Ie, fe wyddwn dy fod ti ddim. Roeddet ti wedi sôn am y tir diffaith hefyd. Y tir diffaith oedd dy gwfaint, a thithau'r lleian, ac fe fynnodd y lleian ddod allan i anadlu'r awyr iach.'

'Aled!! Dyna fe . . . yn union . . . yn union. Dyna beth oeddwn i, lleian wedi bod yn byw drwy ddeugain niwrnod y Grawys. Anadlu'r awyr iach, ddywedaist ti. Ydw, rydw i wedi anadlu'n ddwfn, a fydda i byth yr un peth eto. A does dim ots beth fydd yn digwydd yn y dyfodol, ni piau'r noson hon. Ac rydw i'n gwybod un peth yn sicr yn fy nghalon, ac mae e yn dy galon di hefyd. Rydw i'n gwybod . . . yn gwybod, Aled, ond dwyt ti ddim yn sicr eto, a nes dy fod ti'n sicr, rydw i wedi penderfynu.'

'Dydw i ddim yn dy ddeall di, Marged. Sicr o beth? Penderfynu beth?'

'Rydw i'n sicr o beth sy yn fy nghalon i, Aled, ond dwyt ti ddim yn sicr eto. Ond fe ddoi di i wybod fel rydw i'n gwybod . . . ryw ddydd, ac fe fydd y dydd hwnnw'n ddydd bendigedig. Dyna ein gair mawr ni, Aled . . . bendigedig.'

'Efallai fy mod i'n gwybod yn barod, ond beth am y penderfynu yma?'

'Clyw, Aled. Mae gen ti gariad yn barod, a chymerwn i mo'r byd i ddod rhyngoch chi'ch dau. Hi piau Aled Rowland . . . nawr beth bynnag, ond rydw i eisiau dy gwmni di . . . yn fwy na dim. Rwyt ti wedi agor byd newydd i fi . . .'

'Rydw i eisiau dy gwmni di hefyd, Marged. Mae'r lle yma'n dir diffaith i fi hefyd, cofia, a finnau ar y dôl hefyd.'

'Ie, ar y dôl, a dyna'r peth nesaf rydw i wedi ei benderfynu . . . Ond dere i eistedd yn y car. Mae hi'n oeri er dy fod ti mor glòs ata i . . . a rydw i'n mwynhau dy ddal di fel hyn. Dere, fe awn ni i eistedd yn y sedd gefn . . .'

Yn y sedd gefn, meddai Marged,—

'Fe elli di roi dy freichiau amdana i, Aled . . . dyna fe . . . O, cysurus! Diolch, Aled. Dyna ni! Dyna ni! Nawrte. Y ferch o haearn sy'n mynd i siarad nawr.'

'Y ferch o haearn? Ble mae'r haearn, dwêd? Rwyt ti'n feddal, feddal yn fy mreichiau.'

'Fy nghorff sy'n feddal, Aled, ond mae fy meddwl i fel haearn. Gwrando nawr. Rydyn ni wedi penderfynu un peth, ein bod ni'n mynd i gydweithio ar ysgrifennu opera.'

'Am y ferch o Gefn Ydfa.'

'Ie, ond mae gwell syniad gen i nag ysgrifennu opera fel "Carmen" neu "Nabucco". Fe fyddai'n well i ni ysgrifennu rhywbeth tebyg i'r *musical* Saesneg. Mae *musicals* da wedi'u hysgrifennu yn Saesneg; maen nhw'n llawer mwy ysgafn na'r opera gyffredin.'

'Syniad ardderchog, Marged.'

'Ydy, mae e'n syniad da. Fe fydd *musical* fel hyn yn apelio at bobl ifanc . . . a phobl mewn oed o ran hynny . . . yn well nag opera.'

'Bydd, Marged, bydd. Rwyt ti yn llygad dy le.'

'Ac fe fyddwn ni'n ffurfio côr yn y pentref, a chael cymaint o bobl ifanc i mewn ag sy'n bosibl. Fe ddywedais i ddoe fod eisiau gwneud rhywbeth i ddeffro'r pentref yma, a dyna un ffordd o wneud—ffurfio côr, côr o fechgyn a merched a phobl mewn oed. Rydw i'n siŵr bod digon o dalent yma ond bod eisiau deffro'r dalent. Canu'r larwm, rydw i'n credu ddywedais i ddoe, a dyma sut byddi di a fi'n canu'r larwm gyda'n gilydd.'

'Mae'r syniad yn un bendi . . . bendigedig.'

'Godidog, Aled. Mae'n well gair.'

'Yn arbennig o odidog o fendigedig! Dyna fe i ti . . . ond . . . ond . . .'

'Rydw i'n gwybod beth rwyt ti'n mynd i'w ddweud. Dwyt ti ddim yn siŵr fyddi di yma'n ddigon hir i ddysgu côr. Efallai byddi di'n cael swydd yn fuan, ac ymhell i ffwrdd o Dre-fynach. Rydw i wedi meddwl am hynny hefyd. Os bydd rhaid i ti adael y lle yma, fe fydda i'n cymryd at y côr.'

'Yn cymryd at y côr . . . fel arweinydd? Chlywais i erioed ddim byd gwell. Wel, dyna beth ydy syniad . . . penigamp, Marged. A dyna air newydd i ni . . . penigamp!'

'Wyt ti'n meddwl ei fod e'n syniad . . . penigamp?'

'Heb unrhyw "os" o gwbl. Syniad godidog o benigamp. Fydd dim rhaid i fi ofni am ddyfodol y côr wedyn.'

'Dyna fe, te. A'r gwaith cyntaf fydd ffurfio'r côr—galw pobl at ei gilydd . . . ar ôl gwyliau mis Awst, wrth gwrs. Fe ga i help gan Tada . . . a dyna un peth arall. Mae'n flin gen i fod dy dad mor ddig wrth Tada. Os gelli di wneud rhywbeth i ddod â nhw at ei gilydd, fe fyddwn i'n falch tu hwnt.'

'Mae'r hen genfigen yma'n boen i fi hefyd, Marged. Fe wna i fy ngorau, gelli fentro.'

'A dyna ni wedi setlo popeth, wel, popeth ond y peth mawr, y peth mwyaf sy ar fy meddwl.'

'Beth ydy hwnna, Marged?'

'Fe ges i noson ofnadwy neithiwr, Aled, yn meddwl amdanat ti'a fi ac am yr opera a phopeth. Chysgais i ddim llawer.'

'Fe gollais i dipyn o gwsg hefyd.'

'Do, mae'n siŵr. Rydyn ni'n ddigon tebyg i'n gilydd. Wel, te, neithiwr fe benderfynais. Fe benderfynais fod rhaid i fi fynd yn ôl i'r cwfaint.'

'Dydw i ddim yn dy ddeall di, Marged.'

'Wyt, rwyt ti'n deall yn iawn. Yn syml, Aled, fydd dim caru rhyngon ni'n dau ar ôl heno.'

'Dim caru . . .'

'Mae gen ti gariad yn barod, ac mae rhaid i ti fod yn deg â hi.'

'Rhaid . . . Rhaid,' yn dawel fel pe bai e'n sibrwd wrtho'i hunan.

'Ond, Aled, fe ga i dy gwmni di yn aml . . . yn aml pan fyddwn ni'n ffurfio'r côr ac yn ei ddysgu wedyn, ac yn gweithio ar y *musical* . . . ti'n arweinydd a finnau'n canu'r piano i ti. Ac fe allwn ni fynd am dro weithiau, i fyny'r mynydd yma . . . ac fe alla i ddal dy law di . . . ond heno, Aled, heno . . . ni piau'r nos . . . fe allwn ni garu . . . Dal fi'n agos atat ti . . . yn glòs, glòs . . . O, Aled . . . Aled . . .'

Tyner . . . tyner fu'r caru yn llonyddwch a mudandod mwyn y mynydd . . . mwyn, mwyn a thyner y caru . . .

★   ★   ★

Yn ei gwely y noson honno, roedd meddwl Marged yn storm o boen. Roedd hi'n gwybod yn iawn, yn sicr, ei bod hi

wedi syrthio mewn cariad â'r gŵr ifanc yma, y gŵr ifanc, tal
â'r ysgwyddau sgwâr, a'r wyneb glân, iach yr olwg, a'r bysedd
hir, cryf ond mor dyner wrth garu. Doedd hi ddim wedi
cwrdd â fe ond deirgwaith yn ei bywyd, ond fe deimlai ei bod
hi wedi ei adnabod e erioed, ers . . . ers oesoedd ymhell, bell
yn ôl, ers dechrau'r byd.

'O, Aled, fe fydd hi'n galed . . . mor galed ac mor anodd,
ond ryw ddydd, efallai, fe ga i di i fi fy hunan. Ac fe ga i di
hefyd, caf . . . caf . . . y ferch o haearn? Rydw i'n fwy tebyg i
sebon meddal . . .' Roedd arni hi eisiau chwerthin wrth
feddwl am y gymhariaeth, ond y dagrau ddaeth; fe ddaethon
nhw yn lli. Ac fe gysgodd hi yn ei dagrau . . .

10. 'Paid ti ag anghofio Catrin'

'Roeddet ti'n hwyr yn dod adref o'r opera neithiwr . . . neu y bore yma ddylwn i ddweud. Ble buost ti mor hwyr?'

Roedd Aled a'i dad a'i fam yn eistedd wrth y ford ginio y diwrnod wedi'r opera, ac ar y tad eisiau gwybod hanes y noson cynt.

'Fuost ti'n caru â'r ferch yna yn ei char?'

'Fy musnes i ydy hynny. Fe fues i'n siarad â'r ferch yna yn ei char. Marged ydy ei henw hi,' atebodd Aled.

'Fe wn i ei henw hi'n iawn. A rydw i wedi ei gweld hi'n swagro o gwmpas y pentref yn ddigon aml.'

Edrychodd Aled ar ei dad a'i lygaid yn fflamio. Roedd yn gas ganddo fe ei glywed e'n siarad am Marged fel yna, yn enwedig ar ôl neithiwr. Doedd ei fam, chwaith, ddim yn fodlon ar y ffordd roedd ei gŵr yn siarad. Ac fe ddywedodd hi hynny,—

'Peidiwch â siarad am y ferch fel yna, William. Un fach deidi iawn rydw i'n ei gweld hi.'

'Pŵ!' atebodd y tad fel pe bai e'n poeri eto.

'A does dim eisiau i ti ddweud "Pŵ!" fel yna fel pe baet ti'n poeri am ben y ferch, fel rhyw hen Jwdas. Gest ti noson dda yn yr opera, Aled?'

'Do, Mam, noson ardderchog, ac fe gawson ni swper ar y ffordd adref,' atebodd Aled.

'O, cardod eto?' gofynnodd y tad.

'Na,' meddai'r fam. 'Roedd ganddo fe bum punt yn ei boced.'

'Oedd, diolch i chi, Mam, ond fe fynnodd Marged dalu. Felly, rhagor o gardod. Dyna'ch gair chi. Ac fe fuon ni'n siarad wedyn, Mam.'

'Siarad am beth, 'ngwas i?' gofynnodd hithau. Roedd hi wedi sylwi mai ati hi roedd ei mab wedi troi nawr, fel pe bai e'n troi ei drwyn ar ei dad.

'Wel, y syniad ar y dechrau oedd fy mod i'n ysgrifennu opera am Ryfel y Degwm, ac roedd Catrin yn mynd i ysgrif-

ennu'r sgript. Ond y syniad newydd oedd bod Marged a fi . . .
ie, Marged a fi'n mynd i gydweithio ar opera am y ferch o
Gefn Ydfa. Ond mae Marged wedi cael syniad arall eto.'

'O?'

'Yn lle ysgrifennu opera, ysgrifennu rhywbeth mwy
modern fel *musical* sy'n boblogaidd y dyddiau yma . . . yn
boblogaidd iawn yn Llundain ar hyn o bryd.'

Roedd y tad yn gwrando ac roedd rhaid iddo fe ddod i
mewn i'r sgwrs.

'Beth ydy'r gwahaniaeth rhwng opera a *musical*, os gwn i?'

'Wn i ddim yn iawn, ond mae *musical* yn fwy ysgafn nag
opera, a does dim eisiau'r caneuon mawr, hir fel sy yn
''Carmen'' a ''Nabucco'' a'r gweddill . . . ond caneuon bach
syml y gall pobl heb leisiau mawr, crand, *bel canto* eu canu.'

'Rwtsh ydy peth fel yna,' meddai'r tad.

'O, nac ydy ddim yn rwtsh. Fe welais i ''Joseff a'i gôt o bob
lliw'' yn Aber, a doedd hwnnw ddim yn rwtsh.'

'Ond roeddet ti'n mynd i ysgrifennu am y ferch o Gefn
Ydfa. Alli di ddim gwneud dim byd ysgafn o stori fel honna.'
Y tad eto.

'Mae'n dibynnu beth rydych chi'n feddwl wrth ysgafn.
Trasiedi ydy stori'r ferch o Gefn Ydfa, fe wn i'n iawn, ond fe
fydd rhaid i'r miwsig fod yn syml ac yn ysgafn, a pheidio â
chael, fel dywedais i, peidio â chael unawdau mawr, trwm,
a'r tenor yn canu C dwbwl lan yn y cymylau nes ei fod e'n
bostio'i wasgod, a chael corws dwbwl ac ati . . . Duw! Rydw i
wedi cael syniad!' Dododd Aled ei gyllell a'i fforc i lawr ac
eistedd yn fud am funud.

'Dwêd, Aled,' meddai ei fam.

'Arhoswch i fi feddwl am funud . . . Dyna fe . . . fydd dim
eisiau ysgrifennu rhyw sgript hir ac anodd.'

'Na fydd?'

'Na fydd. Fe allwn ni lunio'r stori i gyd o gwmpas hen
benillion a hen ganeuon gwerin.' Roedd llygaid Aled yn dis-
gleirio. 'Ie, o gwmpas hen benillion a chaneuon gwerin. Mae

digon ohonyn nhw ar gael. A'r brif gân, wrth gwrs, fydd
"Bugeilio'r Gwenith Gwyn".'

'Wel, dyna dda,' meddai'r fam. 'Dyna rywbeth newydd
sbon.'

'Mae digon o hen benillion yn llyfr Syr Thomas Parry-
Williams,' meddai'r tad.

'Oes, Dad.'

'Mae llawer ohonyn nhw gen i ar fy nghof,' oddi wrth y
tad.

'Marged a fi fydd yn llunio'r sgript, ond fe fyddwn ni'n
falch o'ch help chi, Dad.'

'Fe gei di fe â phleser.'

'Diolch, Dad. A nawr mae Marged a fi wedi penderfynu
ffurfio côr yn y pentref . . . ar ôl y gwyliau, i ddysgu'r opera . . .
y *musical* nawr.'

'Wel, syniad ardderchog. Mae'n hen bryd i rywun gychwyn
rhywbeth yn y pentref yma. Ers llawer dydd roedd côr ym
mhob capel yn dysgu oratorio bob blwyddyn ac yn paratoi
ar gyfer cymanfa ganu. A chwmni opera yn perfformio stwff
Gilbert a Sullivan . . . a chwmnïau drama hefyd, Cymraeg a
Saesneg. A does dim byd yma nawr . . . dim byd.'

Ond roedd y fam yn gweld ymhellach na'i gŵr.

'Fyddi di ddim yma'n ddigon hir i ddysgu côr, Aled . . .
gobeithio. Fe gei di swydd cyn bo hir, mae'n siŵr gen i.'

'Mae Marged wedi meddwl am hynny, Mam. Fi fydd yr
arweinydd os bydda i yma, a Marged yn canu'r piano. Ond
os bydda i'n cael swydd ymhell o Drefynach, fe fydd hi,
Marged, yn cymryd at y côr fel arweinydd, a bydd rhaid cael
rhywun arall i ganu'r piano.'

'Wel, ie, siŵr iawn. Fe fuodd hi yn y Coleg Cerdd yng
Nghaernewydd ac fe ŵyr hi ddigon am ganu. Wel, lwc dda i
chi'ch dau. Mae rhywbeth ym mhen y ferch yna,' meddai'r
tad.

'Marged ydy ei henw hi, Dad.'

'Wel, mae rhywbeth ym mhen . . . Marged. Ond cofia di,

paid ti ag anghofio Catrin. Mae hi'n ferch dda iawn, ac yn ferch i weinidog . . . os ydy hynny o bwys.'

'Fydd dim rhaid i chi boeni am Catrin, Dad. Mae Marged a fi'n deall ein gilydd yn iawn.'

'Fuoch chi ddim yn hir yn dod . . . ym . . . i ddeall eich gilydd,' meddai'r tad a rhyw gwestiwn yn ei lygaid.

'Wel . . . naddo . . . dau o bobl gall iawn ydyn ni.'

'Fe fyddwch chi'n cydweithio llawer â'ch gilydd.'

'Byddwn, Dad.'

'Ac mae hi'n ferch . . . ym . . . hardd yn ôl pob golwg.'

'Rydych chi'n newid eich cân, William,' meddai'r fam.

'Wel, ydw, siŵr. Ond mae'n amlwg bod tipyn o synnwyr ym mhen y ferch . . . ym . . . Marged.'

Fe ddaeth i ben Aled fod hon yn foment dda i ddod â thad Marged i mewn i'r sgwrs. Roedd e wedi addo gwneud ei orau i ddod â'r ddau dad at ei gilydd.

'Fe ddywedodd Marged y byddai ei thad yn barod i'n helpu ni gyda'r côr ym mhob ffordd.'

'Fe? Beth allith e ei wneud? Dydy e'n gwybod dim am gerddoriaeth na barddoniaeth, hyd y gwn i.'

'Efallai ei fod e,' a thybed oedd Aled yn gweld golau gwyrdd yn y fan yma . . . wel, golau oren o leiaf yn barod i droi'n wyrdd. Ond fe newidiodd ei dad y sgwrs yn gyflym iawn.

'Beth am dy glogyn B.A. a'r het od ar gyfer y seremoni graddio? Fyddan nhw'n barod i ti yn y coleg?'

'Byddan, siŵr. Rydw i wedi mesur a thalu ymlaen llaw. Dyna pam rydw i mor brin o arian y dyddiau yma.'

'Faint rwyt ti eisiau?' gofynnodd ei dad.

'Dim, Dad, dim. Mae pum punt Mam gen i yn fy mhoced. Diolch yn fawr i chi yr un pryd. Oes pwdin reis i ddilyn y cinio mawr blasus yma, Mam?'

'Oes, a chwpanaid wedyn.'

'Fydd dim eisiau help arnoch chi i olchi'r llestri wedyn? Rydw i bron â marw eisiau dechrau chwilio am hen benillion a chaneuon gwerin ar gyfer y *musical*. Oes copi o *Hen Benillion* Syr Thomas gyda chi, Dad?'

'Oes, wrth gwrs.'

'Ac mae eisiau gair Cymraeg am *musical*. Dyna waith i chi, Dad, i feddwl am air, neu i lunio gair newydd. Y pwdin reis, Mam . . .'

Ar ôl y pwdin reis a'r cwpanaid, aeth Aled i'r parlwr ac yn syth at y piano. Dechreuodd ganu'r peth cyntaf ddaeth i'w feddwl.

> 'Mae'r hon a gâr fy nghalon i
> Ymhell oddi yma'n byw,
> A hiraeth am ei gweled hi
> A'm gwnaeth yn llwyd fy lliw.'

'Meddwl am Catrin mae e,' meddai'r fam wrth ei gŵr fel roedden nhw wrthi'n golchi'r llestri yn y gegin. 'Mae llais hyfryd ganddo fe hefyd.'

Ond y ferch o Dŷ'r Dderwen oedd yn llanw meddwl Aled. Ysgydwodd ei ben, a dechrau ar gân arall.

> 'Titrwm, tatrwm, Gwen lliw'r wy,
> Ni alla' i'n hwy mo'r curo.
> Mae'r gwynt yn oer oddi ar y llyn;
> Lliw blodau'r dyffryn, deffro.
> Chwyth y tân i gynnau toc—
> Mae hi'n ddrycinog heno.'

Cofiai am ei ffrind yn y coleg yn egluro'r gân iddo, mai hen gân streicio oedd hi, am y carwr yn taflu cerrig mân at ffenestr ystafell wely ei gariad, hithau'n dod at y ffenestr, ac yntau'n cael mynd i mewn i'r tŷ wedyn ac yn caru gyda'r ferch ar y gwely. Fe fyddai'n braf cael caru gyda . . . 'Damnio! Mae rhaid i fi ysgrifennu at Catrin. Fydd dim eisiau ei help hi o gwbl nawr. Fe fydd hi o'i cho. Damnio eto! O, wel, papur a beiro. Faint o haearn sy ynof i, tybed?'

Cymerodd Aled bapur a beiro o'r ddesg fach yn yr ystafell a dechrau ysgrifennu. 'Catrin annwyl . . .' ac aros a chnoi'r beiro . . . a chnoi . . . a chnoi. 'O, twt, ddaw hi ddim . . . fe ddaw yn y munud. Tonc ar y piano eto . . . Na, y penillion,' ac fe aeth e allan o'r ystafell at ei dad yn y gegin.

'Ga i eich copi chi o'r _Hen Benillion_, Dad?'

'Cei, siŵr iawn, mae e ar y silff yn y rŵm fach lan y llofft.'

Ond meddai'r fam, —

'Rwyt ti wedi ysgrifennu at Catrin am yr opera . . . y syniad newydd am y ferch o Gefn Ydfa? Roedd hi'n mynd i ysgrifennu'r sgript, os ydw i'n cofio'n iawn. Ond fydd mo eisiau ei sgript hi nawr.'

'Na fydd. Fe ysgrifenna i cyn mynd i'r gwely. Ond mae'r syniad yma am y _musical_ fel tân yn fy meddwl.'

Pan gafodd Aled y copi, aeth yn ôl i'r parlwr a throi a throi'r tudalennau. 'Hew, fe fydd hi'n anodd dewis rhwng y penillion yma i gyd. Ond dyma rai da; fe gaiff Ann Thomas ganu'r rhain.' Ac yn ei feddwl fe allai fe glywed Marged yn eu canu nhw . . . 'digon i dorri calon o haearn'.

> 'Dwedwch, fawrion o wybodaeth,
> O ba beth y gwnaethpwyd hiraeth,
> A pha ddefnydd a roed ynddo
> Na ddarfyddai wrth ei wisgo.'

Ac yno y buodd Aled tan amser te, a swper wedyn, yn darllen a dewis a'r llythyr heb ei ysgrifennu. Ac ar ôl swper, ar ôl i'w dad a'i fam fynd i'w gwely cynnar, roedd tameidiau o'r gêm griced rhwng Morgannwg a Gwlad yr Haf ar y teledu . . .

11. 'Titrwm, Tatrwm'

Roedd y dyddiau nesaf yn rhai prysur iawn, prysur i Aled, beth bynnag. Do, fe ysgrifennodd e at Catrin, ond llythyr digon byr a di-hwyl oedd e. Fe fyddai hi'n fflamio ar ôl ei dderbyn, roedd e'n siŵr; roedd e'n gwybod am ei thymer. Beth bynnag, roedd e'n ddigon prysur i beidio â meddwl rhyw lawer amdani hi. Lle bynnag y byddech chi'n ei weld e, roedd y llyfr *Hen Benillion* yn ei law neu ryw lyfr o ganeuon gwerin. Bob tro roedd e'n dod ar draws penillion neu gân addas roedd e'n neidio bron gan lawenydd. Ac roedd digon o bethau addas, ac felly roedd ei naid o lawenydd yn digwydd yn aml. Yn yr ystafell fyw roedd e'n dewis darllen, a'i fam yn mwynhau ei weld e mor llon a hapus, a bod y ffaith ei fod e ar y dôl ddim yn ei boeni fe, yn ôl pob golwg, beth bynnag. Ond roedd rhaid iddi hi dynnu ei goes nawr ac yn y man.

'Fe fyddi di'n gwisgo pen-ôl dy drowsus yn denau fel papur wrth neidio lan a lawr fel yna ar y cadeiriau, heb sôn am dreulio'r cadeiriau hefyd.'

Yna, ar ôl dod ar draws rhywbeth addas, fe fyddai fe'n rhedeg i'r parlwr ac at y piano a cheisio taro ar alaw fyddai'n siwtio'r geiriau, neu i ganu'r gân werin. A'i fam yn dweud wedyn gan chwerthin,—

'Fe fyddi di'n treulio twll yn y carped wrth redeg yn ôl ac ymlaen o'r ystafell fyw yma i'r parlwr.'

Yn wir, roedd hi'n falch; roedd hi wrth ei bodd. Fe hoffai hi ei gadw fe gartref am byth. Roedd hi wedi colli'r ddau arall—Hywel a Sara—a dim ond ar amser gwyliau roedd hi'n eu gweld nhw, a doedd hynny ddim bob gwyliau. Roedd y ddau'n hoff o dreulio'u gwyliau mewn gwledydd mwy hyfryd a dymunol lle roedd digon o haul.

Un amser cinio fe gododd William Rowland gwestiwn pwysig.

'Gwrando, Aled,' meddai fe, 'yn Gymraeg bydd y *musical* yma. Gyda llaw, rydw i wedi bod yn ceisio meddwl am air Cymraeg am *musical*, ond does dim byd o werth wedi dod i fy meddwl. "Chwaraegerdd" efallai—mae "chwarae" yn golygu "drama" hefyd—neu "drama-gerdd"—dau air fel yna.'

'Hmm,' meddai Aled, 'mae'n well gen i "drama-gerdd" na "chwaraegerdd". Na! Mae drama-gerdd yn drwm iawn, ond fe fydd y miwsig yn y *musical* yn ysgafn. Mae "chwarae" yn fwy ysgafn. Felly, fe ddewiswn ni "chwaraegerdd". Diolch, Dad.'

'Croeso. Ond beth roeddwn i'n mynd i'w ddweud oedd hyn. Yn Gymraeg bydd y *musical*, y chwaraegerdd yma. Wyt ti wedi sylweddoli bod neb bron yn y pentref yma'n siarad Cymraeg erbyn hyn? Neb bron, dim ond ambell deulu fel ni sy wedi mynnu cadw'r Gymraeg . . . a theulu Mathias y rheolwr. Cymraeg fydd e'n siarad â fi bob amser ac fe gaiff e ryw "Ie" neu "Nage" gen i. Ac fe wn i mai Cymraeg ydy iaith ei gartref.'

'Mae Marged yn siarad Cymraeg perffaith; mae'n bleser ei chlywed hi.'

'Wel, i ddod yn ôl at y pwynt sy gen i mai pobl ddi-Gymraeg ydy pobl y pentref yma erbyn hyn. Ond rydw i'n credu bod gan rai ohonyn nhw, beth bynnag, ddiddordeb yn y Gymraeg. Mae sôn bod ar rai ohonyn nhw eisiau ysgol Gymraeg yng ngwaelod y cwm yma. Dydy e ddim mwy na rhyw sibrwd ar hyn o bryd.'

'Dyna dda, Dad, fod pobl yn meddwl fel hyn. Dydy'r lle ddim wedi marw eto, felly; newydd da yn wir, Dad. Fe fydd cael chwaraegerdd Gymraeg . . . cael côr Cymraeg yn help mawr i'r achos . . . achos yr ysgol Gymraeg, rydw i'n feddwl. Fe fyddan nhw'n gweld mwy o bwrpas mewn gwybod a deall Cymraeg. Fe fydd yn ardderchog o beth.'

'Rwyt ti'n dweud y gwir, Aled. Ond cofia, fyddan nhw'n deall dim o'r penillion.'

'Fydd hynny ddim yn drwbwl o gwbl. Fe fydd pob practis i'r côr, pan fyddwn ni wedi ei ffurfio, yn ddosbarth Cymraeg hefyd.'

'Sut wyt ti'n feddwl?'

'Fel hyn; fe fydd rhaid egluro ystyr y penillion a'r caneuon gwerin i'r côr, er mwyn iddyn nhw wybod am beth maen nhw'n canu. Felly, fe fydd rhaid cyfieithu er mwyn iddyn nhw wybod yr ystyr. Ac ymhellach, Dad, fe fyddan nhw'n dysgu'r penillion ar eu cof, ac fe fydd stoc o'r pethau hyfryd sy yn y penillion ganddyn nhw wedyn. Fe fyddan nhw'n canu'r hen ganeuon ac ati o gwmpas eu tai ac wrth eu gwaith.'

'Rwyt ti'n optimistaidd iawn, Aled.'

'Wel, fel wn i y byddan nhw'n llawer mwy brwd dros gael ysgol Gymraeg i'r ardal, rydw i'n siŵr. Mae'r sôn yma am gychwyn ysgol Gymraeg wedi codi 'nghalon, mae rhaid i fi ddweud. Y newyddion gorau glywais i ers llawer dydd.'

Roedd cwestiwn arall gan ei dad.

'Wyt ti'n meddwl y cei di ddigon o benillion ac alawon gwerin yn yr *Hen Benillion* ac yn y llyfrau caneuon sy gen ti? Penillion ac ati i ateb dy bwrpas—penillion addas. Fe wn i fod cannoedd yn llyfr Syr Thomas, ond efallai y bydd hi'n anodd cael rhai i glymu'r chwaraegerdd wrth ei gilydd yn dwt ac yn daclus.'

'Wel, Dad, os bydda i'n brin o benillion addas, fe wn i lle i ddod. Rydw i wedi dewis nifer mawr yn barod, ond hyd y gwela i nawr, fydd dim siarad yn y chwaraegerdd o gwbl, dim ond canu, ac efallai bydd hi'n anodd cael penillion i glymu'r peth, fel rydych chi'n dweud, yn dwt a thaclus wrth ei gilydd.'

'Ble byddi di'n mynd am y penillion yma?'

'Dyna gwestiwn twp, Dad. Atoch chi, siŵr iawn.'

Roedd ateb Aled yn amlwg yn plesio'i dad yn fawr. Roedd e'n gobeithio'n fawr gweld syniad ei fab yn dwyn ffrwyth. Fe fyddai fe'n barod i wneud unrhyw beth i helpu'r achos ymlaen . . . unrhyw beth, hyd yn oed bod yn ffrindiau â'r ferch yna, Marged. Yn ddigon sicr, byddai fe'n ei gweld hi'n aml o gwmpas y tŷ achos bod y ddau ifanc yn mynd i gyd-weithio.

Roedd rhaid i Aled ddweud wrth Marged am y syniad newydd o greu *musical*—chwaraegerdd—gan ddefnyddio hen benillion ac alawon a chaneuon gwerin. Fe aeth i siarad â hi ar y ffôn. Roedd hi ar ben ei digon.

'O, Aled! Ti sy yna! Hyfryd dy glywed di. Mae clywed dy lais di'n ddigon i godi fy nghalon—calon y lleian yn ei chwfaint. Dyna lle rydw i, a dydw i ddim yn hoffi'r cwfaint o gwbl, er ei bod hi'n ddigon cysurus yn Nhŷ'r Dderwen. O, Aled, dwêd rywbeth neis wrtho i. Dydw i ddim wedi dy weld ti er . . . er dydd Mercher, wel, bore dydd Iau, ac roedd hi'n braf ar ben y mynydd. Ein noson ni oedd honna, Aled. A nawr mae hi'n ddydd Sadwrn. Dwêd rywbeth neis wrtho i.'

'Marged, Marged, rwyt ti'n annwyl.'

'Diolch, Aled. Dyna ti wedi dweud rhywbeth neis iawn. Pryd ca i dy weld ti?'

'Pryd mynni di, achos mae gen i rywbeth pwysig i'w ddweud wrthot ti . . . rhywbeth am ein hopera ni . . . na, am ein chwaraegerdd ni. Mae Dad wedi cynnig ''chwaraegerdd'' fel enw ar ein math ni o opera . . . yn lle'r gair Saesneg, *musical*.'

'Gair da iawn hefyd. Rydw i'n hoffi chwaraegerdd.'

'Ac mae gen i rywbeth i'w ddweud am ein côr ni,' meddai Aled.

'Wel, dyna ti wedi dweud rhywbeth neis eto . . . ''ein math ni o opera'' a ''ein côr ni''. Rydw i'n falch yn fy nghalon mai rhywbeth rhyngon ni'n dau ydy'r . . . ym . . . chwaraegerdd a'r côr . . . fy mod i'n rhan o'r holl fusnes.'

'Rhan bwysig . . . pwysig iawn, Marged.'

'Ardderchog! Ac mae gen i rywbeth pwysig i'w ddweud wrthot ti am . . . ein côr ni. Ie, ein côr ni,' meddai Marged gan chwerthin, 'a dydyn ni ddim wedi ffurfio ein côr ni eto, ond fe ddaw.'

'Beth sy gen ti i'w ddweud am ein côr ni, Marged?'

'Wel, beth sy gen ti i'w ddweud yn gyntaf? Na, paid â'i ddweud e nawr. Beth am fynd am dro i fyny'r mynydd? Ddoi di, Aled? Ac fe alla i gydio yn dy law di . . . rydw i wedi addo hynny i fi fy hunan. Ac fe allwn ni siarad a siarad a siarad.'

'Y prynhawn yma, Marged. Fe gei di ddod allan o dy gwfaint ac anadlu'r awyr iach unwaith eto.'

'Fe fydda i ar ben fy nigon. Fe fydda i ar y lawnt ffrynt yn dy ddisgwyl di . . . am ddau o'r gloch?'

'Am ddau o'r gloch.'

Doedd William Rowland ddim yn mynd i'w waith yn y pwll glo ar ddydd Sadwrn, ac felly doedd dim rhaid aros tan hanner awr wedi tri am y cinio go iawn. Na, roedd cinio i'w gael yn rhif dau Lôn y Bryn toc wedi canol dydd ar ddydd Sadwrn. Ac ymhell cyn dau o'r gloch roedd y cinio wedi ei glirio a'r llestri ac ati wedi eu rhoi i'w cadw. Ac ymhell cyn dau roedd Aled yn barod i gychwyn am Dŷ'r Dderwen. Roedd hi'n ddiwrnod braf eto, ac Aled yn edrych ymlaen at gerdded y mynydd unwaith eto. Fyddai Marged ar y lawnt yn brydlon? Byddai, roedd e'n siŵr. Fe fyddai'n cymryd tua phum munud i gerdded o Lôn y Bryn i Dŷ'r Dderwen, ac felly, yn union am bum munud i ddau, dyma Aled yn cychwyn o'r tŷ. Roedd ei lygaid wedi bod ar ei wats bob hanner munud er hanner awr wedi un.

Doedd Marged ddim ar y lawnt. Na, roedd hi wrth y glwyd yn ei ddisgwyl. Roedd hi'n gwisgo ffrog fach ysgafn eto, ac roedd hi'n wên i gyd a'r twll yn ei boch yn mynd a dod. 'Mae hi'n gariad i gyd,' meddyliodd Aled wrth ei gweld hi. A dyma nhw'n cychwyn am y mynydd heb ddim mwy na 'Helô' siriol rhyngddyn nhw. Ond cyn gynted ag roedden nhw allan o olwg y tai, dyma Marged yn cydio yn llaw Aled a'i gwasgu.

'Mae'n dda dy weld ti, Aled. Hen le diflas ydy cwfaint ac mae'n dda bod allan ohono.'

'Mae'n dda dy weld ti hefyd, Marged. Ga i ddweud rhyw- beth neis wrthot ti?'

'Cei; O, cei, Aled.'

'Rwyt ti'n bictiwr yn y ffrog fach bert yna.'

'O, Aled, rwyt ti'n gwybod sut i blesio merch. Sawl gwaith rwyt ti wedi dweud hynny wrth ferch . . . ei bod hi'n bictiwr?'

Edrychodd Aled arni hi wrth ei ochr, a bwrw'n ôl yn ei feddwl. Na, doedd e ddim wedi dweud hynny wrth unrhyw ferch.

'Na, dydw i ddim wedi dweud hynny wrth neb.'

'Ddim hyd yn oed wrth . . . Catrin?'

Ceisiodd Aled fwrw'n ôl yn ei feddwl unwaith eto. Doedd dim cof ganddo ei fod e wedi ei gweld hi mewn ffrog—wel, ffrog haf—dim ond jîns neu sgert byddai hi'n eu gwisgo, os oedd e'n cofio'n iawn. Doedd e ddim erioed wedi meddwl am ei dillad.

'Naddo . . . naddo . . . Wel, does dim cof gen i fy mod.'

'Does dim ots, Aled,' ac yna chwerthin. 'Wel, oes mae ots . . . oes, mae ots. Ond beth am dy newyddion di? Na! Paid â'u dweud nhw nawr. Fe awn ni i eistedd ar ein llidiart ni, Aled . . . llidiart y mudandod mwyn a'r llonyddwch mawr. O, rydw i'n cofio, Aled. Cofio . . . cofio . . .' ac fe wasgodd hi ei law yn gynnes at ei bron.

Fe gyrhaeddon nhw'r llidiart, ac fe aeth Marged i eistedd arno tra pwysai Aled arno yn glòs wrth Marged rhag ofn iddi hi syrthio'n ôl ar wastad ei chefn yr ochr arall i'r llidiart.

'Fe alla i edrych i lawr arnat ti o'r fan yma, Aled, a gweld y tonnau yn dy wallt.' Tynnodd hi ei llaw yn dyner dros ei wallt. 'Rwyt ti'n hardd iawn, Aled . . . wel, i fi rwyt ti'n hardd. Wyt ti'n gwybod hynny?'

Gwenu wnaeth Aled a dweud,—

'Dy newyddion pwysig di, Marged.'

'Na, dy newyddion di, Aled.'

'O'r gorau, Marged. Ti sy'n ennill.'

'Gobeithio.'

'Gobeithio? Gobeithio beth?'

''S dim ots mawr,' ac roedd hi'n gwybod yn iawn am beth roedd hi'n gobeithio—gobeithio ennill Aled iddi hi ei hun.

'Ymlaen â'r newyddion.'

'Dyma fe yn blwmp ac yn blaen i ti. Dydw i ddim am . . .
dydyn ni ddim am ysgrifennu'r chwaraegerdd yma.'

Roedd siom yn amlwg ar ei hwyneb.

'Dydyn ni ddim . . . ddim am ysgrifennu'r chwaraegerdd
wedi'r cwbl? O, rydw i'n siomedig, a finnau wedi bod yn
siarad â Mam a Tada. Fe fyddan nhw'n siomedig hefyd.'

Chwerthodd Aled.

'Does dim rhaid i ti fod yn siomedig, na dy fam na dy dad.
Fydd dim rhaid i ni ysgrifennu chwaraegerdd o gwbl. Rydw i
. . . rydyn ni'n mynd i'w gweithio hi o gwmpas hen benillion
a hen ganeuon gwerin ac ati. Y cyfan bydd rhaid i ni ei wneud
fydd clymu'r penillion ac ati'n dwt ac yn daclus wrth ei gilydd.
Fydd dim eisiau ysgrifennu sgript fel roedden ni wedi
meddwl.'

'O, Aled, fe alla i anadlu unwaith eto. Roeddwn i ar bigau'r
drain . . . yn meddwl bod ein cydweithio'n dod i ben.' Gwas-
godd hi ei law oedd yn pwyso ar y llidiart. Yn sydyn daeth
dau ddyn a milgi rownd y tro yn y ffordd. Gollyngodd hi'r
llaw yn syth. Ar ôl iddyn nhw fynd heibio, meddai hi,—

'Rhaid i fi beidio â dal dy law i bawb fy ngweld, neu fe
fyddan nhw'n dweud ar unwaith ein bod ni'n caru. A dydyn
ni ddim . . . yn caru nawr, ydyn ni, Aled?'

Edrychodd Aled i'w hwyneb prydferth. Roedd e'n siŵr ei
fod e'n gweld poen yn y llygaid, ac fe deimlai yntau fel pe bai
ei wddw'n cau. Fe droiodd hi'n ôl i edrych ar y dynion.
Roedden nhw wedi troi hefyd, ac roedd gwên fawr ar
wynebau'r ddau.

'Ach-y-fi!' meddai Marged. 'Fe fydd pawb trwy'r pentref
yn dweud ein bod ni'n caru cyn diwedd y dydd.' Fe hoffai hi
stwffio'i thafod allan ar y ddau ddyn, ond wnaeth hi ddim.
'Ond does dim ots, oes e, Aled?'

'Dim ots o gwbl. Paid â chymryd sylw ohonyn nhw, na neb
arall.'

'Dwêd ragor am y caneuon gwerin ac ati, Aled.'

'Wel, rydw i wedi bod yn brysur y dyddiau diwethaf yma
yn chwilio drwy lyfr Hen Benillion Syr Thomas Parry-

Williams, a thrwy lyfrau o ganeuon gwerin, ac rydw i wedi
dod ar draws llawer iawn fydd yn addas i'n pwrpas ni. Y
cyfan bydd rhaid i ni wneud ydy eu clymu nhw'n dwt a
thaclus wrth ei gilydd, ac os bydd eisiau unrhyw benillion
eraill, fe ga i nhw gan fy nhad.'

'Dy dad? Ydy dy dad yn fardd, te?'

'Bardd? Fe ddyweda i ei fod e! Dyna ddiléit mawr ei fywyd
e—barddoniaeth . . . a'i ardd a'i lotment wrth gwrs.'

'Fydd e'n cystadlu ac ennill cadeiriau a phethau?'

'O, mae e wedi ennill nifer o gadeiriau yn ei ddydd.'

'Wel, da iawn . . . ardderchog! Digon hawdd gweld ble cest
ti dy ddiléit mewn barddoniaeth; gan dy dad. Wna i byth
d'anghofio di'n dweud y llinellau yna o soned Syr Thomas.
Rydw i wedi dysgu'r soned fy hunan nawr . . . yn y cwfaint,
Aled.'

Gwenodd hi i lawr ar Aled o'i sedd ar y llidiart.

'Gwych, Marged, gwych. Ie, gan fy nhad ces i'r diléit. Ac
fel roeddwn i'n dweud, rydw i wedi dod ar draws llawer o
benillion fydd yn ateb ein pwrpas ni. Fe alla i ddychmygu
Ann druan—Ann Thomas, y ferch o Gefn Ydfa, wyddost ti—
yn canu'r penillion am hiraeth.'

'Penillion hiraeth? Ydyn nhw ar dy gof di, Aled? Rydw i'n
gwybod beth ydy hiraeth erbyn hyn.'

'Ydyn, maen nhw ar fy nghof, ac maen nhw'n cael eu canu
ar alaw syml ond hyfryd iawn.'

'Rwyt ti'n gwybod yr alaw hefyd?'

'Ydw.'

'Cana'r penillion i fi nawr, Aled. Ddim yn rhy uchel i'r
dynion yna glywed, os ydyn nhw'n gwrando yn rhywle,' ac
fe droiodd hi i weld a oedd rhywun yn y cae y tu ôl iddi hi.
'Does neb o gwmpas. Cana, Aled . . . fel sibrwd wrtho i.'

Ac fe ganodd Aled . . . fel sibrwd.

'D'wedwch, fawrion o wybodaeth,
O ba beth y gwnaethpwyd hiraeth,
A pha ddefnydd a roed ynddo
Na ddarfyddai wrth ei wisgo.

Derfydd aur a derfydd arian,
Derfydd melfed, derfydd sidan;
Derfydd pob dilledyn helaeth,
Eto, er hyn, ni dderfydd hiraeth.

Hiraeth, hiraeth, cerdd oddi yma;
Paid â phwyso gormod arna';
Y mae wedi cymryd tyddyn
Yn fy mrest ers llawer blwyddyn.

Hiraeth mawr, a hiraeth creulon,
Hiraeth sydd yn torri 'nghalon.
Pan fwyf dryma'r nos yn cysgu,
Fe ddaw hiraeth ac a'm deffry.

Fe gwn yr haul; fe gwn y lleuad;
Fe gwn y môr yn donnau irad;
Fe gwn y gwynt yn uchel ddigon;
Ni chwn yr hiraeth byth o'm calon.'

Erbyn i Aled orffen, roedd Marged wedi ailgydio yn ei law; doedd hi'n poeni dim nawr pwy fyddai yn ei gweld.

'Aled . . . Aled! Fe fydda i'n marw o hiraeth ryw ddydd . . . ryw ddydd.' Dododd ei dwy law yn dyner ar ei wyneb.

'Byddaf . . . byddaf . . . rydw i'n gwybod yn iawn.'

'Paid . . . Paid â siarad fel yna,' ac fe deimlai yntau fel pe bai ei fol e'n clymu, clymu o'i fewn. Roedd arno fe eisiau ei chymryd hi yn ei freichiau a'i hanwylo. Cymerodd ei dwy law hi yn ei ddwylo yntau a theimlo fel pe bai eu dwy galon yn curo mewn cytgord. Arhosodd y ddau ifanc felly yn edrych i wynebau ei gilydd am funud hir, ac arnyn nhw

ofn dweud gair. Fe wyddai Marged yn iawn beth roedd arni
hi eisiau ei ddweud, a beth roedd arni hi eisiau ei glywed.
Ond dyna rywun yn chwerthin heb fod ymhell iawn i ffwrdd
ac fe dorrwyd yr hud. Ysgydwodd Aled ei ben fel dyn yn
deffro o'i gwsg.

'Wel . . . ym . . . dydy'r dynion yna ddim ymhell iawn i
ffwrdd, Marged, ond wnawn ni ddim poeni amdanyn nhw
nawr.'

'Na wnawn,' atebodd Marged a rhyw nodyn trist yn ei llais
ac fe aeth hi ymlaen yn gwbl ddi-hwyl. 'Pa ganeuon eraill
rwyt ti wedi'u dewis? Dim byd fel y gân hiraeth yna, neu fe
fydda i'n wylo dros y lle i gyd.'

'Mae yna un gân sy'n apelio'n fawr ata i, ac fe allwn ni greu
golygfa hyfryd . . . a digri hefyd mewn ffordd . . . o'i chwmpas
hi.'

'Digri? Beth ydy'r gân? Mae eisiau rhywbeth i godi tipyn ar
fy nghalon i.'

' "Titrwm, tatrwm." '

' "Titrwm, tatrwm?" ' A dyma Marged yn dechrau
canu—yn felys, isel.

> 'Titrwm, tatrwm, Gwen lliw'r ŵyn,
> Lliw'r meillion mwyn rwy'n curo.
> Mae'r gwynt yn oer oddi ar y llyn;
> O, flodyn y dyffryn, deffro . . .'

Torrodd Aled ar ei thraws.

'Aros, Marged, nid dyna'r geiriau iawn.'

'Dyna'r geiriau yn y llyfr. Dyna'r geiriau ddysgais i.'

'Maen nhw wedi cael eu newid. Roedd ffrind i fi yn y coleg
wedi bod yn astudio rhai o'r hen ganeuon, ac fe eglurodd e i
fi beth oedd yr hen gân "Titrwm, tatrwm".'

'O?'

'Dyma'r geiriau iawn, Marged,' ac fe ganodd,—

'Titrwm, tatrwm, Gwen lliw'r wy,
Ni alla' i'n hwy mo'r curo.
Mae'r gwynt yn oer oddi ar y llyn;
Lliw blodau'r dyffryn deffro.
Chwyth y tân i gynnau toc—
Mae hi'n ddrycinog heno.'

'Does dim llawer o wahaniaeth, Aled.'
'Ond mae'n wahaniaeth pwysig. Gwrando nawr, fe eglur-
odd y ffrind yma'r gân i fi. Hen gân arbennig ydy hi. Wyt ti'n
gwybod beth ydy cân streicio neu gân gnocio?'
'Does gen i ddim syniad.'
'Wel, dyma beth ydy cân streicio—cân streicio yn y Gogledd,
cân gnocio yn y De. Gwrando nawr. Yn yr hen amser wyt ti'n
gwybod ble roedd parau ifanc yn caru?'
'Yn y rhedyn, efallai, ar ben y mynydd yn y mudandod
mwyn,' atebodd Marged gan chwerthin a dangos y twll yn ei
boch.
'Efallai eu bod nhw'n caru yn y rhedyn pan oedd y tywydd
yn braf. Ond yn y gaeaf, yn arbennig pan oedd y tywydd yn
ddrwg, roedden nhw—y parau ifanc—yn caru yn y gwely . . .
wel, *ar* y gwely i fod yn nes at y gwir.'
'Caru yn y gwely, neu ar y gwely . . . cyn priodi?'
'Cyn priodi, Marged.'
'Wel, wel . . . twt, twt . . . a diar mi! Rwyt ti'n fy synnu,
Aled. Os clywais i'r fath beth erioed! Caru *yn* neu *ar* y gwely!
Twt, twt!' Smalio roedd Marged wrth gwrs. 'Mae'n siŵr ei
bod hi'n gynnes yn y gwely.'
'Cynhesach na charu mewn sgubor neu ryw hen gwtsh yn
yr hen amser. Beth oedd yn digwydd oedd hyn. Dywedwch
fod llanc ifanc—gwas fferm yn fwy na thebyg—yn syrthio
mewn cariad â merch ar ôl ei gweld hi mewn ffair neu rywle.
Ac fe fyddai hi, yn fwy na thebyg, yn forwyn ar fferm, efallai
filltiroedd i ffwrdd oddi wrth fferm y llanc. Byddai'r llanc yn
cerdded y milltiroedd yma yn y nos, ac yn aros y tu allan i'r
fferm lle roedd y ferch yn forwyn. Fe fyddai fe'n aros ac yn

aros nes byddai pob golau ar y fferm yn diffodd. Ond os oedd y llanc ddim yn gwybod pa un oedd ystafell ei gariad, fe fyddai hi'n gadael cannwyll yn olau yn y ffenestr. Ac i ddangos ei fod e yno'n disgwyl amdani hi, fe fyddai fe'n taflu cerrig mân at y ffenestr. Dyna beth ydy'r geiriau ''Titrwm, tatrwm''—swˆn y cerrig mân yn taro ar y ffenestr.'

'Wel, wyddwn i mo hynny.'

'Fe wyddost ti nawr. Byddai'r ferch yn clywed swˆn y cerrig mân—os oedd hi ddim wedi mynd i gysgu; druan ohono fe'r llanc os oedd hi wedi mynd i gysgu—ac fe fyddai hi'n agor y ffenestr. Ac os oedd hi'n bosibl wedyn, gyda help ysgol o'r sgubor neu rywle, fe fyddai'r llanc yn dringo i mewn i ystafell y ferch, a dyna lle bydden nhw wedyn yn caru ar y gwely . . . neu efallai yn y gwely.'

'O, Aled, dyna dda! Pryd wyt ti'n dod i daflu cerrig mân at fy ffenestr i? Fe fydda i'n siwˆr o'i hagor hi i ti . . . a charu wedyn.'

'Hmmm . . . Dydy lleianod ddim yn caru ar y gwely nac, yn ddigon siwˆr, yn y gwely.'

'Dydy lleianod ddim yn caru o gwbl, fel mae gwaetha'r modd. Mae hi'n anodd bod yn lleian, Aled. Yma, ar ben y mynydd, ac wrth y llidiart yma hefyd. Does gen ti ddim syniad pa mor anodd ydy hi . . . bod yn lleian.'

'Dydw i ddim yn lleian, Marged.'

'Nac yn fynach chwaith. Mae gen ti gariad. Ond cer ymlaen, Aled. Wna hi mo'r tro i ni siarad fel hyn. Dwêd nawr, beth fyddai'n digwydd os nad oedd ysgol yn y sgubor neu ar iard y fferm i'r llanc ddringo i mewn i ystafell y forwyn fach?'

'Wel, fe fyddai hi'r ferch yn dod i lawr y grisiau yn dawel, dawel ac yn agor y drws iddo fe fynd i mewn i'r tˆy. A dyna lle byddai, efallai, dân mawr, braf yn llosgi yn y grât, a phryd o fwyd blasus ar y ford yn barod i'r llanc.'

'Siwˆr ei fod e'n falch o weld y tân ar ôl bod yn aros am oriau yn y gwynt oer oddi ar y llyn. Ac ar ôl cael llond bol o fwyd a chynhesu o flaen y tân, fe fyddai fe a'i gariad yn caru wrth y tân?'

'Ar y soffa wrth y tân, ond yn fwy na thebyg, lan y llofft bydden nhw'n mynd i ystafell y ferch.'

'Ond, Aled bach . . . aros funud. Mae fy mhen-ôl i'n brifo wrth eistedd ar y llidiart yma. Helpa fi i lawr i bwyso ar y llidiart gyda thi . . . Dyna fe, Mistar-Dwylo-Cryf . . . Wps!' Ac fe helpodd Aled hi i lawr, er bod dim llawer o eisiau help arni hi, ond roedd hi'n braf cael ei ddwylo fe amdani hi.

'Dyna ni, Aled. Diolch i ti am dy help. Roeddwn i'n mynd i ofyn oedd y ffermwyr a'r rhieni'n gwybod am hyn . . yn gwybod bod llanc ifanc yn y gwely, neu ar y gwely gyda'r forwyn?'

'Wel, oedden. Fe fuon nhw'n gwneud yr un peth yn union pan oedden nhw'n ifanc. Roedden nhw'n ddigon bodlon i'r caru yma fynd ymlaen. Weithiau roedd gweision a morynion yn gwrthod mynd i weithio ar fferm os oedd y ffermwyr yn erbyn caru ar y gwely.'

'Ond oedd . . . oedd rhywbeth yn digwydd i'r ferch weithiau . . . rwyt ti'n deall . . . oedd y ferch yn cael plentyn?'

'Wel, mae'n siŵr bod ambell ferch yn cael plentyn. Mae hynny'n digwydd, caru ar y gwely neu mewn unrhyw le arall. Wyt ti'n gwybod, Marged, weithiau roedd y ferch yn mynd â phin mawr llym gyda hi i'r gwely.'

'Pin llym? Pam . . . Does dim rhaid i ti ateb, Aled. Fe wn i. I sticio ym mhen-ôl y llanc os oedd e'n mynd yn rhy bell . . . yn mynd dros ben llestri,' ac roedd chwerthin mawr rhwng y ddau.

'Un cwestiwn bach arall, Aled . . . yn swil iawn rydw i'n gofyn . . . hm . . . oedden nhw'n tynnu eu dillad i garu fel yna?'

'Jiw! Jiw! Nac oedden . . . wel, hyd y gwn i.'

'Ond pryd oedd hyn yn digwydd?'

'Roedd e'n mynd ymlaen yn ddiweddar yn y ganrif ddiwethaf, meddai'r ffrind yma yn y coleg wrtho i.'

'Wel, os byddi di'n teimlo ar dy galon ddod i daflu cerrig mân at fy ffenestr i, Aled, rydw i'n cysgu yn yr ystafell gefn sy'n wynebu'r mynydd. Ond i ddod yn ôl at "Titrwm,

tatrwm'', roeddet ti'n dweud rhywbeth am greu golygfa o
gwmpas y gân. Rydw i'n credu fy mod i'n gwybod beth sy
gen ti yn dy feddwl.'
  'Wyt, siŵr iawn. Wn i ddim a fuodd Wil Hopcyn, fuodd e'n
streicio neu'n cnocio y tu allan i ffenestr Ann, ond fe allwn ni
greu golygfa ohono fe y tu allan i'w thŷ yn canu ''Titrwm,
tatrwm'' . . .'
  'A hithau'n agor y ffenestr, a chael rhyw olygfa fel Romeo a
Juliet.'
  'Wel, ie, Marged. Syniad penigamp . . . Romeo a Juliet.'
  'Ac wedyn Wil Hopcyn yn dringo'r ysgol i mewn i ystafell
Ann . . . ond fyddai dim golygfa ohonyn nhw'n caru . . . hm
. . . rwyt ti'n gwybod ble.'
  'Na fyddai, Marged, ond fe allen ni ddangos Wil druan yn
cael ei gicio allan o'r tŷ gan ei rhieni hi.'
  'Druan ohono fe! Mae hi'n stori drist iawn, Aled. Rydw i'n
gobeithio na fydda i'n torri 'nghalon fel Ann Thomas. Ond
fe hoffwn i briodi ryw ddydd, Aled. Beth amdanat ti . . . a
Catrin?'
  'Rydw i ar y ddôl, Marged, heb swydd na dim, ac felly, alla i
ddim meddwl am briodi . . . hyd yn oed pe bawn i'n dymuno
priodi â Catrin. A dydw i ddim erioed wedi meddwl am
briodi â hi. Ffrindiau coleg oedden ni yn fwy na dim, cofia.'
  Roedd hynny'n newyddion da i Marged.
  'A gad i ni gerdded nawr, Marged, neu fe fyddwn ni wedi
sticio wrth y llidiart yma. Ac fe elli di ddweud dy newyddion
di wrth i ni fynd ymlaen.'
  'O'r gorau, Aled, os ca i gydio yn dy law di . . . Dyna fe . . .
llaw gref sy gen ti . . . llaw annwyl iawn . . . Wel, te, y newydd-
ion yma. Rydw i wedi trefnu lle bydd y côr . . . ein côr ni . . .
yn cwrdd i ymarfer.'
  'Wel, da iawn, Marged. Ble?'
  'Fe ddywedais i y byddai Tada'n barod i'n helpu ni. Rydw i
wedi dweud yr hanes i gyd wrtho fe am yr opera . . . wel, am y
musical, neu'r chwaraegerdd nawr . . . ac mae e'n frwd iawn
dros y syniad o gychwyn côr ac ati. Ac fe ddywedodd e y

gallen ni gael yr hen fandrŵm ar ben y pwll. Yn ôl fel rydw i'n
deall, yn yr hen amser ers llawer dydd, roedd band pres yn y
pentref. Band yn perthyn i'r pwll glo oedd e, ond fel popeth
arall yn y pentref yma, fe fuodd e farw. Roedd ystafell gan y
band ar ben y pwll—yn agos at y drysau mawr i iard y pwll, ac
felly doedd dim rhaid cerdded drwy'r mwd a'r glo mân i
fynd at yr ystafell yma. Mae'r ystafell yn segur er pan orffen-
nodd y band, ac fe ddywedodd Tada y gallen ni gael yr
ystafell yma ar ôl iddi hi gael ei pheintio a'i glanhau. Ac fe
fyddai fe'n dodi piano da ynddi hi, a fyddai dim rhaid i ni
dalu dim byd am gael defnyddio'r ystafell.'

'Ardderchog, Marged, ardderchog.'

'Fe fydd yr ystafell yn barod i ni erbyn mis Medi ac fe allwn
ni ddechrau o ddifri gyda'r côr bryd hynny. Dyna beth
ddywedodd Tada.'

'Wel, diolch i Tada, ddyweda i.'

'Diolch i Tada? Roeddet ti'n swnio fel pe baet ti'n frawd i fi
. . . Does arna i mo d'eisiau di fel brawd.'

'Fe hoffwn i fod yn frawd i ti.'

'Na, hoffet ti ddim . . . Ond rydyn ni'n siarad yn dwp nawr.
Peth arall ddywedodd Tada, byddai fe'n rhoi notis i fyny ar
ddrysau mawr y pwll i bawb ei weld—notis yn Gymraeg a
Saesneg—yn sôn am ffurfio côr yn y pentref i ddysgu opera
. . . wel, chwaraegerdd nawr.'

'Wel, diolch unwaith eto.'

'Fe allith Tada fod o help mawr i ni.'

'Mae e wedi bod o help mawr i ni yn barod, Marged fach.'

'Fe fydd e o help yn y dyfodol hefyd. Os bydd y dynion yn
gwybod ei fod e y tu ôl i'r côr, fe fyddan nhw'n fwy tebyg o
ddod i ganu yn y côr. Ac os bydd y dynion yn dod, fe fydd y
merched a'r gwragedd yn dod hefyd. Ac mae'n siŵr bod
digon o dalent o hyd yn y pentref yma.'

'Wel, wir i ti, Marged, rydw i bron â gobeithio na fydda i
ddim yn cael swydd am amser hir.'

'Rydw i'n gobeithio'r un peth. O leiaf, os byddi di'n cael
swydd, na fyddi di ymhell o Drefynach, er mwyn i ti ddod i

ofalu am y côr, ac i fi dy weld ti nawr ac yn y man. Pryd bydda i'n dy weld ti nesaf?'

'Pryd? Yn wir i ti, rydw i wedi colli cownt o'r dyddiau. Rydw i wedi bod wrthi'n galed yn chwilio am ganeuon ac ati.'

'Mae hi'n ddydd Sadwrn heddiw.'

'Wel ydy, dydd Sadwrn achos doedd Dad ddim yn y gwaith. Ac fe ddois i adref o'r coleg ddydd Mawrth . . .'

'Ac fe aethon ni i'r opera nos Fercher, a welais i monot ti ddydd Iau na dydd Gwener . . . a nawr mae hi'n ddydd Sadwrn.'

'Fe awn ni am dro nos yfory, Marged.'

'Ar ôl capel. Fe fydd Mam a fi'n mynd i'r capel ar nos Sul fel arfer.'

'Ar ôl y capel, felly, Marged.'

'I fyny'r mynydd yma?'

'Na. Wyt ti'n gweld y mynydd acw yr ochr arall i'r cwm? Fe awn ni i lawr i waelod y cwm a dringo'r mynydd yr ochr arall. Mae hi'n wâc hyfryd. Fe fydda i'n hoffi mynd am dro y ffordd yna. Dyna lle byddai 'Nhad yn mynd i farddoni. Barddoni fel roedd e'n mynd ymlaen linc-di-lonc.'

'Fe fydda i'n edrych ymlaen . . . linc-di-lonc a law yn llaw. Fe fydd yn hyfryd, Aled. Troi'n ôl nawr? Rho dy law i fi.'

'Troi'n ôl . . .'

12. 'A diolch am y glaw heddiw'

Pan gododd Aled o'i wely y bore wedyn, fe aeth e'n syth at y ffenestr ac agor y llenni. Fe gafodd e dipyn o sioc. Roedd y glaw yn arllwys y tu allan fel pe bai e byth yn mynd i stopio. Roedd y cymylau'n gorwedd yn isel ar y bryniau o gwmpas.

'Iech! Dydd Sul gwlyb! Does dim byd sy'n waeth na dydd Sul gwlyb. Ond efallai bydd Dad yn falch o weld y glaw yma ar ei ardd a'i lotment. Mae hi wedi bod yn ddigon sych drwy'r haf hyd yn hyn.'

Fe gofiodd ei fod e wedi trefnu i fynd am dro ar ôl y capel gyda Marged, ond doedd dim gobaith am hynny nawr achos roedd y cymylau wedi cau o gwmpas y cwm a'r bryniau. 'Damnio!' meddai Aled wrtho'i hunan. 'Ac roeddwn i eisiau mynd â hi am dro ar hyd yr hen ffordd gert yr ochr arall i'r cwm, a dweud tipyn o hanes y lle wrthi. O, wel, fydd dim wâc na mynd am dro heno.'

Ac yn sydyn fe ddaeth y breuddwyd, oedd wedi bod yn ei boeni fe yn ystod y nos, yn ôl i'w feddwl. Roedd e'n cerdded ar hyd yr hen ffordd gert, ac un funud roedd e'n mynd linc-di-lonc a law yn llaw gyda Marged, a'r funud nesaf Catrin oedd yn cydio yn ei law. Roedd Marged yn gwisgo'r ffrog fach bert oedd amdani pan aethon nhw i weld yr opera; a Catrin yn gwisgo'i jîns a'i siwmper. Y peth mwyaf naturiol yn y byd oedd eu cymharu nhw—cymharu'r ddwy ferch. Roedd yn ddigon hawdd dweud pa un o'r ddwy oedd y bertaf, ac yna'n sydyn roedd y ddwy'n cerdded gyda fe. Fe aeth yn sgarmes rhwng y ddwy, a'r ddwy'n sgrechain nerth eu pennau. Ac yn sŵn y sgrechain, fe ddeffrodd Aled. Roedd e'n chwys i gyd fel ceffyl rasus.

'Wel, dyna freuddwyd twp,' meddai Aled wrtho'i hunan wrth edrych ar yr olygfa ddiflas y tu allan. 'Beth fyddai'r brawd Freud yn ei ddweud am hwnna, tybed? Fyddai'r ddwy'n cael sgarmes pe baen nhw'n dod wyneb yn wyneb â'i gilydd? Gobeithio na ddôn nhw byth i wynebu ei gilydd,

yn enwedig os bydda i o gwmpas.' Ac fe wthiodd e'r breu-
ddwyd i gwtsh-dan-stâr ei feddwl lle roedd Catrin wedi bod
ers dyddiau. Ond fe fynnodd hi ddod allan am funud. Fe
gofiodd Aled ei fod e wedi dweud celwydd wrth Marged,
mai fe oedd wedi cael y syniad am ysgrifennu opera. 'Fy
syniad i oedd e,' meddai Catrin drwy ddrws ei chwtsh. 'Fe
fydd rhaid i fi ddweud y gwir wrth Marged . . . Marged,'
meddyliodd Aled, a'i lygaid o hyd ar y glaw y tu allan. A
dyna'r cof am y munudau hyfryd yng nghwmni Marged—yn
y rhedyn ac yn y car—yn ffrydio drwy ei feddwl, ac roedd
arno fe flys amdani hi. 'Uffach! Mae hi'n bert! Mae hi'n
hardd!' ac roedd e'n ôl wrth y llidiart a hud y nos laslwyn o'u
cwmpas nhw. 'Wel, fydd dim llidiart na lleuad heno os bydd
y glaw yma'n para, ac mae'n siŵr o wneud.' Fe hoffai ei
chlywed hi'n canu'r penillion 'Hiraeth', ac yntau'n canu
'Titrwm, tatrwm' y tu allan i'w ffenestr, a hithau'n ei hagor,
a charu brwd wedyn. Roedd ei fol yn dynn o'i fewn.
'Damnio!' meddai fe ac fe aeth i'r bathrŵm i ymolchi.

    Roedd e'n flin ei dymer drwy'r bore, ac 'Uffach!' meddai
fe lawer gwaith. Bu rhaid i'w dad a'i fam ddweud popeth
wrtho fe ddwywaith cyn iddo fe sylweddoli eu bod nhw'n
siarad â fe. Ac roedd y ffaith fod y glaw yn dal i arllwys i lawr
ddim yn help i godi ei ysbryd.

    'Beth sy'n bod ar y crwt?' meddyliodd y fam. 'Cael ei
dynnu rhwng y ddwy ferch yna mae e, synnwn i ddim.'
Mae'n siŵr ei bod hi'n ddigon agos i'w lle.

    Erbyn amser cinio roedd Aled wedi dod ato'i hun a'r breu-
ddwyd a'i flys am Marged wedi cilio tipyn, ac roedd Catrin
yn fud yn ei chwtsh. Roedd e wedi rhoi heibio pob gobaith
am fynd am dro gyda Marged, ac meddai fe wrtho'i hun,
'Thâl hi ddim i fi feddwl a meddwl amdani hi nac am neb
arall chwaith.'

    'Eisiau help gyda'r llestri yma?' gofynnodd Aled ar ôl
gorffen ei ginio . . . a'r pwdin reis, siŵr iawn, oedd ar y ford
bob amser cinio dydd Sul.

'Nac oes, fe ga i help dy dad,' atebodd y fam. 'Cer di i gael nap yn y parlwr. Mae golwg arnat ti fel pe baet ti heb gysgu neithiwr. Cer nawr.'

Fe aeth Aled, ond nid i gael nap.

'Mae eisiau un neu ddwy o ganeuon eto, ac wedyn fe fydd gen i ddigon. Ac am y gweddill i gloi'r peth wrth ei gilydd, fe a' i i ofyn i Dad. Nawrte, beth sy yn y llyfr yma?' Yn syth fe drawodd e ar gân fach ddigri. Roedd e'n gwybod y gân yn iawn, 'Lliw gwyn, rhosyn yr haf'. Roedd e wedi ei chanu hi gyda Catrin mewn noson lawen yn y coleg a thynnu'r lle i lawr. 'Sut galla i ddefnyddio hon yn y chwarae-gerdd, tybed?' Ac fe ddechreuodd feddwl, ac yna, 'Fe wn i. Mae stori Ann Thomas yn un drist iawn . . . Wel, mae pob opera bron yn drist, a'r arwr neu'r arwres, neu'r ddau'n marw neu'n cael eu lladd cyn y diwedd. Mae rhaid i ni gael rhywbeth ysgafn, rhywbeth digri yn ein hopera . . . chwarae-gerdd ni. Fe wna'r ddeuawd fach yma y tro yn iawn . . . Fe alla i wau hon i mewn i'r stori . . . wrth gwrs, wrth gwrs . . . cael dau blot i'r chwaraegerdd . . . un plot am Ann a Wil Hopcyn . . . y stori drist . . . a phlot arall am ddau gariad yn ffraeo ac yn sgarmesu o hyd, ond yn dod at ei gilydd yn y diwedd. Mae'n syniad ardderchog . . .'

A'r funud honno fe ganodd y ffôn.

'Pwy uffach . . .' a symudodd e ddim i ateb y ffôn yn y cyntedd. Fe allai ei dad neu ei fam fynd i ateb os nad oedden nhw wedi mynd i gysgu ar ôl golchi a sychu'r llestri cinio a'u rhoi nhw i'w cadw. Na, doedden nhw ddim wedi mynd i gysgu; wel, roedd un o'r ddau yn effro achos fe glywodd Aled y ffôn yn cael ei chodi o'i chawell a llais ei dad. Byr fuodd y sgwrs, achos fe ddododd William Rowland y ffôn i lawr bron ar unwaith a dod i mewn i'r parlwr.

'I ti mae e. Y ferch . . . Marged o Dŷ'r Dderwen.'

Roedd Aled ar ei draed ar unwaith. 'Diolch, Dad,' a brys-iodd i'r cyntedd.

'Marged, ti sy yna?'

'Ie, siŵr, ac mae'n dda gen i dy glywed di yn lle dy dad.'

'Beth ddywedodd e? Dim byd cas?'

'O, na, dim byd cas, dim ond, ''O, fe a' i i'w nôl e nawr''.'

'Paid â phoeni, Marged. Mae e'n dod rownd. Mae e'n dy alw di wrth dy enw nawr, yn lle ''Y ferch yna''. Piti am y glaw yma, Marged. Allwn ni ddim mynd am dro heno nawr.'

'Na allwn. Ond paid ti â phoeni. Rydw i wedi cael syniad.'

'Do? Un da?'

'Ardderchog; penigamp yn fy meddwl i. Fe fydd y glaw yma'n para drwy'r dydd nawr, ac felly, fy syniad i ydy i ti ddod yma i'n tŷ ni heno.'

'Ow!' Wyddai Aled ddim beth i'w ddweud. Mynd lan i Dŷ'r Dderwen a chwrdd â thad a mam Marged? Doedd e ddim erioed wedi eu gweld nhw heb sôn am gwrdd â nhw. Doedd dim syniad ganddo fe sut bobl oedden nhw. Ac roedd yr hen deimlad drwg yna gan ei dad tuag at Tada.

'Beth sy'n bod, Aled? Wyt ti wedi colli dy dafod?' daeth y llais hyfryd o'r pen arall.

'Wel . . . na . . . na . . . ond . . . ond . . .'

'Does dim ''ond'' i fod. Mae rhaid i ti ddod lan ac fe allwn ni fynd drwy rai o'r caneuon, y penillion hiraeth, er enghraifft, ac fe elli di ganu ''Titrwm, tatrwm'' . . . ond dydw i ddim yn meddwl y byddai Tada'n fodlon i ni fynd i garu ar y gwely. Fyddai gen i fy hun ddim byd yn erbyn hynny, er fy mod i'n lleian, a dyna'r gwir i ti . . . y gwir bob gair, Aled. Dere lan, y dyn annwyl.'

'Duw, mae hi'n gariad,' meddyliodd Aled. 'Duw a'm gwaredo! Ni allaf ddianc, a dydw i ddim eisiau dianc . . .' ac fe gafodd e syniad ei hunan.

'Clyw, Marged,' meddai fe. 'Mae gen i syniad hefyd. Beth am i ti ddod i lawr yma?'

'O, na! Fi ofynnodd i ti gyntaf. Rhaid i ti ddod lan yma.'

'Clyw eto, Marged. Mae fy syniad i yn well na dy syniad di.'

'Amhosibl! Ond dwêd beth sy yn dy feddwl di.'

'Hyn, Marged,' a gostwng ei lais rhag i neb arall ei glywed, ei dad na'i fam. 'Fe wyddost ti'n iawn fod gan fy nhad genfigen yn erbyn dy dad, a dydy e ddim yn gyfeillgar iawn tuag atat ti na dy fam—ond mae e'n gwella, tuag atat ti beth bynnag, achos, fel dywedais i, mae e'n fwy parod i sôn amdanat ti wrth dy enw. Wel, te, pe baet ti'n dod i lawr yma a gweithio dy hud a dy swyn arno fe, ac iddo fe weld merch mor annwyl wyt ti, mae'n bosibl y byddai fe'n newid ei diwn a dod yn hoff iawn ohonot ti. Fe fyddai hynny'n gam ar y ffordd iawn. Ac mae'n bosibl hefyd y byddai fe'n newid ei diwn tuag at dy dad hefyd. Beth bynnag, fe fydd yn gam ar y ffordd iawn, fel dywedais i.'

'Mae . . . Mae arna i ofn dy dad, Aled. Hen . . . ym . . . hen . . .' a stopiodd Marged ar ganol y frawddeg.

'Paid â stopio! Dwêd beth sy ar dy feddwl.'

'Fyddi di ddim yn ddig wrtho i?'

'Na fyddaf. Cer ymlaen! Paid ag ofni.'

'Wel . . . ym . . . hen ddyn sur iawn ydy William Rowland, meddai Tada.'

'Hen ddyn sur!' Chwerthin wnaeth Aled. 'Wel, rhyngot ti a fi, Marged, dydy e ddim yn hen, a dydy e ddim yn sur. Mae'n wir bod croen ei din e ar ei dalcen weithiau, ond yn ei galon mae e'n ddyn ffein iawn.'

'Croen ei din e ar ei dalcen? Chlywais i mo hwnna o'r blaen. Pwy sy'n dweud croen ei din e ar ei dalcen?'

'Mam sy pan fydd Dad ddim mewn hwyl dda. Ac rydw i'n credu bod rhywbeth ar ei feddwl e y dyddiau yma heblaw dy dad. Wn i ddim beth ydy e, ond roedd e mewn digon o hwyl gyda'r pwdin reis amser cinio. Dere lawr, cariad.'

' "Cariad" ddywedaist ti? Reit, fe ddo i lawr, ac rydw i'n gweld y pwynt ynglŷn â dy dad, ac fe ddo i i wynebu'r llew yn ei ffau.'

'Fe fydd y llew fel oen dan dy ddwylo di. Pryd byddi di'n dod? Ar ôl capel?'

'Fydda i ddim yn mynd i'r capel drwy'r holl law yma. Fe ddo i . . . tua saith o'r gloch?'

'Campus! Fe fydda i'n aros amdanat ti.'

Roedd Aled ar bigau'r drain drwy'r prynhawn wedyn.
Allai fe ddim eistedd yn hir i wneud dim, ac felly fe aeth i
wylio'r criced dydd Sul ar y teledu. 'Hy! Mae hi'n braf yn
Llundain, hyd yn oed os ydy hi'n arllwys yma.'

Roedd rhaid iddo fe ddweud wrth ei dad a'i fam fod
Marged yn dod i lawr i fynd drwy rai o'r caneuon.

'Hy!' meddai ei dad, ac nid 'Pŵ!' y tro hwn. Clirio'i frest
roedd e ac nid poeri!

Agor ei llygaid yn fawr wnaeth ei fam a gofyn, 'Fydd hi'n
aros i swper?'

'Swper? O, fe alla i ofyn iddi hi,' ac yn ei feddwl, 'Fe
fyddai'n beth da i'w chael hi, Marged, i eistedd wrth yr un
ford â 'Nhad.' Fe fyddai'n braf gweld ei dad yn meddalu dan
ei swyn hi. Roedd Aled yn siŵr mai dyna fyddai'n digwydd.

'Rho wybod ymlaen llaw os bydd hi'n dewis aros,'
meddai'i fam.

'Fe wna i,' atebodd Aled, ac yntau'n siŵr y byddai Marged
yn cael croeso gan ei fam. Fe fyddai hi'n cymryd at Marged
yn syth fel roedd ef ei hun wedi'i wneud. Ac am y tro cyntaf y
diwrnod hwnnw, roedd Aled yn falch ei bod hi'n bwrw glaw.
Yn un peth, fyddai ei dad ddim yn gallu dianc i'r ardd o'r
ffordd er mwyn peidio â chwrdd â Marged.

Rhai munudau cyn saith o'r gloch, fe ddaeth i feddwl Aled,
'Jawch! Fe ddylwn i fynd i gwrdd â Marged yn lle ei gadael hi
i gerdded i lawr yma ar ei phen ei hun . . . i wynebu'r llew yn
ei ffau. Fe a' i i gwrdd â hi.'

Gwisgodd ei gôt law ar frys a rhedeg allan i'r stryd a throi'r
gornel am Dŷ'r Dderwen. A dyna hi, Marged, yn dod, a
dyna'r tro cyntaf iddo fe ei gweld hi mewn côt law a'i phen
dan gysgod ambarél. Ond roedd yn ddigon hawdd adnabod
ei cherdded . . . cerdded ysgafn fel pluen eira ar yr awel.

'Aled, mae'n dda dy weld ti. Rwyt ti'n ŵr bonheddig yn
dod i gwrdd â fi fel hyn. Mae rhaid i fi ddweud bod tipyn o
ofn arna i.'

'Ofn y llew yn ei ffau? Dere, cariad, fe fydd croeso cynnes i ti yn ein tŷ ni.'

'Aros, Aled,' meddai Marged ac fe safodd hi ac edrych arno. 'Dyna'r ail dro i ti ddweud "cariad" wrtho i.'

'Rwyt ti'n gariad, on'd wyt ti?'

'Dwyt ti ddim yn dweud "Cariad" fel mae pobl y pentref yma'n dweud "*Love*" wrth ei gilydd bob tro maen nhw'n agor eu cegau?'

'Duw a'm gwaredo,' atebodd Aled ac fe gydiodd e yn ei braich i'w harwain hi at rif dau, Lôn y Bryn.

'Dyma ni. I mewn â ni,' ac fe agorodd e'r drws iddi hi. 'Nawrte, tynn dy gôt, ac fe gymera i d'ambarél.' Ac yn ei feddwl, 'Ydy hi'n gwisgo ffrog bert yr opera? Y . . . nac ydy. Blows wen â gwddw isel a sgert las golau. Perffaith! Hew, mae hi *yn* bictiwr,' ac roedd blys arno ddweud hynny wrthi hi unwaith eto.

'Dewch i gwrdd â 'Nhad a Mam yn gyntaf, ac wedyn, tipyn bach o ganu. Dewch, Marged,' ac fe arweiniodd e hi i'r ystafell fyw lle roedd ei dad a'i fam yn gwylio'r rwtsh arferol ar y teledu. Roedd popeth ar y teledu yn rwtsh i'w dad; dyna pam roedd llyfr yn ei law yr un pryd pan oedd e'n gwylio.

'Dyma Mam . . . a 'Nhad . . . a dyma Marged,' meddai Aled.

'Pleser cwrdd â chi'ch dau,' meddai Marged ac ysgwyd llaw yn galonnog â'r ddau.

'Mae'n dda gyda ni gwrdd â chi hefyd,' meddai'r tad a'r fam bron gyda'i gilydd. A'r fam yn meddwl, 'Mae hi'n ddigon o ryfeddod,' a'r tad, 'Wel, ydy, mae hi'n ferch hardd.'

'Dyna ni, te,' meddai Aled. 'Tipyn o ganu nawr. Dydyn ni ddim wedi clywed Marged yn canu eto. Mae ganddi hi lais godidog, a barnu wrth ei llais siarad, ac mae hi wedi bod yn y Coleg Cerdd hefyd.'

'Beth rydych chi am ganu?' gofynnodd y fam.

'Rhai o'r caneuon fydd yn ein chwaraegerdd,' atebodd Aled.

'Wel, gadewch ddrws y parlwr ar agor i ni gael eich clywed,' meddai'i fam, ac fe aeth a throi'r teledu i ffwrdd.

'Fe gaewn ni'r drws i ddechrau, Mam, achos rydw i eisiau trafod syniad newydd gyda Marged yn gyntaf. Popeth yn iawn?'

'Siŵr iawn,' a hithau'n meddwl, 'Tipyn o garu i ddechrau, synnwn i ddim.'

Na, nid tipyn o garu oedd i ddechrau ond tipyn o siarad. Meddai Aled yn syth wedi cau'r drws,—

'Clyw, Marged, rydw i wedi bod yn meddwl am Ann Thomas a Wil Hopcyn. Mae eu hanes nhw'n drist iawn, a diwedd trist sy i'r stori gydag Ann yn marw ac ati. Mae rhaid i ni weithio pethau ysgafn i mewn i'r stori hefyd, pethau digri i wneud i'r gynulleidfa chwerthin.'

'Rwyt ti'n iawn, Aled. Ond wyt ti'n meddwl y gallen ni eistedd i lawr yn rhywle. Mae'r setî yna'n edrych yn gysurus iawn.'

'O, mae'n ddrwg gen i. Ond rwyt ti'n gweld fel mae'r stwff yma ar fy meddwl. Dere i eistedd . . . Dyna ni.'

Eisteddodd y ddau, a Marged yn closio at Aled.

'Diolch, Aled. Ymlaen â thi.'

'Rhaid i ni gael dau blot yn y stori, un am Ann a Wil, a'r plot arall am ddau gariad arall sy'n ffraeo ac yn sgarmesu byth a beunydd, ond yn dod at ei gilydd yn hapus iawn yn y diwedd.'

'Iawn! Ardderchog! Oes gen ti ganeuon i siwtio'r syniad?'

'Mae gen i un beth bynnag,' atebodd Aled ac fe gododd a mynd at y piano. Roedd copi o'r gân yno'n barod. ' "Yr hen geg, dyna i ti'r gwir" bydda i'n ei galw hi.'

Trawodd gord neu ddau ar y piano ac fe ddaeth Marged ato a phwyso'i llaw ar ei ysgwydd.

'Ffwrdd â hi,' meddai Marged.

A dyma nhw'n dechrau canu. Stopiodd Aled ar ôl y pennill cyntaf. Dyma'r tro cyntaf erioed iddo fe ei chlywed hi'n canu . . . wel, yn canu go iawn.

'Marged, mae gen ti lais bendigedig.'

'Wel, oes, siŵr, a dydy dy denor di ddim yn ddrwg chwaith,' a chwerthodd y ddau'n hapus.

'O'r dechrau eto, Marged.'

A dyma nhw'n canu gyda hwyl a mwynhad.

> Aled   — 'Dydd da fo i ti, fy seren olau,
>   Lliw gwyn rhosyn yr haf.
>   Tydi yw'r gywrain ferch a gara' i,
>   Lliw gwyn rhosyn yr haf.'

> Marged — 'Wel, cau dy geg, yr hen oferddyn,
>   Y casaf erioed ar wyneb y tir.
>   Mi grogaf fy hun cyn dof i'th ganlyn,
>   Mewn gair, dyna i ti'r gwir.'

Roedd y fam wedi gadael drws yr ystafell fyw ar agor er mwyn clywed y canu, ac fe ddaeth y sŵn ati megis o bell achos bod drws y parlwr ar gau.

'William, maen nhw'n ffraeo yn y parlwr.'

'Paid â bod yn dwp. Canu'r hen gân yna maen nhw, ac maen nhw'n cael hwyl arni hefyd.'

> Aled   — 'Mae dy gusan di, f'anwylyd,
>   Lliw gwyn rhosyn yr haf,
>   'Run fath â diliau mêl bob munud,
>   Lliw gwyn rhosyn yr haf.'

> Marged — 'Ac felly, mae dy gusan dithau,
>   Y casa' erioed ar wyneb y tir,
>   Yn ail i gamameil i minnau,
>   Yr hen geg, dyna i ti'r gwir.'

Fe ddaeth sŵn chwerthin mawr i glustiau William ac Ann Rowland. Ac yna, ymlaen yr aeth Aled a Marged â'r gân.

Aled   — 'Os wyt ti'n mynd i'm troi i heibio,
            Lliw gwyn rhosyn yr haf.
            Wel, dyro dy gusan cyn ffarwelio,
            Lliw gwyn rhosyn yr haf.'

Marged—'Wel, waeth im ddweud y gwir na pheidio,
            Y mwynaf erioed ar wyneb y tir!
            Cest ddwy o'r blaen, cei bymtheg eto;
            Mewn gair, dyna i ti'r gwir.'

Ar ôl gorffen y canu, 'yr hen gân yna', a chwerthin yn hapus
am eu pennau eu hunain, meddai Aled,—
'Piti, Marged, ond nid ti a fi fydd yn canu honna yn y *musical*
. . . y chwaraegerdd. Ti fydd Ann Thomas, cofia.'
'Ac fe fydda i'n marw o dor-calon.'
'Dim ond ar noson y perfformiad. Dere nawr i ganu'r pen-
illion ''Hiraeth''. Fe fydd Ann yn canu hon. Mae copi gen i
fan yma os nad wyt ti'n gwybod y geiriau'n barod.'
'Fe fues i'n edrych arnyn nhw y prynhawn yma. Mae llyfr
Syr Thomas gan Tada. Ond dydw i ddim yn gwybod yr alaw.'
'Mae'r alaw fan yma. Mae hi'n alaw syml iawn . . . ac yn
syml iawn, iawn i ti sy wedi bod yn y Coleg Cerdd. O, ie,
rhaid i fi agor y drws er mwyn i Mam a 'Nhad dy glywed di.'
Ac fe ganodd Marged.

            'D'wedwch, fawrion o wybodaeth,
            O ba beth y gwnaethpwyd hiraeth,
            A pha ddefnydd a roed ynddo
            Na ddarfyddai wrth ei wisgo.

            Derfydd aur a derfydd arian;
            Derfydd melfed, derfydd sidan;
            Derfydd pob dilledyn helaeth,
            Eto, er hyn, ni dderfydd hiraeth.'

A'r tad a'r fam yn gwrando o'r ystafell fyw.
'Gwrando, William, on'd . . . on'd . . . ydy . . .'
'Ust, wraig!' Roedd e'n gwrando â'i lygaid ynghau.

'Hiraeth, hiraeth, cerdd oddi yma,
Paid â phwyso gormod arna'.
Y mae wedi cymryd tyddyn
Yn fy mrest ers llawer blwyddyn.

Hiraeth mawr a hiraeth creulon;
Hiraeth sydd yn torri 'nghalon.
Pan fwyf dryma'r nos yn cysgu,
Fe ddaw hiraeth ac a'm deffry.

Fe gwn yr haul, fe gwn y lleuad;
Fe gwn y môr yn donnau irad;
Fe gwn y gwynt yn uchel ddigon;
Ni chwn yr hiraeth byth o'm calon.'

Teimlai Aled ei dwy law yn gwasgu ar ei ysgwyddau.
Dododd ei ddwy law ef ar ei dwy law hi.
'Marged annwyl!' Roedd arno fe ofn edrych arni hi. Roedd
e'n siŵr bod dagrau yn ei llygaid.
Yn yr ystafell fyw, meddai'r tad,—
'Bendigedig!'
A'r fam,—
'Mae hi'n torri ei chalon, ac fe wn i pam.'
'Pam?'
'Paid â gofyn cwestiwn mor dwp. Mae hi mewn cariad ag
Aled.'
'Does bosibl!' meddai'r tad.

Roedd tawelwch mawr yn y parlwr am funudau, ac fe
hoffai'r fam wybod beth oedd yn digwydd yno. Fe aeth
Marged i eistedd yn ôl ar y setî a chuddio'i hwyneb yn ei

dwylo. Fe aeth Aled ati'n syth a rhoi ei fraich amdani a'i hanwylo.

'Na, paid, Aled,' meddai Marged. 'Rydw i wedi dod yma i ganu, ond mae'r gân yna, ti'n gwybod, mae hi'n mynd reit i waelod fy nghalon. Fe fydda i'n iawn mewn munud.' Cymerodd hances fach o boced ei sgert ac edrych ar Aled. Roedd dau ddeigryn mawr o dristwch yn ei llygaid.

'Marged annwyl!'

'Paid â dweud un gair mwy, Aled, neu fe fydda i'n wylo'r lle yma fel afon. Mae calon feddal gen i, wyddost ti,' ac fe sychodd hi'r dagrau. 'Dyna fe, fy machgen glân annwyl i, ti sy i ganu nawr, yn y llais tenor hyfryd yna sy gen ti. Wyddwn i ddim fod gen ti lais cystal. Dere 'mlaen nawr. ''Titrwm, tatrwm''. Gwrando, Aled. Fe wnawn ni actio hon. Fe safa i y tu cefn i'r setî fel pe bawn i yn ffenestr y llofft, ac rwyt ti wedi bod yn aros allan yn y nos yn y gwynt oer oddi ar y llyn, a dyma ti'n taflu'r cerrig mân at fy ffenestr. Ond paid â thaflu cerrig rhy fawr i fy mrifo i. Sa di fan yna, yr ochr arall i'r setî, a dyma fi y tu ôl i'r setî. Cana nawr.'

Ac fe ganodd Aled.

'Titrwm, tatrwm . . .' ('Dyna'r cerrig,' meddai Marged.)

Ac fe ddechreuodd Aled unwaith eto.

> 'Titrwm, tatrwm, Gwen lliw'r wy,
> Ni alla' i'n hwy mo'r curo.
> Mae'r gwynt yn oer oddi ar y llyn;
> Lliw blodau'r dyffryn, deffro.
> Chwyth y tân i gynnau toc—
> Mae hi'n ddrycinog heno.'

'Rydw i wedi deffro, Wil,' smaliodd Marged o'r tu ôl i'r setî. 'Rydw i'n dod i lawr i agor y drws i ti nawr. Mae Mam wedi cloi'r sgubor, a does dim ysgol i'w chael.'

Daeth Marged o'r tu ôl i'r setî, a mynd at Aled a'i breichiau'n agored.

'O, Wil, mae'n dda gen i dy weld ti,' smaliodd Marged.

'Wil?' meddai Aled.

'Wil, ie, y twpsyn. Wil Hopcyn wyt ti ac Ann Thomas ydw i. Dere 'nghariad, rho dy freichiau amdana i. Mae Mam wedi bod mor gas wrtho i, a rydw i wedi bod yn disgwyl, disgwyl amdanat ti. Cymer fi yn dy freichiau, a rho dy gusan i fi.'

Cymerodd Aled hi yn ei freichiau a'i chusanu'n hir, hir. Ac roedd y ddau'n gwybod y funud honno nad Ann Thomas a Wil Hopcyn oedd ym mreichiau ei gilydd.

'O, Marged . . . Marged . . . fy nghariad annwyl i. Rydw i'n dy garu di . . . dy garu di . . . fel fy mywyd fy hun.'

'O, Aled, rydw i'n dy garu di hefyd. Dal fi'n agos . . . agos . . . achos rydw i'n mynd i grio.'

Cododd ei phen i edrych yn wyneb ei chariad ac roedd ei llygaid yn llawn o ddagrau, ond nid dagrau tristwch oedd y rhain. Cusanodd Aled y dagrau yn dyner, dyner . . .

'Mae tawelwch mawr yn y parlwr yna,' meddai'r fam. 'Beth sy'n mynd ymlaen yno, tybed?'

'Cael sbel maen nhw, siŵr i ti,' atebodd y tad, 'neu'n dewis cân arall.'

'Ond dydw i ddim yn eu clywed nhw'n siarad.'

'Does dim rhaid iddyn nhw, oes e, wrth droi tudalennau? Dyna beth maen nhw'n ei wneud. Fe fyddan nhw'n canu eto yn y man.'

Fe fu rhagor o ganu, er mwyn y gynulleidfa yn yr ystafell fyw yn fwy na dim. Ond roedd Aled yn ei chael hi'n anodd i ganu'r piano a dal llaw Marged yr un pryd! Ac fe arhosodd Marged i swper ar ôl ffonio'i mam. Doedd hi, Mrs. Mathias, yn synnu dim. 'Siŵr bod y ddau yna wedi dod i ddeall ei gilydd,' meddai hi wrthi ei hun. Roedd hi wedi sylweddoli'n barod fod ei merch mewn cariad â'r bachgen yma roedd hi wedi cwrdd â fe dim ond ychydig ddyddiau yn ôl. Roedd rhaid iddi hi ei hun gwrdd â'r bachgen yma hefyd. Roedd e'n fachgen da yn ôl pob golwg, ac wedi ennill gradd uchel yn y brifysgol. Piti ei fod e ar y dôl. Roedd Marged wedi dweud ei hanes i gyd wrth ei mam.

Ac am William Rowland, roedd e wedi cymryd y ferch at ei galon yn syth—roedd ei chlywed hi'n canu mor fendigedig yn ddigon iddo fe. Fe aeth mor bell ag adrodd peth o'i fardd-oniaeth wrthi hi wrth y ford swper. A'r fam, wrth weld y ddau ifanc yn llygadu ei gilydd a'r sêr yn eu llygaid, roedd hi'n sylweddoli bod rhywbeth mawr wedi digwydd rhyng-ddyn nhw yn y tawelwch yn y parlwr. Ond meddwl mwy am Catrin wnaeth hi.

Roedd hi'n dywyll a'r glaw wedi peidio pan aeth Aled i hebrwng Marged adref i Dŷ'r Dderwen. Law yn llaw yr aethon nhw a sefyll yng nghysgod y glwyd. Agorodd hi ei chôt law i'w gymryd e at ei chalon.

'O, Aled, fy machgen glân annwyl i, rydw i'n dy garu di, fel dywedaist ti, fel fy mywyd fy hunan. Er pan welais i di'n eistedd wyneb yn wyneb â fi yn y caffe, roeddwn i'n gwybod. Does dim rhyfedd fy mod i wedi dy ddilyn di i'r mynydd a dy gael di yn y rhedyn. A nawr fe allwn ni garu fel mynnwn ni, a ddaw dim byd byth rhyngon ni'n dau. Fe fydd hi'n haf arnon ni nawr ar ôl y glaw, a diolch am y glaw heddiw, ddyweda i.'

'Fe fydd hi'n haf hirfelyn, Marged, a ddaw dim byd byth rhyngon ni.'

Fflachiodd wyneb Catrin o flaen ei lygaid, ond fe gaeodd e ddrws ei chwtsh yn glep . . .

13. 'Fe gawn ni noson o oratorio heno'

Cerddodd Aled adref o glwyd Tŷ'r Dderwen fel pe bai e'n cerdded ar yr awyr a rhyw lawenydd mawr yn llanw ei galon. Roedd Marged wedi dod fel awel haf i mewn i'w fywyd. Roedd e wedi bod yn ddigon digalon yn gadael y coleg yn Aberglasfor; doedd dim o'i flaen ond misoedd hir ar y dôl, a byw ar gefn ei dad oedd yn slafio mor galed yn y pwll glo.

Ond nawr roedd ei fyd wedi newid. Fe fyddai fe'n gallu gweld y ferch annwyl yma bob dydd . . . bob dydd.

'Rhaid fy mod i'n ei charu hi o'r funud gyntaf gwelais i hi . . . yn y caffe yna. Ond sylweddolais i ddim. Rhaid fy mod i'n ei charu hi neu fyddwn i ddim wedi ei chusanu hi ac ati yn y rhedyn nac yn y car ar ôl yr opera. Uffach! On'd ydy hi'n ferch fendigedig? Marged . . . Marged . . .'

Yn ei wely y noson honno, roedd Aled yn sylweddoli rhyw-beth arall—fod ganddo fe broblem. Dydd Llun, dydd Mawrth, dydd Mercher, a dydd Iau fe fyddai fe'n mynd yn ôl i Aberglasfor, i'r seremoni graddio . . . ac i gwrdd â Catrin. Beth fyddai'n digwydd rhyngddyn nhw? Byddai rhaid iddo fe ddweud wrth Catrin am Marged, er mor greulon fyddai hynny. Fe fyddai'n sioc ofnadwy iddi hi. Fyddai hi'n troi yn gas ac yn mynd i dymer? Roedd ganddi hi dymer; roedd e wedi gweld fflach o hynny fwy nag unwaith yn Aberglasfor. Roedd e wedi crwydro at ferch arall ddwywaith neu dair ar ôl ffrae fach a cholli tymer, ond mynd yn ôl at Catrin wnaeth e bob tro, a hithau'n barod i'w dderbyn e ar ôl i'w thymer gilio. Ond doedd dim mynd yn ôl nawr. Doedd dim byd mwy sicr na hynny, ac fe benderfynodd Aled yno yn ei wely gadw Catrin allan o'i feddwl, ac i'w chwtsh-dan-stâr roedd rhaid iddi hi fynd. 'Digon i'r dydd ei ddrwg ei hun,' meddai Aled wrtho'i hun, a throi ar ei ochr a chymryd Marged yn ei freichiau a mynd i gysgu . . .

Dydd Llun, dydd Mawrth, dydd Mercher, ac Aled a Marged yn cwrdd pryd mynnen nhw—roedden nhw byth a beunydd yng nghwmni ei gilydd. Ar ôl glaw y Sul fe ddaeth yr haul i wenu eto, a buodd y ddau'n treulio'r dyddiau yn cerdded y mynyddoedd a'r cymoedd o gwmpas, ac Aled yn adrodd hanes pob dim—wel, hynny roedd e'n ei wybod. A dydd Mawrth fe fuon nhw ar lan y môr yn y Rover 3500 a Marged yn gyrru ac Aled yn mwynhau'r mynd ar sbîd. Gorwedd ar wastad eu cefnau yng ngwres yr haul ar y traeth ar ôl ymdrochi yn y môr a neidio dros y tonnau, a'r ddau yn nefoedd eu cwmni eu hunain. Ond roedd gwaith yn cael ei wneud hefyd y dyddiau hynny—dewis alawon a phenillion addas ar gyfer y chwaraegerdd, ac roedd sŵn y lleisiau hyfryd yn dod o'r parlwr yn felys yng nghlustiau William Rowland ar ôl ei shifft yn y pwll glo.

Roedd y ddau gariad, yn ôl pob golwg, fel yr aderyn hwnnw 'heb un gofal yn y byd'. Ond roedd un person yn poeni, a honno oedd mam Aled. Roedd hi'n falch bod Aled yn edrych mor llon ac yn cael cymaint o hwyl ar fywyd. Doedd Aled ddim wedi dweud wrthi ei fod e a Marged mewn cariad â'i gilydd—roedd hynny'n amlwg i'r llygaid mwyaf dall. Ond poeni roedd hi am Catrin. Roedd hi wedi cwrdd â Catrin a dod i'w hadnabod hi pan fyddai hi a'i gŵr yn mynd i Aberglasfor i weld Aled ar ambell Sadwrn pan fyddai hi'n braf. Roedd hi'n hoffi Catrin yn fawr ac roedd hi wedi penderfynu y gwnâi hi wraig dda i Aled ryw ddydd. Roedd hi'n ofni beth fyddai'n digwydd yn Aberglasfor ddydd y seremoni graddio. Byddai rhaid i Aled ddweud wrthi hi am Marged, a thorri gyda hi—byddai'n amhosibl caru Marged yma yn Nhrefynach a charu Catrin drwy'r post! Ac roedd Ann Rowland wedi sylwi nad oedd un llythyr wedi cyrraedd Lôn y Bryn oddi wrth Catrin er pan oedd Aled wedi dod adref o'r coleg. Roedd llythyrau'n cyrraedd yn ddigon aml amser gwyliau yn y gorffennol—ond doedd dim un nawr.

Ac fe gafodd hi ddychryn sydyn wrth feddwl tybed oedd Marged yn bwriadu mynd i Aberglasfor gyda nhw i weld Aled yn cael ei radd. Beth fyddai'n digwydd pe bai'r ddwy ferch yn dod wyneb yn wyneb â'i gilydd? Yn yr hen ddyddiau, ers llawer dydd, mae'n siŵr y bydden nhw'n tynnu gwalltiau ei gilydd. Ond na! Allai Aled ddim bod mor greulon â chael y ddwy i gwrdd. Nefoedd fawr! Fe fyddai yno ffrae. Ond doedd Aled ddim wedi sôn y byddai Marged yn dod gyda nhw i'r graddio, a diolch am hynny.

Heb yn wybod i Ann Rowland, roedd y mater ar feddyliau Aled a Marged hefyd. Wrth ddod adref yn y car ar ôl bod ar lan y môr, meddai Marged yn sydyn,—

'Wyddost ti, Aled, fe hoffwn i ddod gyda thi a dy dad a dy fam i'r seremoni graddio, i dy weld ti'n cael dy radd. Mae'n siŵr eu bod nhw'n teimlo'n falch dros ben dy fod ti wedi gwneud mor dda a chael anrhydedd yn y dosbarth cyntaf. Rydw i'n falch ohonot ti hefyd, cariad, ac fe fyddai'n hyfryd dy weld yn dy glogyn a'r het. Fe allen ni'n pedwar fynd yn y car yma, ond . . . ond . . .'

'Ie, "ond", Marged. "Ond" mawr iawn. Fe hoffwn i ti ddod hefyd . . . ond fe fydd hi'n ddiwrnod anodd . . . anodd iawn i fi.'

'Fe wn i beth sy yn dy feddwl di. Fe wn i beth ydy dy broblem. Fe fydd rhaid i ti . . . rhaid i ti . . . alla i mo'i ddweud e, Aled.'

'Fe wn i beth sy gen ti, ac mae rhaid i fi ei wynebu. Fe fydd rhaid i fi ddweud wrth Catrin amdanon ni'n dau.'

'Rhaid, Aled. Fe fydd hi'n galed i ti . . . ac yn greulon hefyd . . . Oedd hi'n dy garu di fel rydw i'n dy garu di? Mae'n ddrwg gen i; ddylwn i ddim gofyn cwestiwn fel yna i ti . . . mae'n ddrwg gen i, Aled. Paid â bod yn gas wrtho i am ofyn.'

'Pwy all fod yn gas wrthot ti, dwêd? Fe ateba i dy gwestiwn di . . . fel hyn. Fe fyddai Catrin a fi'n cael hwyl gyda'n gilydd, a wnawn ni ddim sôn amdani hi eto. Cytuno, Marged?'

'Cytuno, cariad, os dywedi di wrtho i eto dy fod ti yn fy ngharu i.'

Cafodd Aled bwl o chwerthin.

'Os stopi di'r car yma, fe ddyweda i wrthot ti. Mae rhaid i fi dy gael di yn fy mreichiau i ddweud hynny'n iawn. Ond elli di ddim stopio'r car nawr ar y draffordd yma. Fe awn ni am

dro heno i fyny at ein llidiart ni, ac fe ddyweda i ganwaith os
wyt ti'n dewis fy mod i'n dy garu di. Ac os byddi di'n galw
am *encore* wedyn, fe gei di *encore*.'

'Haleliwia! Bydd rhaid cael *encore* er mwyn fy nghynnal i
dros yr wythnosau nesaf yma.'

'Rhywbeth i dy gynnal di? Pam? Beth sy'n bod?'

'Fe fydda i'n dy adael di.'

'Na! Na!'

'Fe fydda i'n mynd i ffwrdd.'

'Marged, na! Mynd i ffwrdd? Na! Stopia'r car yma nawr!'
Fe gofiodd rywbeth yn sydyn. 'Fe wn i. Yr awdisiwn gyda'r
Cwmni Opera. Fe ddywedaist ti rywbryd dy fod ti wedi cael
awdisiwn i ganu yn y corws. Wyt ti wedi clywed oddi wrthyn
nhw?'

'Ydw, rydw i wedi clywed. Fe ges i lythyr ddoe, ond dydw i
ddim wedi sôn dim wrthot ti amdano fe tan nawr, achos
roedd rhaid i fi drafod y mater o ddifri gyda Mam a Tada.'

'Ac fe fyddi di'n mynd i ffwrdd. Mae perthyn i'r corws yn
waith amser llawn. O, Marged, beth wna i hebot ti? Alla i
ddim mynd ymlaen â dim hebot ti. Beth am ein côr . . . a'r
chwaraegerdd? *Fi* fydd yn canu am hiraeth . . .' Stopiodd am
foment, ac yna'n ddigalon, 'Rwyt ti fel pe baet ti wedi taflu
bwcedaid o ddŵr oer am fy mhen. Alla i ddim byw hebot ti.'

Roedd Marged wrth ei bodd yn gwrando ar Aled yn siarad
fel hyn.

Dyna ddangos faint roedd e'n ei charu hi. Roedd gwên ar
ei hwyneb a direidi yn ei llygaid, ond allai Aled ddim gweld y
direidi hwnnw, achos roedd Marged yn edrych yn syth o'i
blaen. Ond fe welodd e'r twll yn ei boch.

'Marged, rwyt ti'n gwenu. Tynnu fy nghoes rwyt ti.'

'Tynnu dy goes di? Wel, na. Dydw i ddim wedi dweud un
gair, dim ond fy mod i wedi clywed o Gaernewydd. Ti sy
wedi bod yn codi bwganod.'

'Codi bwganod, wir! Beth oedd gan y Cwmni Opera i'w
ddweud, te?'

'Dweud fy mod i wedi pasio'r awdisiwn . . . a bod llais da gen i.'

'Llais da? Llais ardderchog, ddywedwn i. Ie, beth wedyn? Ydyn nhw'n cynnig gwaith i ti?'

'Ydyn, maen nhw wedi cynnig gwaith i fi.'

'A bydd rhaid i ti fynd i fyw i Gaernewydd, ac fe fydda i'n dy golli di. Mae'r Cwmni'n mynd o gwmpas y wlad ac i'r Cyfandir hefyd. Fe fydd eisiau rhywbeth i 'nghynnal i heblaw dy gynnal di, Marged. Beth wna i, Marged?'

'Rwyt ti'n codi bwganod eto, Aled annwyl, achos fydda i ddim yn ymuno â'r corws yng Nghaernewydd.'

'Beth ddywedaist ti?'

'Beth sy'n bod ar dy glustiau di, cariad? Fe ddywedais i na fydda i ddim yn ymuno â'r corws. Fe fuon ni'n trafod y mater neithiwr, fi a Mam a Tada, ac fe ddywedais i fy mod i ddim eisiau ymuno â'r corws yna, achos mae fy mhleser i gyd yn y pentref yma nawr, yn Nhrefynach. Ac fe wyddost ti beth ydy'r pleser hwnnw, Aled.'

'Fe ddywedaist ti hynny . . . wrth dy dad?'

'Do, fe ddywedais i fod gen i ddau gariad yn y pentref yma nawr.'

'Dau gariad?'

'Ie, ti, Aled Rowland, a'n miwsig ni . . . y chwaraegerdd. Wyt ti'n falch?'

'Beth ddywedodd dy dad? Dweud dy fod ti'n dwp? Yn gwastraffu dy hun a dy ddyfodol am ryw greadur fel fi . . . creadur di-waith fel fi ar y dôl?'

'Naddo, Aled. Fe ddywedodd e os oeddwn i'n dymuno hynny, wel, roedd popeth yn iawn ganddo fe.'

'Ac rwyt ti wedi rhoi'r cyfle yma heibio?'

'Ydw.'

'Wel, rwyt ti'n dwp. Rwyt ti wedi rhoi cyfle mawr dy fywyd heibio. Meddylia, ferch, ar ôl ychydig o amser yn y corws, fe fyddet ti'n cael rhannau pwysig. Fe allet ti fod yn un o sêr y byd opera gyda'r llais godidog yna sy gen ti. Ac rwyt ti wedi dewis gwastraffu dy hun ar ryw ganu bach di-nod mewn pentref bach di-nod. Canu ydy dy fyd di; rydw i'n gwybod hynny'n barod. O, rwyt ti'n dwp, Marged.'

'Beth sy'n bod arnat ti, Aled? Hanner munud yn ôl roeddet ti bron yn dy ddagrau achos byddet ti'n fy ngholli i; byddwn i'n byw yng Nghaernewydd ac yn mynd o gwmpas y wlad, ac yn mynd draw i'r Cyfandir, ac wn i ddim beth i gyd. A nawr rwyt ti o dy go fy mod i'n troi cyfle mawr fy mywyd heibio.'

'Ond mae gen ti'r fath dalent, a'i gwastraffu hi byddi di wrth aros yma.'

'Fe fydda i'n aros gyda thi, Aled, a dyna beth rydw i eisiau yn fwy na dim. Rwyt ti'n fwy pwysig i fi na thipyn o ganu.'

'Ond Marged annwyl, y gwastraff . . . y gwastraff ar dalent mor odidog. Na, Marged, alla i ddim sefyll ar dy ffordd di. Mae rhaid i ti dderbyn y cynnig yma.'

'A beth wnei di? Mynd i fyw fel mynach yn rhywle?' Ac yn araf iawn, 'Mynd yn ôl at Catrin?'

'Uffach, na! Dim ond un ferch sy yn fy mywyd i nawr . . . ac yn oes oesoedd.'

'Amen?'

'Amen!'

'Mae'n hyfryd dy glywed di'n siarad fel hyn, Aled. Piti fy mod i'n gyrru'r car yma nawr. Fe rown i fy mreichiau amdanat ti a dy wasgu di'n rhacs. Ond does dim ots beth ddywedi di nawr, rydw i wedi ysgrifennu at y Cwmni Opera yn gwrthod eu cynnig nhw.'

'Rwyt ti'n ddwl bared, Marged Mathias, pryd gallet ti fod yn gantores enwog drwy'r wlad i gyd, a thu allan i'r wlad yma.'

'Fe alla i fod yn enwog—mae gen i dalent, meddet ti—heb fynd i sgrechain yn y corws mewn opera. Rydw i'n hoffi opera, ond rydw i'n hoffi rhywbeth arall yn fwy.'

'O? Beth ydy hwnnw?'

'Oratorio!'

'Oratorio? Wel, dyna dda. Y '' Meseia'', ''Elijah'', ''Creation'', ''Hymn of Praise''! Ardderchog! Rydw i'n hoffi oratorio hefyd. Yn dotio arno fel mater o ffaith.'

'Oratorio a gweithiau Bach. Rydw i wedi dysgu nifer yn barod. Dyna beth roedd yr athrawon yn dweud wrtho i yn y coleg, i ganolbwyntio ar oratorio. Dywedodd un ohonyn nhw y byddwn i mor enwog ag Isobel Baillie neu Elsie Suddaby neu Margaret Richie ryw ddydd. Ond mae hynny'n amhosibl, wrth gwrs. Eisiau mynd â fi allan i swper, ac wn i ddim beth wedyn, roedd yr athro yma,' ac fe chwerthodd Marged yn dawel fach.

'Ond est ti ddim.'

'Iech! Naddo. Canolbwyntio ar oratorio. Dyna'r syniad nawr. Fe fuon ni'n trafod y mater, fel dywedais i, ar ôl cael y llythyr o Gaernewydd. A dyma beth fyddwn ni'n wneud— ceisio cael fy enw i ar lyfrau rhyw asiant da a phwysig. Yr asiant sy'n penderfynu pwy sy'n cael y gwaith yn y pen draw. A dyma rywbeth arall i ti; dydw i ddim wedi sôn amdano o'r blaen. Fe fydda i'n cynnig ar yr unawd soprano yn yr Eisteddfod Genedlaethol ym Mrynfarian ym mis Awst . . . y mis nesaf yma. Ac os bydda i'n ennill, fe fydda i'n siŵr o gael tipyn o waith mewn cyngherddau ac ati. Os enilla i'r Rhuban Glas, fe ga i fwy o waith. Ond fe fydda i'n gofalu na fydda i ddim yn mynd i fwy nag un cyngerdd mewn pythefnos, neu fis hyd yn oed. A lle bynnag bydda i'n mynd i ganu, fe fyddi di'n dod gyda fi i yrru'r car yma . . . wel, tra byddi di heb waith. Ac os cei di waith, wel, gobeithio na fydd hynny ddim ymhell o Drefynach. Wyt ti'n fodlon nawr?'

'Marged, rwyt ti'n angyles.'

'Wps! Ac angyles bydda i os na wnei di eistedd yn llonydd yn y sedd yna.'

Ond roedd meddwl Aled ar rywbeth arall.

'Marged, fe ddywedaist ti y byddi di'n mynd i ffwrdd, ond fyddi di ddim yn mynd i ffwrdd gyda'r opera.'

'Do, fe ddywedais i hynny. Ond ddywedais i ddim ble na pham na phryd na dim. Ti ddechreuodd godi bwganod am fynd i ganu gyda'r opera. Ches i ddim cyfle i ddweud ble bydda i'n mynd.'

'Ond rwyt ti *yn* mynd i ffwrdd?'

'Ydw, rydw i'n mynd i ffwrdd a d'adael di . . . ond paid â bod yn ddigalon. Fe fydda i'n mynd ar fy ngwyliau am bythefnos.'

'Marged! A finnau wedi bod yn meddwl y pethau mwyaf ofnadwy dan haul . . . dy golli di am byth ac ati,' ac fe chwerthodd Aled dros y lle.

'Wps!' meddai Marged. 'Rwyt ti'n benderfynol o wneud angyles ohono i. Eistedd yn llonydd, fachgen.'

'Mae'n ddrwg gen i, Marged.'

'Fe fydd Mam a Tada a fi'n mynd i Lydaw am bythefnos.'

'Pryd, Marged?'

'Dydd Sadwrn nesaf. Fe fyddwn ni'n mynd ar y fferi.'

'Rhaid i ni wneud y gorau o'n hamser ni felly. Adref fel y diawl, Marged, ac fe gawn ni noson o oratorio heno. ''Hear ye, Israel'', ''I know that my Redeemer liveth'', ''Let the bright Seraphim'', ''Oh, had I Jubal's lyre''. Adref fel y diawl ei hunan, Marged.'

'Angyles oeddwn i funudau yn ôl . . . ac fe fues i'n lleian am sbel fach.'

'Wel, adref fel y diawl, angyles,' ac fe chwerthodd y ddau . . . fel dau o'u co.

Fe gawson nhw noson o oratorio i'w chofio am weddill eu bywydau. Roedd drws y parlwr yn agored a William Rowland a'i Ann yn gwrando o'r ystafell fyw. Roedd e, William, yn barod i weiddi 'Haleliwia' ar ddiwedd pob aria, a'i wraig yn cnoi ei hances boced.

Meddai Aled wrth Marged ar ôl iddi ganu rhai o'i ffefrynnau,—

'Wyt ti'n gwybod rhan y wraig weddw yn yr ''Elijah'' lle mae hi'n mynd at Elias a'i mab hi wedi marw?'

'Ydw, Aled.'

'Wel, cana'r olygfa gyda fi nawr. Rhyw dipyn o denor ydw i, a baritôn ydy Elias, ond fe wna i'r tro. Yr olygfa yma ydy un o fy ffefrynnau yn yr oratorio i gyd. Wyt ti'n barod? Ble mae'r copi? Mae yna gymaint o gopïau ar hyd y lle yma.

Dyma fe,' ac fe ddechreuodd e ganu'r piano, a dyna lais
Marged—'Man of God'—ac fe ganodd y ddau yr olygfa hyd
ei diwedd. Roedd Marged yn sefyll y tu ôl i Aled, yntau ar ei
stôl, a'i dwylo ar ei ysgwyddau, a dyma hi'n plygu ymlaen a
sibrwd, 'Fe gei di fab gen i . . . ryw ddydd . . . Aled . . . ryw
ddydd . . .'

Yng nghysgod y glwyd y noson honno, pan aeth Aled i
hebrwng Marged adref, meddai Marged,—
'Fe gawn ni yfory eto, Aled, cyn i ti fynd i Aberglasfor.
Beth wnawn ni?'
'Canu golygfa'r wraig weddw eto er mwyn i ti sibrwd yn fy
nghlust beth ddywedaist ti heno. Fe gara i di i dragwyddoldeb
am ddweud hynny.'
'Mae dyddiau mawr o'n blaenau ni, Aled . . . ond yfory fe
awn i gerdded y mynyddoedd, ie?'
'Iawn, ond wyddost ti, ddywedaist ti ddim beth rwyt ti'n
mynd i ganu yn yr Eisteddfod.'
' "Yn wyrddlas, ir", allan o'r "Cread"—Y "Creation",
wyddost ti, gan Haydn.'
'Yn Gymraeg. "With verdure clad" yn Saesneg. Fe fydd y
gân yn dy siwtio di i'r dim. Piti nad ydy'r oratorios i gyd yn
Gymraeg. Nos yfory, te, rhaid i ni gael tro ar y "Wyrddlas,
ir", ar ôl cerdded y mynyddoedd . . . Nos da, Marged.'
'Nos da, y dyn annwyl . . . nos da . . .'

14. 'Do, fe fuon ni'n gariadon'

Roedd Ann Rowland, y fam, yn poeni a fyddai Marged yn dod gyda hi a'i gŵr ac Aled i'r seremoni graddio. Ond fe benderfynodd hi beidio â meddwl dim rhagor am y mater, achos doedd Aled ddim wedi sôn y byddai Marged yn dod. Byddai Aled yn sicr wedi dweud rhywbeth wrthi hi erbyn hyn os oedd hi'n bwriadu dod. Ac felly fe roiodd hi'r peth allan o'i meddwl.

Ond roedd un peth arall yn poeni Ann Rowland, a hynny oedd y ffordd roedd ei gŵr, William, yn ymddwyn. Yn wir, roedd e'n ymddwyn yn od y dyddiau hyn. Yn amlwg iawn, roedd e'n fodlon iawn ar y cyfeillgarwch rhwng Aled a Marged. Roedd hynny'n od ynddo'i hunan ar ôl yr holl bethau cas roedd e wedi'u dweud am deulu Tŷ'r Dderwen. Bob tro nawr roedd Marged yn dod i'r tŷ at Aled roedd e'n wên i gyd, ac yn ddigon sicr roedd e wedi'i swyno gan y ferch, ac yn arbennig felly gan ei llais. Roedd e'n barod iawn i siarad â hi, a phrin iawn fod ganddo air cas am Robert Mathias nawr. Ac yn ei golwg hi roedd hynny'n beth da.

Ond ar brydiau roedd e'n ymddwyn fel pe bai e ar bigau'r drain, ac roedd e wedi bod yn ymddwyn fel hyn ers rhai wythnosau, fel pe bai e'n disgwyl rhywbeth, neu'n disgwyl i rywbeth ddigwydd. Bob dydd, pan oedd e'n dod adref o'r gwaith, roedd e'n gofyn, 'Oes rhywbeth yn y post?' Yn ddigon sicr roedd e'n disgwyl rhywbeth trwy'r post neu ar y ffôn, a phan oedd y ffôn yn canu, ac yntau yn y tŷ, roedd e ar ei draed ar unwaith i godi'r ffôn o'i chawell. Oedd e'n disgwyl ffortiwn ar y *pools*? Na, doedd e byth yn gwneud y *pools*. Ac fel roedd y dyddiau'n mynd yn eu blaen, roedd hi'n ymddangos fel pe bai'r pigau drain yn mynd yn fwy pigog. Ac roedd Aled ei hun wedi sylwi ar hyn. Fe gofiai'r prynhawn Sul pan ffoniodd Marged. Ei dad oedd y cyntaf at y ffôn, tasg fach a adawai fe i'w fam bob amser.

Beth bynnag, fe ddaeth dydd Iau, a hwyl dda ar William Rowland y bore hwnnw. On'd oedd e'n mynd i weld ei fab yn gwisgo'i glogyn a'i het ryfedd yn y seremoni graddio? Ac on'd oedd e'n cael diwrnod rhydd o'r slafdod yn y pwll glo? Yn amlwg, o'r ffordd roedd e'n ymddwyn wrth y ford frecwast, roedd e wedi penderfynu mwynhau'r dydd ar ei hyd.

Cychwynnodd y teulu, William Rowland ac Ann, ei wraig, a'i fab Aled yn gynnar i yrru'r can milltir a mwy o Drefynach i Aberglasfor. Roedd yr hen *Escort* yn rhedeg fel injan wnïo, ac O! roedd hi'n fore braf. Roedd hi'n braf ar William ac Ann, a'r ddau'n mwynhau'r siwrnai allan o olwg y pwll glo a'r tir diffaith. Dros y Bannau a thrwy'r pentrefi a'r trefi bach tawel wedyn. A doedd dim stop ar eu siarad wrth sylwi ar hyn ac arall wrth fynd heibio.

Ond am Aled druan, roedd e'n ddigon tawel. Roedd e'n poeni, ac yn poeni'n fawr hefyd. Beth fyddai'n digwydd pan fyddai fe'n cwrdd eto â Catrin a dweud wrthi hi am Marged? Sut byddai hi'n ymddwyn? Fyddai hi'n fflamio ac yn colli ei thymer? Fe wyddai'n iawn fod ganddi hi dipyn o dymer. Roedd e'n ei chofio hi'n fflamio fel y diafol ei hunan pan anghofiodd e fynd i gwrdd â hi un noson arbennig. Ond nid anghofio wnaeth e, a dweud y gwir, ond roedd y cwmni yn y *Queen's Head* mor ddymunol fel na allai fe dynnu ei hunan yn rhydd. A dyna Catrin yn fflamio wedyn ei bod hi'n well ganddo fe beint o gwrw na'i chwmni hi. Wel, roedd yn well ganddo fe beint gyda'r bechgyn nawr ac yn y man. Ac fe chwerthodd Aled yn dawel wrtho'i hun wrth feddwl am y noson arbennig honno. Dylai hi fod yn ddiolchgar iawn am y peint o gwrw achos roedd e'n fwy cariadus pan oedd peint neu ddau o gwrw yn ei fol. Roedd e'n gariadus iawn y noson honno ar ôl i dymer Catrin dawelu tipyn. Ond doedd peint yng nghwmni'r bechgyn ddim yn digwydd yn aml; fe ofalodd Catrin am hynny. On'd oedd ei thad yn weinidog gyda'r Bedyddwyr, a phobl y dŵr oedden nhw!

Pharhaodd chwerthin Aled ddim yn hir. Fe ddaeth ei ofn yn ôl, ofn y fflamio a'r dymer ddrwg. Ochneidiodd.

'Beth sy'n bod, Aled? Wyt ti ddim yn mwynhau'r siwrnai yma allan yn y wlad?' gofynnodd ei dad.

'Wel, ydw, siŵr iawn.'

'Fe wn i beth sy'n bod arno fe,' meddai'r fam.

'Beth?' gofynnodd William Rowland.

'Cwrdd â Catrin, wrth gwrs.'

Chwerthodd William Rowland.

'Rwyt ti mewn picil nawr. Elli di ddim rhedeg dwy gariad, wyddost ti . . . un fan yma ac un fan draw.'

'Nid jôc ydy hyn,' meddai Aled yn flin ei dymer.

'Wel, na, efallai . . . ond ymhen rhyw flwyddyn, fe fyddi di'n chwerthin am dy ben dy hun, ac fe fyddi di wedi anghofio'r ddwy, a bydd dwy neu dair cariad newydd wedi bod gen ti erbyn hynny.'

'Ddim byth,' atebodd Aled. Fyddai fe byth yn anghofio Marged. A dyma fe'n meddwl sut roedd ei fyd wedi newid yn gyfan gwbl, a hynny o fewn ychydig o ddyddiau. Pe bai rhywun wedi dweud wrtho fe, pan oedd e ar ei ffordd adref o'r coleg y dydd Mawrth hwnnw, y byddai fe wedi syrthio mewn cariad dros ei ben a'i glustiau, a hynny gyda merch nad oedd e wedi ei gweld yn ei fywyd o'r blaen, fe fyddai fe wedi dweud wrth y rhywun hwnnw ei fod e'n ffŵl. Ond dyna beth oedd wedi digwydd . . . dyna beth oedd wedi digwydd.

Ond dyna lais ei fam yn torri ar draws ei feddyliau.

'Gobeithio fod dy glogyn a'r het wedi cyrraedd.'

'A bod yr het yn ffitio,' chwerthodd ei dad.

'O, fe fyddan nhw yna. Does dim rhaid i chi boeni. Fe ddaeth dyn o'r cwmni clogynau yn syth i'r coleg ar ôl clywed pwy oedd yn cael gradd. Ac fe gymerodd e ein mesuriadau ni i gyd ac ati!'

'Oes rhai myfyrwyr yn prynu'r clogyn a'r het?' gofynnodd ei fam.

'Nac oes, dim llawer, dim ond y rhai sy â digon o arian i'w wastraffu. Eu hurio nhw mae pawb bron.'

'Faint mae'n gostio i'w hurio nhw?' gofynnodd y tad.

'Digon i wneud dyn tlawd ohonof i. Beth am gwpanaid o goffi? Mae yna gaffe cyn bo hir ar ochr y ffordd. Mae syched arna i.'

'Mae syched arna i hefyd,' meddai ei fam. 'Fe stopiwn ni wrth y caffe, William.'

'O'r gorau, os ydy'ch tafodau chi'n hongian allan fel tafod ci yn y gwres,' meddai William gan feddwl ei fod e'n dweud rhywbeth digri. Ond chwerthodd neb. Meddwl roedd Aled amdano fe a Marged yn cael coffi a chacennau yno. Pryd oedd hynny? Amser maith yn ôl? Na, dim ond ychydig dros wythnos, ond roedd ei fywyd wedi newid yn gyfan gwbl ar ôl y coffi a'r cacennau hynny. Oedd, wedi newid yn gyfan gwbl. Ochneidiodd Aled am yr ail waith y bore hwnnw.

Nabyddodd Mrs. Ifans Aled ar unwaith pan aeth e drwy'r drws.

'Helô, sut ydych chi, a sut mae Miss Mathias? Dydy hi ddim gyda chi heddiw.'

'Nac ydy. Dyma 'Nhad a Mam. Rydyn ni ar ein ffordd i'r seremoni graddio yn Aberglasfor.'

'Chi'n cael gradd heddiw?' Nodiodd Aled ei ben. 'Llongyf-archion, wir, a chofiwch fi at Miss Mathias os digwydd i chi ei gweld hi eto.'

'Fe fydda i'n siŵr o wneud. Fe eisteddwn ni yn y cornel acw, Dad.'

'Dyma lle buost ti'n cael y cardod cyntaf ganddi hi, ie, Aled? Ond does dim ots am y cardod nawr. Nac oes, nac oes. Dere, Ann, i eistedd yn y cornel acw, er mwyn i Aled gael ail-fyw ei goffi cyntaf gyda Marged.' Roedd William Rowland yn meddwl ei fod e'n ddigri, ond chwerthodd neb y tro hwn chwaith.

Ryw awr ar ôl torri eu syched yn y caffe, roedd y teulu Rowland yn Aberglasfor.

'Parcio nawr, os oes lle yma,' meddai William Rowland, 'ac yna pryd o fwyd go iawn. Doedd y cacennau yna ddim yn ddigon i lanw bol babi bach.'

Roedd hi'n anodd cael lle i barcio; roedd pob maes parcio'n llawn, ond fe gafwyd lle o'r diwedd yn un o'r strydoedd bach i fyny ar ochr Rhiw'r Dolau.

'Mae'r dref yn llawn heddiw. Gobeithio nad ydy'n caffe arferol ni'n llawn hefyd. Ymlaen â ni. Rydyn ni'n eithaf cynnar, ac felly fe ddylai fod yna le i ni.'

Yn wir, roedd y ddwy brif stryd yn llawn o bobl, gyda rhieni a myfyrwyr ym mhob man. Roedd rhai myfyrwyr yn barod yn gwisgo'r clogyn a'r het a'r tasel arni, a'r cwfl o las neu bres—glas y B.A. neu bres y B.Sc.

'Eisiau eu dangos eu hunain mae'r rhain,' meddai William Rowland am y myfyrwyr yma.

'Ie, y rhai sy wedi prynu'r rhacs ydyn nhw,' meddai Aled, 'y rhai cyfoethog, meibion a merched siopau mawr neu ddoctoriaid ac ati.'

Fe welodd Aled nifer o'i gyfeillion, ei hen bartneriaid, yma ac acw—ysgwyd llaw fan yma, gweiddi 'Sut mae' ar rywun fan draw, ac aros i siarad ag un neu ddau nes bod William Rowland ar bigau'r drain.

'Dere, Aled, neu fydd dim bwyd ar ôl yn y dref.'

Cerdded wedyn ar frys trwy'r strydoedd at Lôn y Môr, a llygaid Aled o hyd yn gwylio pawb wrth fynd heibio a welai fe Catrin yn rhywle. Ond doedd dim sôn amdani. Ond roedd e'n siŵr ei bod hi rywle yn y dref—fyddai hi byth yn meddwl am fethu bod mewn sioe fel seremoni graddio. Roedd hi'n ddigon hoff o'i dangos ei hun.

Cyrraedd y caffe o'r diwedd a'r teulu'n ddigon lwcus i gael bord. Edrychodd Aled o gwmpas yr ystafell a'i wyneb e'n dangos ei bryder. Roedd ef a Catrin wedi cael llawer pryd o fwyd yn y caffe yma—pan oedd digon o arian gan unrhyw un o'r ddau. A hyd yn oed pan ddodwyd y bwyd o'i flaen e nawr, dal i edrych o'i gwmpas roedd Aled a'i lygaid yn arbennig ar y drws. Meddai ei dad,—

'Cymer at y bwyd yma, was. Rwyt ti'n edrych fel pe baet ti'n cael dy bryd olaf o fwyd cyn dy grogi. Mae'r stwff yma'n flasus iawn, ond ddim hanner mor flasus â bwyd dy fam.'

'Ie, bwyta rywbeth, Aled,' meddai ei fam. Roedd yn ddrwg ganddi hi dros ei mab. Roedd hi'n deall ei bryder yn ddigon da. Penderfynodd Aled ei fod e'n mynd i fwyta.

'Digon i'r dydd ei ddrwg ei hun,' meddyliodd, ond doedd y drwg ddim wedi cyrraedd eto—doedd 'hi' ddim wedi cyrraedd.

'Beth gymeri di nawr, Aled?' gofynnodd ei fam ar ôl i bawb glirio'u platiau o gig oen a thatws a phys gardd.

'Tarten afalau gyda hufen, tarten riwbob neu ffrwythau gyda chwstard neu hufen iâ? Maen nhw i gyd i lawr ar y daflen yma.'

'Tarten riwbob a hufen iâ,' atebodd Aled, a dyma ei dad yn chwerthin.

'Y sur a'r melys gyda'i gilydd, fel dy fywyd dy hun ar hyn o bryd.'

Un ffordd o'i fwynhau ei hun ar y dydd hwn oedd cael hwyl am ben ei fab a'i broblem garu.

Ar ôl gorffen eu cinio a'r coffi wedyn, meddai'r tad gan edrych ar ei wats,—

'Mae hi newydd droi un o'r gloch. Mae'r seremoni'n dechrau am ddau. Hanner awr fach, felly, ar y *prom* i deimlo awel y môr ar ein hwynebau, ac wedyn i fyny'r rhiw i'r Neuadd Fawr. Dyna lle mae'r seremoni, Aled?'

'Ie, Dad, ond fe fydd rhaid i fi gyrraedd yn gynnar er mwyn i fi gael y clogyn ac ati.'

'O'r gorau, was. Fe elli di fynd nawr, ac fe gwrddwn ni y tu allan i'r Neuadd ar ôl y seremoni er mwyn i fi gael tynnu dy lun.'

'O'r gorau. Gwela i chi. Hwyl nawr.'

Roedd Aled yn mynd allan i'r stryd pan welodd e 'hi'. Roedd yn amlwg mai ar ei ffordd i mewn i'r caffe roedd hi. Roedd hi'n gwisgo ffrog fel sioe flodau. 'Wow!' meddai Aled bron â chael ei daro'n ddall gan yr olygfa! Ar ei phen ei hun roedd hi? Ble roedd ei thad a'i mam? Ond roedd gŵr ifanc cymaint â chawr y tu ôl iddi. Oedd e gyda hi? Fe gafodd Aled wybod yn fuan. Roedd Catrin wedi ei weld yntau, ac fe safodd hi'n stond.

'Catrin, sut wyt ti?' gofynnodd Aled.

'Iawn,' atebodd Catrin yn ddigon fflat.

'Mae golwg dda arnat ti—yn y ffrog yna. Rwyt ti'n cael byd braf.'

'Efallai. Ond rwyt ti wedi colli tipyn o dy liw. Caru gormod gyda'r merched tua'r Sowth yna, mae'n siŵr gen i.'

'Caru, fy mhen-ôl!'

'Does dim rhaid i ti ddefnyddio iaith fel yna.'

'Wel . . . ti'n gwybod. Ydy dy dad a dy fam ddim gyda *thi* heddiw? Maen nhw wedi bod yn edrych ymlaen at dy weld ti yn dy glogyn ac ati.'

'Na, roedd 'Nhad yn methu dod. Rhyw ffŵl o ddyn wedi penderfynu marw er mwyn cael ei gladdu heddiw, a 'Nhad yn methu cael gweinidog i gymryd ei le fe.'

'Dyna biti! Ond beth am dy fam?'

'Dydy hi ddim yn hoffi teithio y dyddiau yma.'

'Sut dest ti? Dy yrru dy hun?'

'Na, fe fuodd y cyfaill yma mor garedig â dod â fi. Gilbert, dwyt ti ddim wedi cwrdd ag Aled. Rydw i wedi sôn amdano fe wrthot ti. Aled Rowland—Gilbert Rhydderch.'

'Sut hwyl?' gofynnodd Gilbert y cawr a chymryd llaw Aled a'i gwasgu fel gwasgu pwdin reis.

'Mae'n dda gen i gwrdd â chi,' meddai Aled gan ysgwyd ei law ei hun er mwyn cael y gwaed i ffrydio drwyddi unwaith eto.

'Dyna chi'n adnabod eich gilydd nawr. Ond mae rhaid i ni fynd i mewn i'r caffe nawr i gael tamaid o fwyd, neu fe fyddwn ni'n hwyr i'r seremoni. Fe gawson ni dipyn o hwyl yn y caffe yma ers llawer dydd, Aled.'

'Ers llawer dydd?' meddyliodd Aled. 'Do, siŵr,' meddai fe. 'Gwela i di y prynhawn yma rywbryd. Mae rhaid i ni gael sgwrs . . . am yr opera ac ati. Fe gest ti fy llythyr, Catrin.'

'Do, fe ges i dy lythyr di, ac fe gawn ni sgwrs rywbryd . . . Cawn, fe gawn,' ac fe edrychodd Catrin ar Aled fel pe bai hi'n barod i'w grogi fe.

'Wel . . . ym . . . hwyl, te. Gwela i di,' meddai Aled.

Aeth Catrin a'r cawr i mewn i'r caffe, ac Aled yn eu gwylio nhw'n mynd. A dyna beth od. Yn sydyn, fe sylweddolodd

Aled ei fod e a Catrin ddim hyd yn oed wedi ysgwyd llaw, ac yn sicr doedd dim cusan rhyngddyn nhw. Efallai ei bod hi'n rhy swil i gusanu o flaen y cawr ifanc yma. Ond roedd hi'n cofio eu bod nhw wedi cael amser da yn y caffe 'ers llawer dydd'. 'Dyna beth ddywedodd hi "ers llawer dydd". Uffach! Roedden ni yn y caffe lai na phythefnos yn ôl. A doedd fawr o groeso yn y ffordd roedd hi'n edrych arna i. Mae'r fflamio eto i ddod. Uffach!'

Roedd y seremoni graddio ei hun yn ddigon o sioe—pob B.A. yn ei glogyn du a'i het a'i gwfl glas a phob B.Sc. a'i gwfl o liw pres, a phob doethur—pob Ph.D. a D.Sc.—yn ei glogyn coch yn rhoi lliw i'r olygfa. A'r bobl fawr ar y llwyfan wedyn —pob un bron mewn clogyn coch a het o ryw siâp arbennig ar ei ben. A'r sŵn oedd yn mynd ymlaen drwy'r amser! Y curo dwylo mawr a'r gweiddi a'r siantio ar ran y myfyrwyr—a rhieni balch, mae'n debyg—fel roedd y graddedigion yn eu tro yn mynd i fyny i'r llwyfan i gael eu 'derbyn'. Prin y gallai'r gynulleidfa glywed y gŵr mawr ei hun ar y llwyfan yn ceisio dweud 'Derbyniaf di' wrth bob bachgen a merch raddedig heb golli ei ddannedd gosod! Fe deimlai Mrs. Rowland ei chalon yn chwyddo wrth weld ei mab yn cerdded i'r llwyfan. Roedd yn amlwg iddi hi fod ei mab yn boblogaidd iawn ymhlith y myfyrwyr gan gymaint y curo dwylo a'r siantio pan gyhoeddwyd ei enw.

Ar ôl y seremoni roedd y campws y tu allan i'r Neuadd Fawr fel ffair gyda grwpiau o deuluoedd o gwmpas eu harwr neu arwres yn siarad ac yn clebran ac yn chwerthin. Roedd pawb yn hapus a'r camerâu yn clecian. Roedd hi'n ddydd o lawenydd mawr i'r teuluoedd hyn, rhai ohonyn nhw'n prin gallu fforddio cadw eu plant yn y coleg, ac roedd y radd gawson nhw yn ffrwyth eu gwaith—caled, mae'n siŵr—ac efallai'n docyn bara iddyn nhw yn y dyfodol.

Roedd Aled yn sefyll gyda'i dad a'i fam a nifer o ffrindiau, ar ôl tynnu ei lun yn ei glogyn a'i het a'i gwfl, pan welodd e

Catrin yn sefyll fan draw a Gilbert y cawr yn ceisio tynnu ei llun. Ond roedd rhywun yn cerdded rhwng y camera a Catrin bob tro roedd e, Gilbert, yn barod i wasgu'r botwm.

'Mae Catrin fan draw,' meddai Aled wrth ei rieni a'r ffrindiau. 'Rhaid i fi fynd i gael gair â hi.'

'Fe ddown ni hefyd,' meddai William Rowland. 'Fe hoffwn i gwrdd â hi unwaith eto.'

Cydiodd ei wraig yn ei fraich.

'Na,' meddai hi, 'fe arhoswn ni fan yma nes dy fod ti'n dod yn ôl,' ac yn dawel wrth ei gŵr, 'Mae ganddo fe fater go bwysig i'w drafod gyda hi . . . Marged, ti'n gwybod.'

'O, wrth gwrs, siŵr iawn. Roeddwn i'n anghofio'r mater bach yna.'

'Mater bach' oedd e iddo fe, ond roedd e'n fater o bwys mawr i Aled . . . ac i'w fam.

'Wedi cael llun da?' gofynnodd Aled wrth fynd at Catrin a'r cawr, a meddwl yr un pryd, 'Nawr amdani, ond fe hoffwn i pe bai'r mwnci mawr yna'n diflannu am ychydig o funudau.'

'Wn i ddim a ges i lun o gwbl,' atebodd y cawr. 'Siŵr bod gen i fwy o ben-olau pobl yn mynd heibio na llun Catrin. A does dim rhagor o ffilm gen i.'

'Piti,' meddai Aled. 'Gobeithio eich bod chi'n lwcus.'

'Gobeithio'n wir,' meddai Gilbert a thra oedd e'n ffidlan i gau'r camera, fe aeth Aled at Catrin a sefyll wrth ei hochr.

'Fe gest ti fy llythyr,' meddai Aled wrthi hi.

'Llythyr? Dyna beth rwyt ti'n ei alw fe,' atebodd Catrin. 'Rydw i wedi darllen pethau gwell ar bapur tŷ-bach nag oedd yn dy lythyr di.'

'Wow!' meddyliodd Aled. 'Merch i weinidog yn dweud rhywbeth fel yna! Papur tŷ-bach. Wir! Rhaid ei bod hi wedi fflamio pan gafodd hi'r llythyr.'

Fe aeth Catrin ymlaen,—

'A gorffen dy lythyr, "dy hen gyfaill". Dim sôn am

"d'annwyl gariad" na dim byd felly. Fe fuon ni'n . . . hm . . . fe fuon ni . . .'

Roedd Gilbert wedi gorffen rhoi'r camera yn ei gês, ac roedd e'n glustiau i gyd.

'Rydw i eisiau siarad â . . . ag Aled yma am funud, Gilbert, os byddi di mor garedig . . .' meddai Catrin.

'Siŵr iawn; fe a' i am dro bach,' atebodd yntau.

'Diolch, Gilbert; mae'n dda bod rhai gwŷr bonheddig yn dal yn y byd yma.' Ac felly aeth Gilbert 'am dro bach'. Ac wedi cael ei gefn, dyma Catrin yn ailddechrau,—

'Do, fe fuon ni'n gariadon, ac rwyt ti'n gwybod hynny'n iawn. Ac roedden ni'n mynd i weithio ar opera, ond dydy fy syniad i ddim gwerth i ti nawr—Rhyfel y Degwm ac ati. Rhaid i ti ffidlan â rhyw stori fach garu nawr am y ferch yna o Gefn Ydfa. Pwy roddodd y syniad yna yn dy ben di, dwêd? Rhyw hoeden i lawr yn y De yna, mae'n siŵr gen i.'

Roedd Aled ar fin dweud wrthi hi mai syniad Marged oedd y ferch o Gefn Ydfa, ond callach fyddai cadw ei geg ynghau, a gadael i Catrin fynd ymlaen nes byddai hi'n colli stêm.

'Fe ddechreuais i ar y dasg o sgrifennu'r sgript ar ôl i fi gyrraedd adref. Fe fues i yn y llyfrgell yn casglu pob llyfr oedd yn sôn am y degwm, ac roeddwn i wrth fy modd, ac wedyn, dyma dy lythyr. "Na, dydw i ddim eisiau dy help di nawr''; dyna beth mae dy lythyr di'n ei ddweud,' meddai Catrin a'i llygaid hi'n fflachio. 'O'r gorau, chei di mo fy help i nawr. Fe gei di bob help fyddi di ei eisiau gan y ferch yna i lawr yn y De.'

'Pwy ddywedodd . . .' a stopiodd Aled yn sydyn. Roedd e wedi dweud dau air yn ormod. Neidiodd Catrin arno fe'n syth.

'Pwy ddywedodd wrtho i am y ferch yna? Dyna beth roeddet ti'n mynd i'w ddweud, yntê? Roeddwn i'n meddwl ar ôl darllen dy lythyr dy fod ti wedi cwrdd â rhywun. Unwaith y troais i fy nghefn, roeddet ti ar ôl merch arall fel rhyw hen wrcath. Ie, gwrcath! Ach-y-fi! Mae'n dda fy mod i wedi dod i d'adnabod di mor fuan. Fe fuest ti'n crwydro tipyn ar ôl merched eraill pan oeddet ti yn y coleg yma. O, ydw, rydw i'n cofio. Roeddet ti fel rhyw hen gi ar ôl gast.' Ac yna'n sydyn, 'Pwy ydy'r ferch yma sy wedi tynnu'r gwrcath ar ei hôl? Dwêd, pwy ydy hi?'

'Ddyweda i ddim pwy ydy hi. Mae'n gas gen i dy glywed di'n siarad mor . . . mor . . . fochaidd. Sôn am f'adnabod i, mae'n dda gen i fy mod i wedi dod i d'adnabod di. Gwrcath, wir! Mae eisiau golchi dy geg.' Aled oedd yn colli ei dymer nawr.

'Fel yna y bydda i'n meddwl amdanat ti nawr beth bynnag. A chroeso i ti i'r ferch yma, pwy bynnag ydy hi. A chofia, nid ti ydy'r unig bysgodyn yn y môr.'

'Na, mae hynny'n amlwg. Rwyt ti wedi dal pysgodyn mawr iawn nawr. Gobeithio fod cymaint yn ei ben e ag sy yn y corff mawr yna.'

'Paid ti â siarad am Gilbert fel yna. Mae e'n ffrind da i fi.'

'Ac yn gariad?'

'Paid â siarad yn dwp. Ond fe fyddwn ni'n mynd ar wyliau gyda'n gilydd.'

'O, rwyt ti'n symud yn gyflym, on'd wyt ti?'

'Ddim mor gyflym â thi.'

'Ga i . . . ym . . . ofyn pwy ydy'r dyn bach . . . mae'n ddrwg gen i . . . pwy ydy'r cawr?'

'Pwy ydy Gilbert? Mab y prifathro, prifathro'r ysgol lle bydda i'n mynd yn athrawes ym mis Medi. Fe es i i'w weld e —y prifathro, rydw i'n feddwl—ac fe ges i groeso cynnes iawn ganddo fe. Gŵr gweddw ydy e.'

'O, rydw i'n gweld. Fe fyddi di'n athrawes yn ei ysgol ac yn forwyn fach yn ei dŷ,' meddai Aled yn ddigon sarcastig. Teimlai ei fod e'n dal ei dir yn dda iawn yn erbyn geiriau cas Catrin.

'O, fe fydda i'n falch o roi help llaw nawr ac yn y man.'

'Ac fe fyddi di'n mynd ar dy wyliau gyda'r mab. Beth am yr hen ddyn—y prifathro? Fydd e'n mynd ar wyliau gyda chi hefyd?' gofynnodd Aled.

'Bydd. Mae bwthyn ganddo fe yn sir Benfro, a dyna lle byddwn ni'n mynd.'

Roedd Aled ar fin dweud, 'Ac fe fyddi di'n cysgu bob yn ail gyda'r hen ddyn a'r mab.' Er ei bod hi wedi dweud pethau brwnt wrtho fe, ei fod e'n hen wrcath ac ati, doedd e ddim eisiau brifo gormod arni hi. Ac fe wyddai'n iawn na fyddai hi'n cysgu gyda neb nes ei bod hi'n briod. Roedd ganddo fe gymaint â hynny o barch tuag ati hi beth bynnag.

'Pob hwyl i'r tri ohonoch chi, te. Gobeithio y cewch chi amser braf yn sir Benfro. Ond mae dy bysgodyn newydd di'n dod yn ôl, ac fe ddyweda i "da boch chi", ti a fe.'

'A da bo ti hefyd, a gobeithio . . . gobeithio . . .' ac fe stopiodd Catrin.

'Gobeithio beth, Catrin?'

'O, does dim ots . . . wel, pob lwc i ti. Fe fydda i'n cofio . . . am Riw'r Dolau . . . a'r haul yn mynd i lawr, ac ati . . . ac ati. Fe allwn ni fod yn ffrindiau, beth bynnag.'

'Gallwn. Hwyl nawr, Catrin, a phaid â meddwl yn ddrwg amdana i.'

'Na, Aled, wna i ddim. Roedden ni'n ffrindiau mawr. Rho gusan ffrind i fi nawr.' Ac fe gusanodd y ddau. Ŵyr Aled ddim beth oedd gan Gilbert y cawr i'w ddweud o weld y ddau'n cusanu, achos fe droiodd i ffwrdd yn gyflym a mynd yn ôl at ei rieni.

'Sut oedd hi?' gofynnodd ei fam.

'O, yn iawn, yn ôl pob golwg. Mae ffrind newydd ganddi hi nawr.'

'O, ffrind newydd? Fuodd hi ddim yn hir, te, yn dy roi di heibio,' meddai ei fam.

'O, wn i ddim, wir. Fy rhoi i heibio? Wn i ddim yn wir,' atebodd Aled. Nid cusan ffrind gafodd e ganddi hi, roedd e'n siŵr o hynny. Ond roedd yn ddigon amlwg ei bod hi wedi derbyn y ffaith fod merch arall yn ei fywyd nawr. Roedd e'n falch iawn o hynny. Roedd digon o synnwyr cyffredin ganddi hi . . . gan Catrin.

'Soniaist ti wrthi hi am Marged?' gofynnodd ei fam wedyn.

'Doedd dim rhaid. Roedd Catrin yn ddigon call i weld bod merch arall yn y busnes yn rhywle. A Mam, wnawn ni ddim sôn amdani hi eto. Ydych chi'n deall, Mam?' meddai Aled.

Roedd ei dad yn gwrando ac roedd arno fe eisiau gwneud jôc o'r peth. Ond fe welodd fod ei fab o ddifri, ac fe gadwodd e ei geg ar gau.

'A nawr, mae rhaid i fi fynd â'r rhacs yma (ei glogyn ac ati, wrth gwrs) yn ôl. Dim ond eu hurio nhw rydw i, cofiwch. Fe fydda i'n ôl ymhen ychydig o funudau.'

'Iawn, Aled, ac fe gawn ni de yn rhywle cyn cychwyn am adref,' meddai ei dad. 'Ond, wir, rwyt ti'n edrych yn wych yn y rhacs yna, fel rwyt ti'n dweud. Paid â bod yn hir.'

Meddwl roedd Aled ar y ffordd adref, tybed fyddai Marged yn ffonio cyn mynd i'r gwely i ofyn sut ddiwrnod roedd e wedi'i gael. Fe fyddai arni hi eisiau gwybod a oedd e wedi gweld Catrin hefyd, a beth ddigwyddodd rhyngddo fe a hi. Ac roedd Aled eisiau gwybod a oedd hi wedi trefnu rhywbeth ar gyfer dydd Gwener. Roedd rhaid ei chlywed hi'n canu 'Yn wyrddlas, ir' achos doedd yr Eisteddfod ddim ymhell i ffwrdd, ac fe fyddai hi'n mynd ar wyliau i Lydaw ddydd Sadwrn. 'A bydd rhaid i fi fyw fel meudwy am byth-efnos gyfan . . .'

15. 'Fe fyddwn ni'n ffrindiau mawr'

Do, fe ffoniodd Marged ar ôl i Aled a'i rieni ddod adref o Aberglasfor o'r seremoni graddio.

Oedd ei dad a'i fam wedi mwynhau'r dydd? Siŵr eu bod nhw'n falch o'i weld e'n mynd i'r llwyfan i gael ei dderbyn i'w radd.

Oedden, roedden nhw'n falch, ond ddywedon nhw ddim llawer. Ond roedd yn ddigon amlwg o'u hwynebau eu bod nhw'n ddigon bodlon.

Ac roedd pawb yn curo dwylo ac yn gweiddi pan aeth e i'r llwyfan?

Oedd, roedd ei ffrindiau i gyd yn siantio fel arfer.

Roedd pryder yn ei llais pan ofynnodd Marged ei chwestiwn nesaf.

'Welaist ti . . . Welaist ti . . . Catrin?'

Roedd arni hi ofn, efallai, y byddai gweld ei hen gariad yn ailddeffro ei hen deimladau tuag ati hi.

'Do, fe welais i hi.'

'Fuost ti'n siarad â hi?'

'Do.'

'Wel, fy machgen glân i, dwêd beth ddigwyddodd? Dwêd! Rydw i ar bigau.'

Chwerthodd Aled.

'Paid â phoeni, Marged. Does gen ti ddim i'w ofni. Fe elli di fod yn siŵr yn dy feddwl na fydd neb byth bythoedd nac yn oes oesoedd yn cymryd dy le di yn fy mywyd. Neb, byth.'

'Rydw i'n falch yn fy nghalon dy glywed di'n dweud, Aled. Mae rhaid i ferch glywed pethau fel yna nawr ac yn y man, neu fe fydd hi ar binnau.'

'Roedd hi mewn tipyn o dymer ar y dechrau, Marged. Wyddost ti beth roedd hi yn fy ngalw i?'

'Wel, dwêd, fachgen. Doeddwn i ddim yno'n gwrando.'

'Gwrcath! Dyna beth roedd hi'n fy ngalw i.'

'Gwrcath?' ac fe chwerthodd Marged nes bod y ffôn yn clecian yng nghlust Aled. Wedyn, 'Gwrcath? Miaw . . . miaw

. . . dere lan i 'ngweld i rywbryd.' A chwerthin mawr eto
wedyn. 'Pam roedd hi'n d'alw di'n wrcath?'
    'Meddai hi, y funud y troiodd hi ei chefn roeddwn i'n
rhedeg ar ôl merch arall fel rhyw hen wrcath.'
    Ar ôl pwl arall o chwerthin, gofynnodd Marged,—
'Ddywedaist ti wrthi amdana i?'
    'Naddo. Fe ofynnodd hi pwy oedd y ferch roedd y gwrcath
ar ei hôl, ond fe wrthodais i ddweud. Yn wir i ti, Marged,
roedd hi'n siarad fel merch o'r gwter ar y pryd. A doeddwn i
ddim eisiau iddi hi siarad amdanat ti yn iaith y gwter.'
    'Diolch, Aled. Rwyt ti'n cofio'r hen gân''Os wyt ti yn bur i
mi''. Rydw i'n bur i ti, Aled.'
    'Rydw i'n bur i ti hefyd, cariad. Felly, paid â phoeni.
Roedden ni'n ffrindiau ar y diwedd ac mae ganddi hi ffrind,
os nad cariad, newydd. Ond dyna ddigon amdani hi,
Marged. Wnawn ni ddim sôn amdani hi eto. Iawn?'
    'Iawn, Aled . . . iawn.'
    'A dyma'r cwestiwn nawr. Beth wyt ti'n wneud yfory? Fe
fyddi di'n mynd i ffwrdd ddydd Sadwrn, ac mae rhaid i ni
gwrdd cyn i fi fynd i fyw fel meudwy yn rhywle. Ac mae rhaid
i fi dy glywed di'n canu ''Yn wyrddlas, ir''. Ac mae'n siŵr bod
rhaid i ti ganu cân arall. Mae dwy gân i'w canu yn y gystad-
leuaeth fel arfer. Fe fydd yr Eisteddfod am ein pennau erbyn
i ti ddod adref.'
    'Clyw nawr, Aled. Fe fydda i'n brysur yma yfory, yn pacio
ac ati i fynd ar ein gwyliau. Mae Tada wedi rhoi'r car yn y
garej i fod yn siŵr y bydd popeth yn iawn erbyn bore
Sadwrn. Fe fyddwn ni'n mynd â'r car ar y fferi. Mae rhaid i ni
gael awr neu ddwy gyda'n gilydd cyn i ti fynd yn feudwy.
Beth am i ti ddod lan yma nos yfory? Dwyt ti ddim wedi
cwrdd â Mam a Tada eto. Mae'r ddau eisiau cwrdd â thi.
Felly, dere lan nos yfory. Tua saith o'r gloch? Fe fyddwn ni
wedi gorffen pacio erbyn hynny.'
    'Jiw! Marged! Fe fydda i'n rhy nerfus . . . mor nerfus â
chwningen.'

'Dim ond i ti beidio â sniffian dy drwyn fel cwningen, fe fyddi di'n iawn,' chwerthodd Marged. 'Paid ag ofni. Fe fydda i wrth y glwyd yn brydlon am saith i estyn croeso i ti ac i dy gyflwyno di gydag anrhydedd i Mam a Tada. Fe ddoi di?'

'Sut gall dyn dy wrthod di, Marged? Fe ddo i wedi cribo fy nannedd a glanhau fy ngwallt a golchi y tu ôl i 'nghlustiau.'

'Rwyt ti'n cymysgu pethau, on'd wyt ti?'

'Ydw, wrth gwrs. Gwela i di am saith . . . yn brydlon. Os na fyddi di wrth y glwyd i gydio yn fy llaw, fe fydda i'n rhedeg am fy mywyd.'

'Fe fydda i wrth y glwyd, paid ag ofni. Dydw i ddim wedi dy weld ti ers . . . ers oesoedd . . . wel, ers dydd Mercher . . . pryd oedd hynny, dwêd?'

'Ddoe, Marged.'

'Fe wn i. Nos da . . . Aled . . .'

'Nos da . . . Marged . . .'

Yn brydlon am saith o'r gloch y diwrnod wedyn, roedd Aled yn cerdded at glwyd Tŷ'r Dderwen. Roedd Marged yno'n barod. Fe ddaeth hi allan o'r glwyd, a meddai hi gan chwerthin yn llawen,—

'Gad i fi weld. Wyt ti wedi golchi y tu ôl i dy glustiau a chribo dy ddannedd fel dywedaist ti? O, rwyt ti'n dwp, Aled, ond rydw i'n dy garu di fel . . . fel wn i ddim beth. Dere ymlaen. Mae'n ddrwg gen i dydy'r carped coch ddim i lawr. Mae Siarl, ti'n gwybod, y tywysog, wedi gofyn amdano i ryw bwrpas arbennig, ond wn i ddim i beth.'

I mewn â nhw i'r tŷ ac Aled yn gweld ar unwaith y gwahaniaeth rhwng cartref colier cyffredin a chartref y rheolwr—gwahaniaeth yn y carpedi, gwahaniaeth ym maint y cyntedd, gwahaniaeth hyd yn oed yn y papur ar y wal ac yn y lluniau ar y wal hefyd.

Aeth Marged ag Aled i mewn i'r lolfa—y parlwr yn Lôn y Bryn. Roedd ei mam a'i thad yn eistedd mewn dwy gadair fawr esmwyth. Fe gododd y ddau ar unwaith. Edrychodd Aled yn gyflym o'r naill i'r llall. Roedd Marged yn debyg i'w mam—yr un wyneb hardd a'r un gwallt melyngoch, ond bod arian yn cymryd lle yr aur yng ngwallt y fam. Ac roedd rhyw urddas yn perthyn i'r tad, ac roedd e'n dal, mor dal ag Aled ei hun. Daeth y ddau ymlaen at Aled a gwên o groeso ar eu hwynebau.

'Dyma fe i chi, Mam . . . Tada. Aled, neu a rhoi ei enw llawn iddo fe, Aled Rowland BA, anrhydedd yn y dosbarth cyntaf mewn Cerddoriaeth, fy mhartner yn y gwaith o ddod â bywyd newydd i dir diffaith y pentref hwn,' meddai Marged yn wên i gyd. 'Mae e'n fachan bach teidi, on'd ydy e, Mam . . . Tada?'

Chwerthodd y ddau riant. Roedden nhw'n adnabod eu merch a'i smalio. Dyma nhw'n dod ymlaen i ysgwyd llaw.

'Mae'n dda gen i gwrdd â chi, Aled. Rydyn ni wedi clywed llawer amdanoch chi mewn ychydig iawn o amser,' meddai'r gŵr o urddas.

'Pleser cwrdd â chi,' meddai'r fam. 'Rwy'n teimlo fy mod i'n eich adnabod chi'n dda ar ôl holl siarad Marged amdanoch chi. Croeso i chi yma a gobeithio y gwelwn ni fwy arnoch chi.' Ac Aled yn teimlo'i law yn cael ei gwasgu'n gynnes. Druan ohono fe. Doedd e ddim yn gwybod beth i'w ddweud, ond fe ddaeth, 'D . . . D . . . Diolch,' yn y man.

'Dyna fi wedi dy gyflwyno di, Aled. Dere nawr i eistedd ar y setî gyda fi. Ac eistedd di'n syth nawr, dy ddwylo ar dy benliniau, ac edrycha'n syth o dy flaen, achos mae Mam a Tada'n mynd i dy holi di am dy achau, beth ydy dy oed heb gyfrif dy ddannedd, faint o arian sy gen ti yn y banc, a sawl gwaith yn y flwyddyn y byddi di'n cael bath ac ati ac ati.'

Chwerthodd pawb, ac fe gydiodd Marged ym mraich Aled i'w dynnu i eistedd wrth ei hochr hi ar y setî. Eisteddodd y tad a'r fam yn ôl yn eu cadeiriau esmwyth.

'Peidiwch â gwrando arni hi'n clebran,' meddai'r fam. 'Smalio mae hi o fore gwyn tan nos. Ond yn wir i chi, rydyn ni'n falch iawn o gwrdd â chi, Tada a fi. Fe fuoch chi yn Aberglasfor ddoe yn cael eich derbyn i'ch gradd?'

'Do . . . do.'

'Sut ddiwrnod gawsoch chi? Roedd hi'n braf i deithio. Siŵr bod eich mam a'ch tad wedi mwynhau'r dydd.'

'Roedden nhw wrth eu bodd.'

A'r tad—Tada—wedyn. 'Cerddoriaeth wnaethoch chi yn y coleg—eich prif bwnc felly?'

'Ie, Cerddoriaeth oedd y prif bwnc, ond fe wnes i Gymraeg hefyd fel ail bwnc. Fe wnes i fwynhau'r ddau gwrs.'

'Fe fu Marged yn astudio canu a'r piano yn y Coleg Cerdd yng Nghaernewydd.' Y tad eto.

'Do, ac mae ganddi hi lais godidog . . .'

'Ac mae Aled yn denor bach teidi hefyd, Tada,' torrodd Marged i mewn. 'Fe ddylech chi ein clywed ni gyda'n gilydd.'

'Fe ga i'r pleser hwnnw ryw ddydd yn fuan, mae'n siŵr gen i,' meddai'r tad. Ac yna, 'Fe gafodd hi gynnig mynd i ganu yn y corws gyda'r Cwmni Opera.'

'Ond gwrthod y cynnig wnaeth hi,' meddai'r fam.

'Piti am hynny,' meddai Aled. 'Ond mae hi'n dweud bod yn well ganddi oratorio . . .'

Ar ôl y mân siarad fel hyn am sbel fe ddaeth y sgwrs yn fwy rhydd, a chyn pen dim roedd Marged wedi closio at Aled ar y setî ac eistedd fraich ym mraich â fe.

A'i mam yn meddwl, 'Mae'r ddau yn bictiwr gyda'i gilydd. Rydw i'n hoffi'r bachgen yma. Wyneb artist ganddo fe; talcen llydan, llygaid clir . . . a'i fysedd yn hir, ond yn gryf hefyd . . . siŵr ei fod e'n canu'r piano yn wych. Beth bynnag, mae e wedi rhoi ystyr newydd i'w bywyd i Marged.'

A'r tad yn meddwl, 'Ydy, mae e'n foi iawn. Wel, mae e'n edrych yn ddigon gonest a chall, ac mae e'n cymryd bywyd o ddifri. Mae rhaid ei fod e wedi gweithio'n galed yn y coleg i gael anrhydedd yn y dosbarth cyntaf. Fe allith e fod yn foi gwerthfawr iawn yn y pentref yma, ond piti ei fod e'n ddi-waith. Gobeithio caiff e swydd yn fuan ac yn ddigon agos i Drefynach. Os caiff e swydd ymhell fe fydd Marged yn torri ei chalon. Ond fe fydd y côr ac ati ganddi hi. Piti fod ei dad yn ymddwyn mor dwp tuag ata i. Ond mae Marged yn dweud ei fod e'n ddigon caredig tuag ati hi . . .'

Roedd y meddyliau hyn, wrth gwrs, yn mynd ymlaen yr un pryd â'r siarad a'r sgwrsio. Ond roedd Aled yn synnu nad oedd dim piano yn yr ystafell—hwn oedd y parlwr, siŵr o fod, ac yn y parlwr y dylai'r piano fod. Ond pharhaodd ei syndod ddim yn hir, achos meddai Marged,—

'Fe arhosi di i gael tamaid o swper gyda ni, Aled, ac ar ôl tonc fach ar y piano, adref â thi'n gynnar achos fe fyddwn ni'n cychwyn am Lydaw yn gynnar yn y bore.'

'Os ca i ffonio Mam yn gyntaf,' meddai Aled.

'Siŵr iawn. Dere i ffonio nawr, ac wedyn fe gei di gip ar y piano tra bydd Mam yn dodi'r bara sych a dŵr ar y ford i ti.'

'Fe gewch chi rywbeth gwell na bara sych a dŵr,' meddai'r fam gan chwerthin.

'O, na, Mam,' meddai Marged. 'Bwyd y meudwy fel Dewi Sant iddo fe, achos fe fydd e'n byw fel meudwy tra byddwn ni . . . wel, tra bydda i i ffwrdd.'

Ac roedd y fam yn falch o'r tynnu coes a'r smalio, yn falch o weld y ddau ifanc yma mor gartrefol a rhydd yng nghwmni ei gilydd. 'No inhibitions,' meddyliodd hi.

Ar ôl ffonio, dyma Marged yn arwain Aled i ystafell arall ar draws y cyntedd.

'Dyma'r ystafell gerdd, a dacw'r piano. Wyt ti'n hoffi ei golwg hi?'

'Baby-grand, a Challen hefyd! Hew, rwyt ti'n lwcus, Marged. Ga i ei threio hi?'

'Wrth gwrs, fy machgen glân i. Y "Moonlight Sonata", os wyt ti'n ei gwybod hi.'

Oedd, roedd y 'Moonlight Sonata' ar ei gof. A dyma'i chwarae hi, a Marged yn sefyll y tu ôl i Aled a'i dwylo ar ei ysgwyddau.

'Bendigedig, Aled. On'd ydyn ni'n dau'n lwcus, ein bod ni'n hoffi'r un pethau. Fe fydd ein bywyd ni'n gân i gyd. Dwêd "Amen", y dyn annwyl.'

Fe gafodd hi'r 'Amen', ac yna, fe stopiodd Aled ei chwarae.

'Gwrando, Marged. Rwyt ti'n cynnig yn yr Eisteddfod.

"Yn wyrddlas, ir" ydy'r gân. Dydw i ddim wedi dy glywed di yn ei chanu hi, na'r ail gân. Beth ydy honna?'

' "Ynys y Plant".'

'Cana nhw nawr, Marged.'

'Mae'r ddwy ar fy nghof, ond rydw i'n clywed Mam yn galw. Mae dy fara a dŵr yn barod, Mistar Meudwy. Fe gana i nhw ar ôl swper.'

Na, chanodd Marged mo'r ddwy gân ar ôl swper. Fe aeth y bwyta a'r siarad ymlaen yn hir ac yn hwyr. Roedd e'n bryd o fwyd hyfryd a'r sgwrs yn ddiddorol dros ben. Ac ar ôl gorffen, gwisgodd Marged gôt dros ei hysgwyddau i hebrwng Aled at y glwyd. Closiodd hi ato fe yn y tywyllwch.

'Maen nhw wedi cymryd atat ti—Mam a Tada—Aled. Rydw i'n siŵr bod Mam wedi dy hoffi di'n fawr.'

'Roeddwn i wrth fy modd gyda nhw, a hwythau'n gwneud i fi deimlo mor gartrefol gyda nhw. Fe fyddwn ni'n ffrindiau mawr, fi a dy dad, hyd yn oed os ydy e'n meddwl bod fy nhad i yn hen ddyn sur. Rwyt *ti* wedi concro 'Nhad, beth bynnag.'

'O, fe ddaw Mohamed at y mynydd, neu'r mynydd at Mohamed,—pa un bynnag sy'n iawn—cyn bo hir, ac fe fydd pawb yn byw yn hapus byth wedyn—fel ti a fi.'

'Rhaid dweud "Amen" i hwnna, beth bynnag.'

'Rhaid i fi fynd nawr, Aled. Mae hi'n hwyr. Fyddi di ddim yn segur tra bydda i i ffwrdd?'

'Segur? Na fyddaf.'

'Wnei di feddwl amdana i nawr ac yn y man?'

'Fe fydda i'n mynd i ben y mynydd, ac yn gwneud cwtsh i fi fy hun yno, ac yn y cwtsh fe fydda i'n byw ar fara a dŵr nes byddi di'n dod yn ôl adref. Ac fe fydda i'n gwneud dim byd yn fy nghwtsh ond meddwl amdanat ti, Marged.'

'O, Aled, rwyt ti'n dwp, ond rwyt ti'n annwyl. Nos da . . . Aled . . . Aled . . .'

'Nos da . . . Marged . . . annwyl . . .'

16. 'Mae e'n siŵr o gael y swydd'

Dyddiau gwag oedd y dyddiau nesaf i Aled heb gwmni Marged, ond doedden nhw ddim yn ddyddiau segur. Penderfynodd Aled nad oedd e'n mynd i wastraffu'r dyddiau. Roedd digon i'w wneud i gael y chwaraegerdd i drefn a siâp. Roedd eisiau clymu'r holl beth wrth ei gilydd; clymu'r ddau blot, plot y ddau gariad, Wil ac Ann, a phlot y ddau gariad cwerylgar. Roedd digon o benillion a chaneuon gwerin addas ar gyfer stori Ann a Wil, fel, 'Dacw 'nghariad i lawr yn y berllan' a 'Tra bo dau' a 'Mae 'nghariad i'n Fenws', ac wrth gwrs, roedd y penillion 'Hiraeth' a 'Titrwm, tatrwm'; O, roedd digon, ond roedd rhaid chwilio am ragor o ganeuon ar gyfer y cariadon cwerylgar. Efallai byddai rhaid iddo ofyn i'w dad i ysgrifennu penillion, ac fe allai fe ei hunan ysgrifennu'r alawon ar eu cyfer nhw.

Ac wrth feddwl fel hyn am ei dad, fe ddaeth i feddwl Aled mor od roedd ei dad yn ymddwyn, yn enwedig y dyddiau diwethaf hyn ar ôl bod yn Aberglasfor i'r seremoni graddio. Roedd e fel pe bai e ar binnau . . . ar bigau'r drain, yn holi bob dydd pan oedd e'n dod adref o'r gwaith, a oedd yna lythyr iddo fe, neu oedd rhywun wedi bod ar y ffôn eisiau siarad â fe, neu hyd yn oed oedd teligram wedi dod iddo fe. Roedd Aled yn methu'n lân a deall beth oedd yn bod arno fe, ac fe ddywedodd e hynny wrth ei fam.

'Twt! Paid â sôn,' meddai hi. 'Mae e wedi bod fel hyn ers wythnosau cyn i ti ddod adref o'r coleg. Rydw i wedi gofyn iddo fe lawer gwaith beth mae e'n ddisgwyl, ond gwrthod ateb mae e. Mae gen i syniad, ond . . .'

'Beth, Mam?'

'O, ddyweda i ddim, dim ond dweud ei fod e wedi bod yn brysur yn ystod y gaeaf. Roedd e'n llosgi'r gannwyll yn hwyr weithiau. A dyna'r cyfan ddyweda i wrthot ti.'

Ac roedd rhaid i Aled fod yn fodlon ar hynny. Roedd rhaid mynd ymlaen â'r chwaraegerdd. Roedd rhaid cael popeth yn dwt ac yn daclus erbyn byddai Marged yn cyrraedd adref. Ac ar ôl cael ei barn hi ar y gwaith, fe allen nhw feddwl am gael copïau wedi eu gwneud—copïau o'r sgript—ar gyfer y côr. Y côr? Doedd dim côr ganddyn nhw eto . . . ond roedd rhaid bod digon o gantorion yn y pentref o hyd. Doedd y dalent i gyd ddim wedi gadael y pentref. Fe fyddai eisiau côr da o bentrefwyr i ganu a dawnsio o gwmpas y Fedwen Fai—fe fyddai hynny'n olygfa bert iawn; y pentrefwyr yn eu gwisgoedd o ddechrau'r ddeunawfed ganrif, achos dyna pryd roedd Ann a Wil Hopcyn yn byw; rhubanau a blodau ar y fedwen a rhywun yn canu'r ffidil neu'r delyn a phawb yn hapus a llawen.

'Dydw i ddim yn gwybod llawer am hen ddawnsiau, ond mae'n siŵr bod Marged yn gwybod rhywbeth amdanyn nhw,' meddai Aled wrtho'i hun un diwrnod. 'Ac fe fydd eisiau actorion i gymryd rhan. Wrth gwrs, Marged fydd Ann Thomas, ond fe fydd eisiau rhywrai i gymryd rhannau mam Ann, a'i thad, a'r hen ddyn Maddocks a'i fab.'

Ond cael pobl ifanc i ddawnsio ac ati oedd yn poeni Aled fwyaf. Ble roedden nhw i'w cael? Fe ddaeth yr ateb yn syth. Yn ei hen ysgol . . . yn Ysgol Gyfun Rhiwgaled lle roedd ef ei hun yn ddisgybl ychydig o flynyddoedd yn ôl. Ac fe ddaeth i ben Aled gof am ei hen athro cerddoriaeth yn yr ysgol, er nad oedd e'n hen o ran oed chwaith. Ac fe benderfynodd Aled yn y fan a'r lle fynd i'w weld e. Efallai byddai fe'n ddigon lwcus i gael Rhys Gwilym ar awr rydd. Ac fe allai fe fynd i weld ei hen brifathro, Mr. Rosser, yr un pryd. Roedd ganddo fe barch mawr tuag at Mr. Rosser. Wir, fe fyddai'n dda mynd yn ôl i'r hen ysgol am dro. Doedd e ddim wedi bod yno ond rhyw ddwywaith neu dair er pan aeth e i'r coleg.

Rhedodd Aled o'r parlwr i'r gegin at ei fam.

'Mam, rydw i'n mynd i weld Mr. Gwilym yn yr ysgol. Fe alla i gymryd y car. Mae e'n segur yn y garej ar hyn o bryd.'

'Ydy, mae e. Cymer di fe.'

'O'r gorau, Mam. Cadwch dipyn o ginio erbyn i fi ddod yn ôl.'

Roedd Ysgol Gyfun Rhiwgaled tua phedair milltir i fyny'r cwm o Drefynach, ac fe yrrodd Aled yr *Escort* yn syth drwy'r gatiau mawr. Sawl gwaith roedd e wedi cerdded drwy'r gatiau yma pan oedd e'n ddisgybl yn yr ysgol?

'Ew! Dyddiau braf oedd y rheiny. Fe ges i amser da yma.'

Yn wir, roedd gan Aled barch mawr tuag at yr hen brifathro; roedd ganddo barch mawr hefyd at yr ysgol ei hun a'i hathrawon. Ond dyna fe! Roedd e wedi gwneud yn dda yn yr ysgol—yn y dosbarthiadau ac ar y cae chwarae.

Ar ôl parcio'r *Escort* fe aeth Aled yn syth at ddrws ystafell yr athrawon. Roedd e'n gwybod am bob twll a chornel. Curo wrth y drws. Agorwyd y drws gan ŵr ifanc. 'Athro newydd,' meddyliodd Aled, ac yna'n Saesneg i fod yn siŵr bod yr athro yma'n deall,—

'Ydy Mr. Gwilym yma, os gwelwch yn dda?'

Ac yn Saesneg y cafodd Aled yr ateb.

'Nac ydy, dydy e ddim yma nawr. Mae e'n ffidlan gyda'i biano yn yr ystafell gerdd rydw i'n meddwl.'

'Diolch . . . Diolch yn fawr,' atebodd Aled ac i ffwrdd â fe i ystafell Mr. Gwilym.

Edrychodd drwy'r ffenestr i'r ystafell ac yno roedd Rhys Gwilym ar ei ben ei hun 'yn ffidlan gyda'i biano'. Curodd Aled wrth y drws a mynd i mewn. Cododd Rhys Gwilym o'i stôl wrth y piano.

'Aled bach, mae'n dda dy weld ti. Sut mae pethau . . . a llongyfarchion wrth gwrs. Anrhydedd yn y dosbarth cyntaf. Do wir, fe wnest ti'n dda.'

'Ti' oedd pob disgybl da i Rhys Gwilym, os oedd e'n Gymro ac yn deall Cymraeg. 'Chi' neu '*You there*' oedd pob disgybl sâl.

Dyn bach o gorff oedd Rhys Gwilym, ac fel llawer dyn bach o gorff, roedd e'n fywiog iawn ac yn llawn 'mynd'. Roedd e'n symud o gwmpas fel aderyn gan hopian o'r fan yma i fan arall fel robin goch. Beth bynnag, roedd ganddo fe enw da fel athro.

Gŵr o'r Gogledd oedd e, ond roedd e wedi bod yn byw yn
y De yn ddigon hir, ac wedi priodi merch o'r 'Sowth', ac
erbyn hyn roedd pob 'rwan' wedi troi'n 'nawr', pob 'tyrd'
yn 'dere', pob 'dos' yn 'cer' a phob 'dallt' yn 'deall'.
Yn ateb i longyfarchion Mr. Gwilym, meddai Aled,—
'I chi mae'r diolch am bob peth.'
'Twt, twt! Dim o gwbl. Mae gen ti dalent naturiol. Wyt ti
wedi cael swydd eto?'
'Nac ydw. Ar y dôl rydw i ar hyn o bryd, a hyd y gwela i
nawr, ar y dôl bydda i am sbel eto. Does dim gobaith am
swydd am fisoedd . . .'
'Dim gobaith? Oes, mae gobaith . . . gobaith cryf hefyd.'
'Nac oes, wir.'
'Paid â bod yn ddigalon. Roeddwn i'n bwriadu ysgrifennu
atat ti, a phe bawn i'n gwybod dy fod ti gartref, fe fyddwn i
wedi gwneud yn barod. Dyma beth sy gen i. Rydw i wedi
cynnig am swydd fel Trefnydd Cerdd yn fy hen sir yn y
Gogledd, ac mae'n fwy na thebyg y ca i'r swydd. Wyt ti'n
gweld, Aled, mae gen i lawer o ffrindiau yn yr hen sir o hyd,
ac mae llawer o'r teulu'n byw yno, dau frawd—ac un ohonyn
nhw ar y cyngor—a fy chwaer, a Mam a 'Nhad hefyd—maen
nhw'n fyw o hyd. Ac mae'r ffrindiau yma a'r teulu'n
gweithio'n galed drosto i, ac felly mae'n debyg iawn y ca i'r
swydd, yn enwedig achos bod fy mrawd ar y cyngor. Rydw i
ar y rhestr fer, beth bynnag.' Ac fe rwbiodd Mr. Gwilym ei
ddwylo yn ei gilydd i ddangos ei bleser, a chwerthin yr un
pryd. Fe aeth e ymlaen,—
'Wrth gwrs, roedd yr hysbyseb yn dweud "*Canvassing will
disqualify*", ond pa ots gen i, na neb arall o ran hynny, am
hynny. Fydda i fy hun ddim yn canfasio. Mae digon o bobl
gen i i wneud y gwaith diflas yna drosto i.'
'Fe fydd yn anodd cael gwell Trefnydd Cerdd na chi, Mr.
Gwilym. Fe allwch chi droi eich llaw at unrhyw offeryn bron,
a rydw i'n eich cofio chi'n arwain côr yr ysgol,' meddai Aled.
'Diolch i ti am y geiriau caredig yna, Aled. Ond rydw i wedi
gweithio'n galed yma gyda'r plant.'

'Fe wn i hynny'n dda . . . Ym . . . Ym . . . os byddwch chi'n cael y swydd yma, Mr. Gwilym, pryd byddwch chi'n dechrau arni?'

'Ddechrau'r flwyddyn newydd . . . Ionawr y cyntaf.'

'Ac . . . ac fe fydd eich swydd chi yma . . . wedyn yn wag?'

'Bydd, Aled, yn wag, a dyna pam roeddwn i'n mynd i ysgrifennu atat ti. Cadwa dy lygaid a dy glustiau ar agor, a cheisia fod yn ffrindiau â rhai o'r cynghorwyr lleol. Mae'n siŵr bod dy dad yn adnabod nifer ohonyn nhw, yn enwedig y rhai i lawr yma yng ngwaelod y cwm. Cer o'u cwmpas nhw ac os cei di gyfle i brynu peint neu ddau iddyn nhw, wel, pryna beint. Rydw i'n gwybod bod un neu ddau ohonyn nhw i'w gweld yn y Black Lion ar ôl cyfarfod o'r cyngor. Rwyt ti'n cymryd peint bach nawr ac yn y man?'

'Nawr ac yn y man . . . ambell waith . . . yn y gorffennol,' ac fe chwerthodd y ddau. 'Ym . . . ym . . . pryd byddan nhw'n dewis y Trefnydd Cerdd newydd?'

'Ddydd Sadwrn nesaf. Fe fydda i'n mynd lan i Frynarfon nos Wener, ac yn aros dros y Sul. Os ffoni di ddydd Llun neu ddydd Mawrth, fe gei di'r hanes i gyd. Ond dwêd, Aled, beth rwyt ti'n ei wneud i ladd amser a thithau ar y dôl. Dwyt ti ddim yn segur ac yn gwastraffu'r amser rydw i'n siŵr, os ydw i'n d'adnabod di'n iawn.'

'O, rydw i'n ddigon prysur. Rydw i wedi bod yn ceisio casglu stwff at ei gilydd i wneud chwaraegerdd, rhywbeth digon tebyg i'r *musical* yn Saesneg.'

'Da iawn . . . da iawn, yn wir. Rydw i'n hoffi'r syniad. Oes stori gen ti ar gyfer y chwaraegerdd yma?'

'Rydw i am wau'r peth o gwmpas caneuon gwerin ac ati, a'r stori ydy stori y ferch o Gefn Ydfa,' meddai Aled.

'Ann Thomas a Wil Hopcyn. Stori fach dda, wrth gwrs, ond fe wyddost ti fod dim llawer o wir yn y stori.'

'By-beth? Dim llawer o wir ynddi hi?' Roedd Aled yn synnu'n fawr.

'Nac oes, nac oes, does dim llawer o wir yn y stori. Un o

storïau yr hen Iolo Morganwg ydy hi,' atebodd Rhys Gwilym.

'Na! Nid yr hen Iolo eto!' Roedd Aled yn gwybod cryn dipyn am Iolo, ac am ei Orsedd y Beirdd, ond wyddai fe ddim ei fod e wedi bod yn ffidlan â stori'r ferch o Gefn Ydfa. Fe ddechreuodd Rhys Gwilym egluro,—

'Mae'n wir bod yna ferch o'r enw Ann Thomas a'i bod hi'n byw ar fferm o'r enw Cefn Ydfa. Ac mae'n wir ei bod hi wedi priodi boi o'r enw Maddocks, ac mae'n wir ei bod hi wedi marw'n ifanc, wel, heb fod yn hir ar ôl priodi. Hyn i gyd ar ddechrau'r ddeunawfed ganrif. Ond does dim llawer o sôn am Wil Hopcyn, dim ond bod dyn o'r enw Wil Hopcyn wedi ei gladdu ym mynwent Llangynwyd. Rydw i'n gwybod ei ddyddiadau fe—1700 i 1741. Fe ddarllenais i'r hanes yn un o lyfrau yr Athro Griffith John Williams—y diweddar Athro Griffith John Williams. Ac yn ôl beth roedd gan yr Athro i'w ddweud, does dim sicrwydd bod Wil Hopcyn yn fardd o gwbl.'

Roedd hyn i gyd yn syndod mawr ac yn siom i Aled. Gofynnodd,—

'Pwy . . . Pwy ysgrifennodd ''Bugeilio'r Gwenith Gwyn''? Mae pawb yn credu mai Wil Hopcyn wnaeth.'

'Does neb yn gwybod i sicrwydd. Efallai mai Wil Hopcyn ysgrifennodd y pennill cyntaf, neu efallai rhywun arall. Does neb yn gwybod yn iawn. Ond Iolo, mae'n debyg, ysgrifennodd y penillion eraill.'

Roedd Aled yn teimlo'n ddigalon iawn.

'Dyna fwrw'r syniad am ein chwaraegerdd reit yn ei dalcen.'

'Twt, na, ddim o gwbl. Mae hi'n stori bert, ond stori drist iawn hefyd, ac mae pawb yn hoffi'r stori. Y pwynt ydy bod pawb bron yn credu'r stori—roeddwn i yn ei chredu hi hefyd cyn i fi ddarllen llyfr yr Athro Williams. Fe fydd pawb wrth eu bodd yn ei gweld hi'n cael ei hactio ar lwyfan. Fe fyddan nhw'n ei mwynhau hi yn eu dagrau,' meddai Rhys Gwilym gan chwerthin yn galonnog. 'Cer di ymlaen â'r gwaith,

Aled, a phob lwc i ti. Ond cofia, fe fydd eisiau pethau ysgafn
yn y . . . chwaraegerdd hefyd.'

'Rydw i wedi meddwl am hynny. Rydyn ni'n bwriadu
ffurfio côr yn Nhrefynach i'w pherfformio hi . . .'

'Rydyn *ni'n* bwriadu ffurfio côr, Aled? Oes gen ti bartner
yn y gwaith, te?'

'Oes, mae gen i bartner, ac mae hi'n gantores ardderchog
—llais godidog ac ati. Efallai eich bod chi'n ei hadnabod hi.
Ei thad hi ydy rheolwr y pwll acw—Pwll y Dderwen. Marged
Mathias ydy ei henw hi. Rydyn ni'n gweithio gyda'n gilydd
ar y chwaraegerdd, ac rydyn ni'n gobeithio cychwyn côr, a
hi fydd yn chwarae rhan Ann Thomas. Fe fydd hi'n siwtio
rhan Ann yn rhagorol.'

'Aros funud, Aled. Mae gen ti lawer i'w ddweud am y ferch
yma. Fe wn i amdani hi. Mae hi'n ferch hardd iawn. Ydw i'n
clywed sŵn rhamant yn y gwynt?' gofynnodd Rhys Gwilym
a gwên o gwmpas ei wefusau.

'Wel . . . ym . . . oes. Rydyn ni'n deall ein gilydd.'

'Mae'n siŵr eich bod chi a barnu oddi wrth yr olwg yna yn
dy lygaid di. Wel, da iawn. Does dim byd sy'n well na chael
merch dda wrth ochr dyn. Un peth ges i lawr yn y Sowth yma
ydy gwraig heb ei thebyg. Wel, Aled, os bydd eisiau help
arnoch chi'ch dau, fe fyddi di'n gwybod ble i droi.'

'Diolch . . . Diolch yn fawr. Fe alla i ofyn am eich help yn
barod. Does dim côr gyda ni eto . . . a . . . a . . . ac wn i ddim
faint o dalent sy o gwmpas y lle. Fe fydd eisiau pobl ifanc i
ddawnsio hefyd. Oes yna rai yma . . . yn yr ysgol . . . yn y
dosbarthiadau uchaf . . . y pumed a'r chweched?'

'Oes, siŵr, a phan fyddi di'n barod i ffurfio'r côr, fe fydda
i'n cael sgwrs â rhai ohonyn nhw. Mae nifer da o fechgyn a
merched Trefynach yn yr ysgol yma. Ond does dim rhaid
sticio wrth bobl Trefynach. Rwyt ti'n siŵr o gael cantorion a
dawnswyr yn y pentrefi eraill yng ngwaelod y cwm.'

'Rydych chi'n garedig iawn, Mr. Gwilym.'

'Dim o gwbl. Fe fydda i yma tan ddiwedd y flwyddyn hyd
yn oed os ca i'r swydd newydd yma, ac unrhyw help fyddi di

ei eisiau, dere lan i 'ngweld i. O, ie! Mae un peth arall am y
ferch o Gefn Ydfa. Wyddost ti fod hen fachgen o'r ardal yma
wedi ysgrifennu nofel amdani hi? Teitl y nofel yn naturiol
ydy ''Y Ferch o Gefn Ydfa''.'

'Pwy oedd ''yr hen fachgen'' yma, Mr. Gwilym?'

'Gŵr o'r enw Isaac Craigfryn Hughes, ond mae'n amhosibl
cael gafael ar gopi o'r nofel nawr, os nad ei di i'r Llyfrgell
Genedlaethol yn Aberglasfor. Siŵr bod copi yno.'

'Rhaid i fi feddwl am hynny. Fe allwn i gael llawer o help yn
y nofel.'

'Nawrte, cyn i ti fynd, cer i weld y prifathro. Fe fydd e'n
falch o dy weld ti. Mae ganddo fe feddwl uchel ohonot ti. Fe
elli di sôn am y swydd wag fydd yma ar ôl i fi gael y swydd
newydd—ac rydw i'n siŵr o'i chael. Hwyl nawr, a chofia
ffonio.'

'Fe fydda i'n siŵr o wneud. A diolch yn fawr, fawr iawn,
syr.'

'Syr? Rydyn ni ar yr un lefel nawr, Aled. Hwyl i ti, ac i dy
bartner di.' A dyna'r ddau'n ysgwyd llaw yn gynnes iawn.

Fe aeth Aled yn syth i ystafell Mr. Rosser y prifathro, a
churo wrth y drws. Er mai Cymro glân oedd Mr. Rosser, y
geiriau glywodd Aled oedd,—

'*Come in.*'

Agorodd Aled y drws a mynd i mewn.

'Wel, Aled, sut ydych chi?' yn Gymraeg nawr, a 'chi'
oedd pawb i Mr. Rosser. 'Rydw i wedi clywed amdanoch chi
yn Aberglasfor. Llongyfarchion cynnes iawn,' ac fe gododd i
ysgwyd llaw ag Aled. 'Fe wnaethoch chi'n rhagorol iawn,
ond wrth gwrs, roedden ni'n disgwyl i chi gael *First*.'

'Diolch yn fawr, syr.'

'Eisteddwch i ni gael sgwrs fach. Dyma gadair i chi.
Gwnewch eich hun yn gartrefol. Rydw i wedi bod yn
meddwl amdanoch chi. Ydych chi wedi bod yn siarad â Mr.
Gwilym?'

'Ydw, syr, ac roedd e'n dweud efallai y bydd e'n symud i swydd newydd cyn bo hir,' atebodd Aled.

'Efallai? Does dim ''efallai'' o gwbl. Mae e'n siŵr o gael y swydd. Fe fydd yn syndod i fi os bydd gan unrhywun arall well tysteb na'r un ysgrifennais i iddo fe. Fe fyddwn ni'n colli athro da—da dros ben. A dyna pam rydw i wedi bod yn meddwl amdanoch chi. Oes swydd gyda chi i fynd iddi ym mis Medi?'

'Nac oes, mae arna i ofn. Rydw i'n ddi-waith ar hyn o bryd, ac yn ddi-waith y bydda i am sbel yn ôl pob golwg.'

'Peidiwch â phoeni. Fe fydda i'n cofio amdanoch chi pan fydd Mr. Gwilym yn mynd i'w swydd newydd.'

'Diolch yn fawr, syr.'

'Gyda llaw, ydych chi wedi bod yn chwarae rygbi yn y coleg . . . a chriced?'

'Ydw . . . ydw. Fe fues i'n chwarae yn nhîm cyntaf y coleg bob blwyddyn roeddwn i yn y coleg—hynny ydy, y tîm rygbi. Ond fues i ddim yn chwarae criced y tymor diwethaf yma. Roedd yr arholiadau'n fwy pwysig.'

'Oedden, siŵr.'

'Ond fe fues i'n chwarae tipyn o denis nawr ac yn y man.'

'Da iawn. Mae safon y rygbi a'r tenis yn yr ysgol hon . . . a thrwy Gymru i gyd . . . yn mynd i lawr ac i lawr o flwyddyn i flwyddyn. Dydy hi ddim fel roedd hi ers llawer dydd pan oeddwn i'n chwarae.'

Doedd Aled ddim am ddadlau â'r prifathro, dim ond gwenu'n dawel wrtho'i hun. Roedd e, Mr. Rosser, yn hoff iawn o sôn am ei gampau ar y cae rygbi pan oedd e'n ifanc. Dyn byr, llym ei olwg, oedd Mr. Rosser. Doedd e ddim mwy na phum troedfedd a hanner, ond roedd e'n ddyn sgwâr a solet a chryf. Efallai fod ei fol e gryn dipyn yn fwy nawr nag oedd e yn nyddiau ei gampau ar y maes chwarae ers llawer dydd. O wrando arno fe'n siarad am y campau yma, fe allech chi feddwl mai pobl o ysbyty'r meddwl oedd dewiswyr tîm rygbi Cymru; neu fe ddylen nhw fod mewn ysbyty'r meddwl achos doedden nhw ddim wedi ei ddewis ef yn gefnwr i'r tîm. Roedd e wedi cael treial un tro, ac wedi bod yn un o sgwad tîm Cymru, ond chafodd e mo'i ddewis hyd yn oed i dîm B Cymru. Roedd e wedi gwneud campau ar y cae criced a'r cwrt tenis hefyd—wel, fe allech chi feddwl hynny wrth wrando arno fe'n siarad. Roedd hyn yn dipyn o jôc gan fechgyn yr ysgol, ond roedd pawb yn hoff iawn ohono fe, er mor llym y gallai fe edrych ar druan o fachgen oedd wedi gwneud rhyw ddrwg rywbryd.

Y cyfan ddywedodd Aled yn ateb i'r prifathro fod safon rygbi ac ati'n mynd i lawr o flwyddyn i flwyddyn, oedd,—

'Ydych chi'n meddwl, syr?' Na, doedd e ddim am ddadlau —ddim nawr beth bynnag.

'Wel, ydw, siŵr iawn. Rydych chi'n cadw'n ffit o hyd, Aled? Yn ddigon ffit i chwarae?'

'O, ydw. Mor ffit ag y bues i erioed.'

'Da iawn. Nawrte, gwrandewch arna i, a rhywbeth rhyngoch chi a fi ydy hwn—rhyngoch chi a fi a'r pedair gwal yma. Cofiwch nawr. Pan fydd yr hysbyseb am y swydd o Bennaeth yr Adran Gerddoriaeth yn yr ysgol hon yn ymddangos yn y papurau, fe fyddwn ni'n gofyn am radd uchel—*first* neu *2A*— mewn Cerddoriaeth, a hefyd fe fyddwn ni'n gofyn am ddiddordeb mewn chwaraeon, yn arbennig mewn rygbi a chriced a thenis. ('Does dim chwaraeon eraill,' meddyliodd Aled.) Rydych chi'n deall, Aled.'

'Rydw i'n deall, syr.'

'Chi'n deall, Aled, rydw i'n hoffi cael rhai o hen ddisgyblion gorau'r ysgol yn ôl fel athrawon—gweld ffrwyth ein gwaith ni'n hunain yn ôl yn yr ysgol. Chi'n gweld?'

Roedd Aled yn 'gweld' yn dda iawn, yn glir iawn beth roedd y prifathro'n ei ddweud heb fod yn blwmp ac yn blaen. Roedd y prifathro'n cynnig y swydd iddo ar blât, fwy neu lai. Tybed fyddai rhaid iddo fe ganfasio a phrynu peint neu ddau i'r cynghorwyr? Ond dal i siarad roedd Mr. Rosser.

'Fe allwch chi gymryd mai fi sy'n dewis yr athrawon i'r ysgol hon. Os bydda i'n dweud wrth y cynghorwyr fy mod i eisiau rhywun arbennig, fe fydda i'n ei gael e. Ond wrth gwrs, fydd dim i'w golli mewn cael gair yng nghlust un neu ddau o'r cynghorwyr—rhag ofn y bydd mab neu rywun yn perthyn i gynghorwr yn cynnig am y swydd. Mae gan un ohonyn nhw ferch, ond rydw i'n ei chau hi allan wrth ofyn am ddiddordeb mewn rygbi ac ati,' ac roedd gwên gyfrwys ar wyneb y prifathro. 'Ac mae'n debyg na fydd dim eisiau rhestr fer ar gyfer y swydd chwaith. Rydych chi'n deall, Aled?'

'Rydw i'n deall yn iawn, syr.'

'Rhyngoch chi a fi a'r pedair gwal yma, cofiwch! A dyna ni, te. Prynhawn da nawr.' Fe gododd Mr. Rosser i ysgwyd llaw ag Aled, ac roedd y wên ar ei wyneb hyd yn oed yn fwy cyfrwys pan ddywedodd,—

'Fe all y dôl eich cadw chi tan Ionawr y cyntaf, e?'

'Gall, syr . . . gall, yn wir, a diolch yn fawr iawn i chi, syr,' ac Aled yn gwybod bod y prifathro'n hoffi cael ei alw'n 'syr' hyd yn oed gan ei athrawon.

Fe yrrodd Aled adref y prynhawn hwnnw fel pe bai e'n gyrru *Rolls Royce* ac nid hen *Escort* bach ei dad.

17. 'Mae rhaid i ni gadw'r gyfrinach'

Roedd yr amser yn hir i Aled heb gwmni Marged. Sawl gwaith roedd e wedi canu'r penillion 'Hiraeth' yn dawel iddo fe'i hun, a sawl gwaith yr oedd e wedi mynd yn ei ddychymyg, drwy'r olygfa streicio ar y ffenestr gan ganu 'Titrwm, tatrwm'? Yna, Marged yn esgus agor y ffenestr ac yn ei groes-awu fe i'w breichiau agored. A'r gusan! Dyna'r foment fawr yn ei fywyd, y foment pryd y sylweddolodd ei fod e'n caru Marged, pryd y deallodd i bob sicrwydd ei fod e'n caru Marged a bod Marged yn ei garu yntau. Fel pe bai eu dau enaid wedi eu clymu wrth ei gilydd am byth o'r foment honno. Ac roedd e'n diolch i bob ffawd ac i bob duw amdani hi. Roedd ffawd, yn wir, wedi bod yn fwy na charedig wrtho fe. Doedd dim un dyn erioed wedi cael cystal lwc â'i lwc ef. Doedd e ddim yn meddwl, y diwrnod hwnnw pan oedd e'n cario'i bac a'i gês adref o'r coleg, y gallai'r fath lawenydd fod 'rownd y cornel'. Roedd e mor ddigalon y diwrnod hwnnw, a'r dyfodol yn edrych yn ddu, ond roedd yr haf wedi dod i wenu arno—haul yr haf hirfelyn!

Ac ar ben hyn i gyd, roedd ganddo fe obaith am swydd. Wel, na, nid gobaith ond sicrwydd am swydd, os oedd e i gredu popeth a ddywedodd Rhys Gwilym a Mr. Rosser y prifathro wrtho fe. Swydd yn ei hen ysgol i fyny'r cwm. Fyddai dim rhaid iddo fe fynd dros Glawdd Offa fel ei frawd a'i chwaer i ennill ei fara. Fe gâi aros gartref a byw a bod yng nghwmni Marged, gweithio gyda'i gilydd, caru gyda'i gilydd, ac yn sicr, ryw ddydd fe fydden nhw'n ŵr a gwraig; a beth oedd Marged wedi sibrwd yn ei glust ar ôl canu golygfa'r wraig weddw? Mab? O, bendigedig! 'Pan fydd arian yn y god,' canodd Aled. Roedd ei galon e'n llawn, yn llawn o lawenydd, yn llawn o'r ferch honno y cwrddodd â hi drwy ddamwain . . . ei angyles . . . ei Farged, y fwyaf annwyl yn y byd. A thrwy'r amser roedd ei galon yn ysgafn wrth geisio gorffen y chwaraegerdd erbyn y byddai hi'n dod adref o Lydaw. Roedd e ar ben ei ddigon.

Er mai cyfrinach rhwng y prifathro ac yntau a'r pedair
gwal oedd yr addewid, fwy neu lai, am y swydd yn Ysgol
Gyfun Rhiwgaled, roedd rhaid i Aled rannu'r gyfrinach
gyda'i dad a'i fam. Roedd y ddau'n barod i neidio dros y
lleuad gan lawenydd. Fe sylweddolodd Aled rai dyddiau
wedyn fod rhywbeth arall wedi dod i lonni ei dad a'i fam.

Un prynhawn, tua diwedd yr wythnos, fe aeth Aled am
dro i ben y mynydd. Wrth gwrs, roedd rhaid iddo fe fynd a
phwyso wrth y llidiart—'ein llidiart ni' oedd e erbyn hyn—ac
ail-fyw y noson ogoneddus honno pan fuodd ef a Marged yn
sefyll yno mor glòs wrth ei gilydd ar ôl bod yn yr opera.
Yna'n sydyn, fe gofiodd fod 'y cinio-go-iawn' ar y ford yn ei
gartref tua'r hanner awr wedi tri, pan fyddai ei dad yn dod
adref o'r pwll glo. Teimlai Aled dwll yn ei fol, ac edrychodd
ar ei wats. Roedd hi'n barod yn hanner awr wedi tri. Brysiodd
adref.

Y funud y dododd Aled ei droed drwy'r drws, roedd e'n
gwybod bod rhywbeth mawr wedi digwydd. Roedd ei dad
yn canu! Anaml iawn y byddai ei dad yn codi ei lais fel hyn,
ond dyma fe'n canu nawr, yn canu'n llawen fel aderyn ar
goeden. Ond nid canu cân ar ei hyd roedd e, ond canu'r un
llinell o hen emyn y diwygiad ers llawer dydd; drosodd a
throsodd roedd e'n ei chanu hi. 'O hyn fydd yn hyfryd,
hyfryd, hy-yfryd, hyfryd.' Drosodd a throsodd! Roedd Aled
yn gwybod bod ei dad wedi bod ar bigau'r drain yn disgwyl
rhywbeth, ond nid ar bigau'r drain roedd e nawr ond roedd
e'n nofio ar awel o lawenydd. A doedd gan y llawenydd
hwnnw ddim i'w wneud ag unrhyw ddiwygiad!

Roedd ei dad yn eistedd wrth y ford a'i ginio o'i flaen, ond
doedd e ddim yn bwyta. Fel roedd e'n canu roedd e'n curo'r
ford â'i gyllell a'i fforc i rythm y llinell o gân. Ac roedd ei fam
yn ei wynebu wrth y ford a'r wên fwyaf twp ar ei hwyneb.
Wel, felly roedd hi'n ymddangos i Aled. Safodd Aled wrth y
drws a'u gwylio nhw am foment, ac fe stopiodd y gân.

'Sut mae? Sut hwyl? Diwrnod braf heddiw, Aled.'

'Be sy, Dad? Rydych chi'n hapus iawn. Ydych chi wedi cael diwygiad? Neu ennill ffortiwn? Neu wedi meddwi? Chi a Mam wedi meddwi! Ach-y-fi!' er y gwyddai'n iawn nad oedd ei dad—na'i fam—yn cymryd diferyn byth.

'Dere at y bwrdd,' meddai ei fam, a'r wên o hyd ar ei hwyneb. 'Fe a' i i nôl dy ginio di o'r gegin nawr.' Ond aros ar ei heistedd wnaeth hi.

Roedd yn amlwg i Aled na fyddai fe'n cael llawer o synnwyr gan ei dad, achos roedd e wedi ailddechrau canu a churo'r ford â'i gyllell a'i fforc. Fe droiodd e, felly, at ei fam.

'Beth sy'n bod arno fe, Mam? Mae e'n swnio fel pe bai e wedi meddwi . . . ac mae e'n edrych fel pe bai e wedi meddwi . . . a chi hefyd o ran hynny.'

'Wedi meddwi gan lawenydd mae e,' atebodd ei fam a chodi o'i chadair a mynd i'r gegin i nôl ei ginio i Aled.

Troiodd Aled at ei dad.

'Dim ond un llinell rydych chi'n gwybod, Dad? Rydych chi'n canu'r un hen linell drosodd a throsodd . . . fel gramoffon a'r nodwydd wedi sticio. Treiwch linell arall.'

'Dim ond y llinell hon sy'n bwysig achos mae popeth yn hyfryd, hy-yfryd, hyfryd,' canodd ei dad.

'Beth sy'n hyfryd, hy-yfryd, Dad? Y tomatos yn yr ardd? Y tatws newydd sy ar eich plât . . . a'r pys?'

Daeth ei fam yn ôl o'r gegin â'i ginio.

'Dydw i ddim yn cael llawer o synnwyr gan Dad, Mam. Efallai y byddwch chi mor garedig ag egluro i fi pryd a ble cafodd Dad y diwygiad. Achos dyna beth sy'n bod arno fe. Mae e wedi gweld y golau o'r diwedd, a nawr mae ei enaid e'n llawenhau. Ond fe ddylai fe weiddi ''Haleliwia'' nawr ac yn y man yn lle'r hen gân yna. Dewch, Mam! Dywedwch beth sy wedi digwydd. Pam mae e mor llon a llawen?'

Ac ateb ei fam oedd,—

'Dyma dy ginio di. Stwffia hwnna i lawr i dy fol,' a dyma hi'n chwerthin yn braf.

'Mam annwyl, eich iaith! Ach-y-fi!'

'Bwyta di hwnna nawr, a phaid â gofyn dim rhagor o gwestiynau. Mae dy ginio di'n mynd yn oer a diflas, fel cinio dy dad.'

Edrychodd Aled ar ei fam, yna ar ei dad ac yn ôl ar ei fam unwaith eto. Roedd y naill yn edrych mor llon â'r llall. Roedd rhyw gyfrinach rhyngddyn nhw. Ond beth oedd y gyfrinach?

'Mam,' meddai Aled, 'rydw i'n rhoi wltimatwm i chi!'

'E? Beth ydy wlti-tomato? Dyna beth ddywedaist ti?'

'Wltimatwm ddywedais i, a does dim eisiau egluro'r gair i chi, achos dyma'r wltimatwm i chi yn blwmp ac yn blaen. (Ac roedd ei dad wedi dechrau bwyta ei ginio erbyn hyn.) Os na ddywedwch chi wrtho i nawr beth ydy'r gyfrinach sy rhyngoch chi'ch dau—ac mae yna gyfrinach rhyngoch chi— wna i ddim bwyta'r cinio yma. Rydw i'n mynd ar *hunger-strike*, sy'n ffasiynol y dyddiau yma.'

''S dim ots gen i. Dy fol di fydd yn wag, nid fy mol i,' chwerthodd ei fam.

Yn amlwg doedd dim gobaith y ffordd yna, a hefyd roedd arogl hyfryd yn codi o'r cinio o'i flaen.

'O'r gorau; wna i ddim ymprydio—fe wna ymprydio y tro am *hunger-strike*, rhag ofn eich bod chi ddim yn gwybod y gair.'

'O, fe wn i'r gair "ymprydio" yn ddigon da, ac fe wn i ei ystyr yn ddigon da. Beth bynnag, fe elli *di* ateb cwestiwn nawr. Rwyt ti wedi gofyn digon. Wyt ti wedi clywed oddi wrth Marged er pan aeth hi ar ei gwyliau? Does dim cerdyn post na dim wedi cyrraedd hyd y gwn i.'

'Na, Mam, ches i ddim byd eto. Ar ôl i bobl ddod adref o'u gwyliau mae'r cardiau ac ati'n cyrraedd fel arfer. O, ie, a sôn am wyliau, pryd byddwch chi'ch dau, chi a Dad, yn mynd ar eich gwyliau? Dydw i ddim wedi'ch clywed chi'n sôn am wyliau er pan ydw i gartref o'r coleg.'

'Wel, na,' atebodd ei fam. 'Rydyn ni wedi bod yn aros . . . wel, mae dy dad wedi bod yn aros, ond rydyn ni wedi penderfynu ble rydyn ni'n mynd nawr.'

'O? I ble, Mam?'

'Wel, rwyt ti'n gwybod bod dy dad yn hoffi mynd i'r Eisteddfod Genedlaethol bob blwyddyn. Ond roeddwn i eisiau mynd i rywle arall, i Landudno neu rywle arall. A dweud y gwir rydw i wedi cael digon ar fynd i'r Eisteddfod bob blwyddyn. Ond fe fydd rhaid i ni fynd i'r Eisteddfod nawr,' ac fe edrychodd Ann Rowland yn gyflym ar ei gŵr. Fe ysgydwodd yntau ei ben fel pe bai e'n dweud, 'Paid â dweud dim rhagor.'

'Fe fydda i'n mynd i'r Eisteddfod am ddiwrnod neu ddau. Fe wyddoch chi fod Marged yn cystadlu ar yr unawd soprano.'

'Na, wydden ni ddim. Ddywedaist ti ddim byd wrthon ni,' meddai'r fam. Roedd hi, fel ei gŵr, wedi sobri digon i fynd ymlaen â'i chinio erbyn hyn.

'Naddo? Roeddwn i'n meddwl fy mod i wedi dweud. Ond mae cymaint o bethau wedi bod ar fy meddwl yn ddiweddar.'

'Dim ond un peth . . . wel, un person sy wedi bod yn dy ben di'n ddiweddar,' meddai'r tad.

'Nid yn fy mhen mae Marged, ond yn fy nghalon,' smaliodd Aled.

Fe ddaeth Aled yn ôl at y pwnc o wyliau a'r Eisteddfod. Roedd cwestiwn wedi codi yn ei ben.

'Pryd penderfynsoch chi eich bod chi'n mynd i'r Eisteddfod, a chithau eisiau mynd i Landudno neu rywle?'

'Y prynhawn yma,' meddai ei fam.

'Y prynhawn yma? Fe benderfynsoch chi'n sydyn iawn, on'd do? Ac fe ddywetsoch chi, Mam, fod rhaid i chi fynd . . . fod rhaid i chi fynd . . . rhaid, Mam. Pam y ''rhaid'' yma?'

'Paid â gwrando ar dy fam. Mae hi'n siarad drwy ei het yn aml, fel y gwyddost ti'n iawn,' meddai William Rowland. 'Does dim *rhaid* i ni fynd i unlle.'

'O, oes . . . O, oes. Rydw i'n dechrau deall nawr, a rydw i'n deall pam roedd Dad yn canu mor ''hyfryd'' ac yn curo'r ford â'i gyllell a'i fforc.'

'Wel, dwêd pam,' meddai ei fam.

'O, caea dy geg, wraig.' Roedd William Rowland yn dechrau colli ei dymer gyda'i wraig. 'Rwyt ti'n dweud gormod.'

'Mae hi wedi dweud digon i fi wybod beth sy'n mynd ymlaen yma,' atebodd Aled, ac fe roiodd e ei gyllell a'i fforc i lawr wrth ochr ei blât, a phwyntio at ei dad. 'Gwrandewch nawr ar fy meddwl cyflym i yn gweithio fel injan wnïo. Y pwynt cyntaf—dyma fe. Fe benderfynsoch chi eich bod chi'n mynd i'r Eisteddfod ar ôl i chi, Dad, ddod adref o'r gwaith. Pam y penderfynu sydyn yma? Achos rydych chi wedi cael rhyw neges sydyn tra oeddwn i allan y prynhawn yma. Iawn? A dyma'r ail bwynt. Rydych chi, Dad, wedi bod ar bigau'r drain yn ddiweddar, ond dydych chi ddim ar bigau'r drain nawr. Na, rydych chi fel pe baech chi wedi bod mewn diwygiad. Pam? Achos rydych chi wedi cael rhyw neges a honno'n neges bwysig iawn tra oeddwn i allan y prynhawn yma. A'r trydydd pwynt! Fe ddywedodd Mam wrtho i eich bod chi wedi bod yn brysur drwy'r gaeaf, yn llosgi'r gannwyll tan oriau mân y bore . . . a hynny'n aml hefyd, a nawr mae rhaid i chi fynd i'r Eisteddfod Genedlaethol ym Mrynfarian. A'r cwestiwn ydy, beth roeddech chi'n ei wneud pan oeddech chi'n llosgi'r gannwyll tan oriau mân y bore? Fe wn i . . . O, gwn . . . fe wn i beth roeddech chi'n ei wneud. Rydw i'n foi bach clyfar iawn. Rydw i wedi gweithio'r holl beth allan yn fy mhen bach fy hun.'

'O, gad dy glebran,' meddai'i fam. 'Rwyt ti'n waeth na chynghorwr tref am glebran. Os wyt ti'n gwybod beth roedd dy dad yn ei wneud drwy'r gaeaf, wel, dwêd . . . dwêd beth roedd e'n ei wneud.'

'O'r gorau, fe ddyweda i. Roedd e'n ysgrifennu barddoniaeth,' atebodd Aled. 'Roedd e'n ysgrifennu barddoniaeth ar gyfer yr Eisteddfod ym Mrynfarian—awdl neu bryddest. Ac fe gawsoch chi neges y prynhawn yma a rydw i'n gwybod beth oedd y neges. A nawr, gwrandewch!' Cododd Aled ar ei draed wrth y ford a dal ei law i fyny fel pe bai cynulleidfa o'i flaen. 'Distawrwydd, os gwelwch chi'n dda.'

'O, rwyt ti'n dwp, Aled,' meddai ei fam, ond roedd ei chalon yn llawn cariad tuag ato fe.

'Distawrwydd ddywedais i, misus. Gwrandewch! Rydw i nawr yn cyhoeddi enw'r bardd buddugol—William Rowland, rhif dau, Lôn y Bryn, Trefynach, Morgannwg, glöwr—neu golier, os mynnwch chi—a bardd, glöwr a bardd. O, Dad, pa un rydych chi wedi'i ennill, y goron neu'r gadair?'

'Y . . . y gadair, 'ngwas i . . . y gadair.'

'Y gadair am yr awdl . . . O, Dad . . . Dad!' Aeth Aled ato fe a rhoi ei freichiau amdano fe fel roedd e'n eistedd yn ei gadair. 'O, Dad, rydw i'n hapus.' Ac roedd dagrau yn llygaid y tad a'r mab a'r fam. Ond dagrau o lawenydd oedden nhw . . . llawenydd mawr.

'O, Dad bach . . . Bardd y gadair yn yr Eisteddfod Genedlaethol, ac fe fyddwch chi'n cael eich cadeirio a phawb drwy'r byd yn edrych arnoch chi. O, rydw i'n falch . . . falch . . . falch,' ac fe ddechreuodd Aled ddawnsio o gwmpas yr ystafell yn ei lawenydd.

Fe ddaeth y tad ato'i hun yn gyflym. Sychodd y dagrau o'i lygaid, a meddai fe,—

'Oes pwdin reis i ginio heddiw, Ann?'

'Pwy sy eisiau pwdin reis ar ddiwrnod fel hwn?' gofynnodd Ann Rowland.

'Fi,' atebodd ei gŵr. Fe droiodd e at Aled. 'Eistedda di nawr, a gad y dawsio yna. Mae un peth mae rhaid i ti gofio. Mae hyn i gyd yn gyfrinach. Yn gyfrinach, cofia. Does neb i wybod fy mod i wedi ennill y gadair. Dwyt ti ddim i ddweud wrth neb. Mae rhaid i ni gadw'r gyfrinach.'

'Ga i ddweud wrth Marged pan ddaw hi adref?'

'Na chei . . . unwaith y bydd y newyddion yn mynd drwy'r drws yna, fe fydd pawb yn gwybod, a wna hynny mo'r tro. Roedd ysgrifennydd yr Eisteddfod—ganddo fe y cawson ni'r neges, roedd e ar y ffôn y prynhawn yma—ac fe ddywedodd e ei bod hi o bwys mawr ein bod ni'n cadw'r gyfrinach. Fe fues i ar bigau'r drain, a nawr mae rhaid cadw'r gynulleidfa a phawb arall ar bigau'r drain nes fy mod i'n codi ar fy nhraed yn y pafiliwn mawr.'

'O, Dad . . . yn y pafiliwn mawr . . . ac fe fydd y goleuadau arnoch chi. O, Mam, ydych chi'n ei weld e . . . a phawb yn curo'u dwylo . . .'

'O, bydd yn dawel, Aled bach,' meddai hi a'r dagrau unwaith eto'n rhedeg i lawr ei bochau fel cawod.

'Peidiwch â chrio, Mam,' meddai Aled a mynd ati.

'Does gen i mo'r help. Rydw i mor hapus,' meddai hi.

Fe aeth Aled at ei dad unwaith eto.

'Beth oedd . . . neu beth ydy, ddylwn i ddweud, beth ydy testun yr awdl?'

'Y testun? Yr Arwr, dyna'r testun.'

'Yr Arwr! Pwy oedd, neu pwy ydy'r arwr yn eich awdl, Dad?' gofynnodd Aled wedyn. 'Lloyd George, Gwynfor Evans, neu ryw fachgen neu ferch sy wedi bod yn y carchar dros yr iaith?'

'Na, dim un ohonyn nhw.'

'Pwy, te, Dad?'

'Y dyn cyffredin ydy f'arwr i . . . y gweithiwr, y colier, y gweithiwr mewn ffatri neu ar y tir . . . y gweithiwr tlawd a gonest sy'n magu ei deulu, sy'n gwneud ei orau dros ei blant, y dyn nad oes arno fe ddim un geiniog goch i neb . . . y dyn sy'n rhoi ei arian ym moliau ei blant ac nid ar gefn ceffylau . . y dyn . . . ond dyna ddigon, Aled.'

'Dyn fel chi eich hun, Dad.'

'Fe elli di ddweud hynny, Aled . . . fe elli di ddweud hynny . . . Ond cofia, dim un gair wrth neb. Mae rhaid cadw'r gyfrinach nes fy mod . . . O rwyt ti'n gwybod . . .'

Ac yn sydyn, dyma Aled yn chwerthin.

'Beth sy'n bod arnat ti?' gofynnodd ei fam. 'Chwerthin am fy mhen i rwyt ti achos fy mod i'n crio? Does gen i mo'r help.'

'Na, Mam, does gennych chi mo'r help. Rydych chi mor hapus. Ond meddwl roeddwn i am Dad yn mynd i fyny i'r llwyfan i gael ei gadeirio. Fe ddylai fe wisgo'i ddillad gwaith, ei ddillad colier gyda'i het golier am ei ben a'r lamp golier hen-ffasiwn yn ei law, a'i wyneb e'n ddu wrth gwrs. Fe fyddai fe'n tynnu'r lle i lawr. Fe fyddai'r gynulleidfa ar ei thraed yn gweiddi ac yn curo dwylo.'

'Paid â bod yn dwp, Aled. Allith e ddim sefyll o flaen cynulleidfa fawr yn ei ddillad gwaith. Rhaid iddo fe gael siwt newydd. Fe fyddwn ni'n mynd i Gaernewydd yfory,' meddai'i fam.

'Chi sy'n dwp, Mam. Smalio roeddwn i,' atebodd Aled. Ac meddai William Rowland,—

'Smalio neu beidio, beth am y pwdin reis yna, wraig?'

Teulu hapus oedd teulu rhif dau, Lôn y Bryn, y diwrnod hwnnw a phob dydd wedyn—pob un ar ben ei ddigon.

18. 'Mae pethau braf yn digwydd yn ein teulu ni'

Fe aeth y dyddiau heibio'n araf iawn i Aled, ond fe geisiodd lanw'r amser drwy weithio ar y chwaraegerdd. Fe fyddai hi'n barod erbyn y byddai Marged yn dod adref. Roedd hi, Marged, yn ei feddwl bob awr o'r dydd ac yn ei freuddwydion yn y nos. Ac O, roedd ganddo fe gymaint i'w ddweud wrthi hi. Roedd ganddo fwy i'w ddweud wrthi hi ar ôl nos Sadwrn. Roedd e'n cofio'n dda mai dydd Sadwrn y byddai Rhys Gwilym yn ymddangos o flaen cyngor ei hen sir. Fyddai fe'n cael y swydd fel Trefnydd Cerdd y sir? Roedd Rhys Gwilym yn ddigon siŵr y byddai fe'n cael y swydd, ond roedd yn amhosibl i neb fod yn siŵr o ddim y dyddiau hyn. Felly roedd Aled yn teimlo, a beth bynnag, fe fyddai rhaid iddo fe aros tan ddydd Llun neu ddydd Mawrth cyn cael gwybod a oedd Mr. Gwilym wedi cael y swydd neu beidio.

Ond nos Sadwrn, pan oedd y teulu Rowland yn cael swper, dyna'r ffôn yn canu. Cododd Aled ar unwaith a rhedeg at y ffôn yn y cyntedd. Meddwl roedd e efallai mai Marged oedd yn ffonio o Lydaw, neu efallai, hyd yn oed, ei bod hi wedi dod adref yn sydyn. Ond doedd hynny ddim yn debyg achos roedd wythnos arall ganddi hi yn Llydaw.

Cododd Aled y ffôn a daeth llais merch—neu wraig—o'r pen arall. Doedd Aled ddim yn adnabod y llais ac roedd e'n siomedig iawn.

'Helô,' meddai'r llais. 'Dydych chi ddim yn adnabod fy llais efallai, ond rydyn ni wedi cwrdd unwaith neu ddwy yn y gorffennol pell. Mrs. Gwilym ydw i.'

'Mrs. Rhys Gwilym?' gofynnodd Aled.

'Ie,' oedd yr ateb. 'Mae Rhys ym Mrynarfon heddiw, fel gwyddoch chi, mae'n debyg. Roedd e ar y rhestr fer am y swydd fel Trefnydd Cerdd. Mae e newydd fod ar y ffôn i ddweud ei fod e wedi cael y swydd.'

'Wedi cael y swydd? O, ardderchog!'

'Ydy, mae e wedi cael y swydd, ac fe fydd e'n dechrau ar ei waith newydd ar Ionawr y cyntaf.'

'Wel, llongyfarchion cynnes iawn iddo fe.'

'Ac fe ddywedodd e wrtho i i'ch ffonio i roi'r newyddion da i chi.'

'Wel, diolch yn fawr iawn, Mrs. Gwilym. Rydych chi wedi bod yn garedig iawn, a Mr. Gwilym hefyd. Fe oedd fy hen athro, chi'n gwybod.'

'O, rydw i wedi cael eich hanes chi i gyd gan Rhys, ac mae e'n gobeithio mai chi fydd yn ei ddilyn e yn Rhiwgaled.'

'O, diolch eto, Mrs. Gwilym.'

'Dyna ni, te. Nos da nawr.'

'Nos da, Mrs. Gwilym, a diolch yn fawr iawn . . .'

Fe aeth Aled yn ôl at ei fam a'i dad yn wên o glust i glust.

'Marged?' meddai ei fam.

'Nage. Mrs. Rhys Gwilym. Mae Rhys Gwilym wedi cael y swydd lan yn y Gogledd, ac fe fydd ei le fe yn Rhiwgaled yn wag. A fi fydd yn cael ei le fe. Wel, mae Mr. Rosser wedi addo'r swydd, fwy neu lai, i fi—rhyngon ni yma a'r pedair gwal, cofiwch.'

'O, mae pethau braf yn digwydd yn ein teulu ni,' meddai'r fam, ac fe aeth ei llaw i boced ei sgert i chwilio am ei hances.

'Na, Mam, peidiwch â chrio nawr, neu fe fydd Dad yn gofyn am bwdin reis!'

Teulu hapus? Siŵr iawn!

Oedd, roedd gan Aled bethau mawr i'w dweud wrth Marged. Pob gobaith am swydd heb fynd oddi cartref ac ati. Ac wrth gwrs, roedd y gyfrinach fawr ganddo fe am ei dad yn ennill y gadair yn yr Eisteddfod, ond roedd rhaid peidio â dweud gair wrthi. Hew! Fe fyddai'n anodd cadw'r gyfrinach oddi wrthi hi, ond roedd e wedi addo peidio â dweud gair, wedi addo i'w dad.

Roedd y tywydd yn braf drwy'r amser—gwên ar wyneb yr haul, ac Aled wrth ei fodd yn mynd am dro ambell brynhawn i ben y mynydd. Ac yno, eistedd ar 'ein llidiart' a gadael i'w feddwl grwydro at y dyddiau pleserus roedd e wedi'u cael yng nghwmni Marged.

'Hew! Mae hi'n braf—pob dydd ar ôl ei gilydd. Siŵr ei bod hi'n braf yn Llydaw hefyd, a Marged yn mwynhau'r haf hirfelyn yma. ''Hirfelyn''? Dyna air yr hen Fardd Cwsg, yr hen Ellis Wynne. Ac yn wir mae hi wedi bod yn haf hirfelyn. Gobeithio bydd hi fel hyn yn yr Eisteddfod yr wythnos nesaf yma. Fe gawn ni wythnos fendigedig gyda Dad yn ennill y gadair, ac os bydd Marged yn ennill yr unawd soprano a'r Rhuban Glas wedyn—O, haleliwia!'

Fe ddaeth pythefnos gwyliau Marged i ben o'r diwedd. Roedd hi'n ddydd Sadwrn a Marged yn dod adref o Lydaw! Pryd byddai hi'n cyrraedd? Fyddai hi'n ffonio'n syth ar ôl cyrraedd? Gofalodd Aled beidio â mynd o'r tŷ drwy'r dydd rhag ofn y byddai hi'n dod adref yn gynnar. Ond aros ac aros bu rhaid, ond tua naw o'r gloch yr hwyr, dyma'r ffôn yn canu. Rhedodd Aled nerth ei draed ato. Y geiriau cyntaf glywodd e oedd,—

'Aled annwyl, ti sy yna?'

'Marged! Ie, fi. Sut wyt ti? O, mae'n hyfryd dy glywed di. Gest ti wyliau da?'

'Wel, do, ond fe fydden nhw wedi bod yn well pe baet ti gyda fi. Dere lan i fi gael dy weld ti. Rydw i wedi bod fel rhywun yn ymprydio, eisiau dy gusan di. Dere yn syth nawr.'

'Rydw i ar fy ffordd ar unwaith. Mae gen i rywbeth mawr i'w ddweud wrthot ti.'

'Wel, brysia!'

Ac fe aeth Aled ar ras nerth ei draed. Roedd Marged wrth y glwyd. Roedd y ddau ym mreichiau ei gilydd er ei bod hi'n olau dydd.

'Dere i'r tŷ, Aled,' meddai Marged yn y man.

I'r tŷ yr aethon nhw.

'Nawrte, Aled, beth ydy'r rhywbeth mawr yma sy gen ti?' gofynnodd Marged. 'Wyt ti wedi gorffen ''Y Ferch o Gefn Ydfa''?'

'Ydw, rydw i wedi ei gorffen hi. Ond mae eisiau dy farn di ar y cwbl, wrth gwrs. Ond nid dyna'r newyddion mawr,' atebodd Aled.

'Beth, te?'

'Mae gen i obaith cryf iawn—wel, mwy na gobaith, a dweud y gwir—mae bron yn siŵr y ca i hi.'

'Cael beth? Dwêd, fachgen. Rydw i ar binnau.'

'Swydd, Marged, swydd fel athro.'

'O, Aled, ardderchog!' Yna'n araf, 'Ond ble? Ymhell i ffwrdd?' Yn ddigon siŵr doedd Marged ddim eisiau iddo fe fynd ymhell oddi wrthi hi.

'Na, ddim ymhell i ffwrdd, ond yn fy hen ysgol. Ysgol Rhiwgaled i fyny'r cwm.'

Roedd yn anodd gan Marged gredu'r fath lwc.

'Na! Wel, dyna dda! Bendigedig, yn wir. O, Aled, rydw i'n falch. Ond sut a pham a phryd ac yn y blaen? Ond aros funud. Rhaid i fi alw ar Mam a Tada. Maen nhw lan y llofft yn rhoi pethau i'w cadw.'

Fe aeth hi i'r cyntedd a galw i fyny'r grisiau.

'Mam! Tada! Dewch i wrando ar y newyddion da. Mae Aled bron yn siŵr o gael swydd yn ei hen ysgol i fyny'r cwm.'

Fe aeth hi'n ôl at Aled yn y lolfa.

'Dere â chusan arall i fi. Rydw i wedi bod yn ymprydio mor hir.'

Pan ddaeth Mr. a Mrs. Mathias i'r ystafell, roedd y ddau ifanc yn dal dwylo ar ganol y llawr.

'Nawrte, dwêd yr hanes, Aled,' meddai Marged.

'Fel hyn, te,' dechreuodd Aled. 'Tra oeddech chi i ffwrdd, fe ges i'r syniad o fynd i weld fy hen athro Cerddoriaeth yn Ysgol Rhiwgaled. Roeddwn i'n meddwl cael help ganddo fe gyda'n chwaraegerdd ni. Ond y peth cyntaf ddywedodd e wrtho i oedd ei fod e ar y rhestr fer am swydd Trefnydd Cerdd yn ei hen sir. Roedd hynny—y rhestr fer—ddydd Sadwrn diwethaf, wythnos yn ôl. Fe gafodd e'r swydd ac fe ffoniodd e ei wraig iddi fy ffonio i i roi'r newyddion da i fi.

Felly mae ei swydd e yn Rhiwgaled yn wag, neu fe fydd hi ar ddiwedd y flwyddyn.'

'Ond dydy hynny ddim yn dweud y cewch chi'r swydd, Aled,' meddai Tada—cystal â dweud 'paid â chyfrif dy gywion' ac yn y blaen.

'Nac ydy,' atebodd Aled, 'ond fe ddywedodd Mr. Gwilym —dyna enw'r athro yn Rhiwgaled—fe ddywedodd e yr hoffai fe i fi gael ei swydd, ac y dylwn i fynd i weld y prifathro. Roedd hyn pan es i i'r ysgol i'w weld e. Wel, fe es i i weld Mr. Rosser y prifathro yn syth y prynhawn hwnnw. A nawr mae hyn yn gyfrinach—rhyngddo fe a fi a'r pedair gwal, meddai Mr. Rosser—fe ddywedodd e, heb fod yn rhy blwmp ac yn rhy blaen, mai fi fyddai'n cael y swydd.'

'O, Aled, y newyddion gorau yn y byd,' meddai Marged.

'Beth am y cynghorwyr?' meddai Mr. Mathias. 'Nhw sy'n dewis athrawon ac ati.'

'Na, ddim yn ôl Mr. Rosser. Ganddo fe mae'r dewis, meddai fe. Ac rydw i'n adnabod Mr. Rosser. Mae e'n ddyn penderfynol iawn sy'n mynnu cael ei ffordd ei hun. Ac fe fydd e'n trefnu'r hysbyseb am y swydd i fy siwtio i. Fe fydd eisiau i fi helpu gyda rygbi ac ati, ac fe fydd hynny'n cadw pob merch rhag cynnig am y swydd. O, fe ga i'r swydd; does dim rhaid i chi boeni.'

'Wel, mae'n dda gen i glywed,' meddai Tada.

'A fi hefyd,' meddai Mrs. Mathias.

'Ond mae hyn yn gyfrinach,' meddai Aled.

'Does dim rhaid i chi boeni am hynny,' meddai Mrs. Mathias. 'Rydyn ni'n gwybod sut i gadw cyfrinach. Mae hynny'n bwysig mewn pentref fel Trefynach. Ond beth am gwpanaid o goffi nawr?'

'Iawn,' meddai Marged. 'Fe a' i i'w wneud e nawr. Dere gyda fi i'r gegin, Aled.' Cydiodd yn ei fraich a'i arwain e allan. Edrychodd Mr. Mathias ar Mrs. Mathias, a Mrs. Mathias ar Mr. Mathias, a gwenu.

★　　★　　★

Fe barhaodd yr haf hirfelyn dros y Sul ac ymlaen i wythnos yr Eisteddfod ym Mrynfarian. Er mwyn bod yn siŵr y byddai William Rowland yn bresennol yn yr Eisteddfod i gael ei gadeirio, fe drefnwyd lle iddo fe a Mrs. Rowland aros yn y dref gan ysgrifennydd yr Eisteddfod. Fe allen nhw aros yno am yr wythnos gyfan os oedden nhw'n dewis, ac wrth gwrs, dyna oedd dewis William Rowland. Fe fyddai fe'n mynd i'r Eisteddfod bob blwyddyn, a'i ddiléit oedd mynd i'r Babell Lên. Fyddai fe byth yn colli cyfarfod yn y babell honno. Dyna lle roedd y beirdd a'r llenorion i gyd yn cwrdd, a melys iddo fe oedd siarad a sgwrsio â hwn a'r llall, a gwrando ar hwyl a hiwmor y beirniaid llên.

Doedd y siwrnai o Drefynach i Frynfarian ddim yn cymryd mwy nag awr yn y car, ac felly fe benderfynodd Marged a'i theulu ac Aled fynd yno dim ond pan oedd rhaid. Roedd rhaid mynd yno ar ddydd Mercher achos dyna ddiwrnod rhagbrawf yr unawd soprano. Roedd y rhagbrawf mewn capel yn y dref, ac yno yr aeth Marged a'i thad a'i mam ac Aled.

Roedd pedair ar hugain o ferched yn cystadlu, a thipyn o dasg oedd hi i wrando arnyn nhw i gyd yn canu un ar ôl y llall, ac yn canu'r un ddwy gân. Fe ganodd Marged yn fendigedig er ei bod hi'n nerfus iawn cyn mynd ymlaen i ganu; roedd pob nodyn yn ei le a'i llais godidog yn llanw'r adeilad. Yn ôl Aled, doedd dim dadlau pwy oedd yr orau yn y rhagbrawf, a Marged oedd honno, yn ei farn ef wrth gwrs. Ddywedodd y beirniad ddim pwy oedd yr orau o'r merched ond roedd enw Marged yn un o'r tair ddewiswyd i ganu ar y llwyfan yn y pafiliwn mawr y diwrnod wedyn.

Wrth ddod allan o'r capel yn hwyr yn y prynhawn ar ôl y rhagbrawf meddai Aled,—

'Fe ganaist ti'n fendigedig, Marged,' ac roedd ei mam a'i thad o'r un farn. 'Dyna'r cam cyntaf, ac os cani di ar y llwyfan yfory fel y canaist ti y prynhawn yma, does dim dadlau pwy fydd yn ennill.'

'Ond, Aled, roeddwn i mor nerfus.'

'Doeddet ti ddim yn edrych yn nerfus,' meddai ei mam.

'Rydw i'n nerfus o hyd. Edrychwch ar fy nwylo i. Maen nhw'n crynu o hyd, ac mae fy nghoesau i fel pe baen nhw wedi eu gwneud o bapur. Rydw i'n teimlo fel rhecsyn gwlyb. Gad i ni fynd adref nawr. Beth amdanoch chi, Mam . . . Tada?' gofynnodd Marged.

'O'r gorau, cariad, fe awn ni adref, ar ôl cael cwpanaid o de yn rhywle,' meddai Tada. 'Fe elli di orffwys gartref wedyn.'

'Na, Tada. Fe fydd Aled a fi'n mynd am dro i ben y mynydd i anadlu'r awyr iach. Mae hi fel ffwrnais ym mhob man yma. Fe fydd hi'n braf ar ben y mynydd.'

'Iawn, cariad. Cwpanaid nawr, ac fe allith Aled yrru adref,' meddai Tada.

A mynd am dro i ben y mynydd wnaeth Marged ac Aled ar ôl cyrraedd adref. Law yn llaw yr aethon nhw. Doedden nhw ddim yn rhy swil nac yn rhy ofnus i gerdded felly nawr, a doedd dim ots ganddyn nhw pwy fyddai'n eu gweld.

'Mae hyn yn well na gorffwys yn y tŷ, Aled,' meddai Marged gan anadlu'n ddwfn o'r awyr ffres. 'A rydw i'n hoffi'r mynydd yma. Mae e'n rhan ohonon ni nawr, cariad, a ninnau'n rhan ohono fe. Mae e fel . . . fel ffrind i ni. Bob tro rydw i'n dod y ffordd yma, mae'r mynydd fel pe bai e'n estyn croeso i ni. Wyt ti'n teimlo fel yna, Aled?'

'Mae'r mynydd yma a fi, Marged, wedi bod yn ffrindiau erioed . . . er pan oeddwn i'n grwt bach yn mynd i'r ysgol. Fe fyddwn i'n dod i fyny yma ar fy mhen fy hun yn aml . . . aml. Ond fydda i byth ar fy mhen fy hun eto. Rwyt ti gyda fi bob amser nawr . . . bob amser.'

'A rydw i'n dy garu di . . . dy garu di . . . dy garu di,' ac fe edrychodd hi ar y bachgen tal wrth ei hochr, ac roedd sêr yn ei llygaid. 'O, mae bywyd yn hyfryd.'

'Ac fe fydd yn well byth yfory pan enilli di'r unawd soprano.'

'Pan enilla i . . . gobeithio, Aled. Dyna'n llidiart ni, ond wnawn ni ddim sefyll yno nawr. Fe droiwn ni'n ôl. Iawn, Aled?'

'Iawn, cariad . . .'

★　　★　　★

Fe ymddangosodd y tair merch—y tair merch orau yn y rhagbrawf—ar y llwyfan yn y pafiliwn mawr. Fe ganodd Marged hyd yn oed yn well ar y llwyfan o flaen y miloedd nag a wnaeth hi y diwrnod cynt yn y capel. Hi oedd yr olaf o'r tair i ganu, ac yn ôl y curo dwylo mawr, hi oedd yr orau ym marn y gynulleidfa. Hi oedd yr orau hefyd ym marn y beirniad. Roedd ganddi hi lais godidog, meddai fe, ac roedd e wedi cael ei swyno gan ei pherfformiad. Roedd dyfodol disglair iawn o'i blaen hi. Roedd e'r beirniad yn hen ganwr ei hunan, ac roedd e'n cofio Isobel Bailey yn canu 'Yn wyrddlas, ir'— ond yn Saesneg—ers llawer dydd, ac roedd Marged yn perthyn i'r un categori â'r enwog Isobel, meddai fe.

Roedd Aled yn aros am Marged y tu ôl i'r llwyfan ar ôl y feirniadaeth, ac meddai Marged wrtho'n syth,—

'Gad i ni fynd adref nawr. Mae hi'n gynnar yn y dydd, fe wn, ond rydw i'n teimlo'n wan ar ôl sefyll ar y llwyfan yna o flaen yr holl filoedd.'

Ond am y tro cyntaf er pan oedd y ddau wedi cwrdd a dod i adnabod ei gilydd, fe ddywedodd Aled, 'Na!'

'Na, Marged, mae'n ddrwg gen i, ond rydw i eisiau aros y prynhawn yma.'

'Ond fy machgen glân i, rydw i'n teimlo fel rhecsyn. Dere adref gyda fi, ac fe awn ni am dro eto.'

'Mae dy dad a dy fam yn y pafiliwn o hyd. Rydw i'n siŵr yr hoffen nhw weld y cadeirio y prynhawn yma.'

'Os awn ni adref nawr, fe allan nhw weld y cadeirio ar y teledu. Mae'r cadeirio bob amser ar y teledu.'

'Ond dydy hi ddim yr un fath ar y teledu, Marged, ag ydy hi yn y pafiliwn ei hunan. A dyna lle rydw i eisiau mynd y prynhawn yma.'

'Ond fe fydd hi fel ffwrnais yn y pafiliwn yn y tywydd yma.
Roedd hi'n ddigon poeth yno y bore yma. Fe fydd pawb yn
chwysu . . . iech! Dere adref gyda fi.'

'Fe fydd dy dad a dy fam yn aros.'

'Fe allan nhw gael lifft adref. Rydw i wedi gweld nifer o
bobl o Drefynach yma—gweinidog ein capel ni yn un,'
meddai Marged. 'Edrych, dyna fe'r gweinidog nawr wrth y
babell yna'n yfed te neu rywbeth. Fe a' i i ofyn iddo fe roi
lifft i Mam a Tada.'

'Na, Marged. Fe awn ni i gael cinio cynnar, ac wedyn, i
mewn â ni i'r pafiliwn yn gynnar hefyd er mwyn bod yn siŵr
o sedd.'

'Welais i erioed monot ti mor benderfynol, Aled. Oes
gen ti reswm arbennig dros fynd i mewn i'r pafiliwn?'

'Oes, Marged. Rydw i wedi bod mewn llawer Eisteddfod
Genedlaethol, ond dydw i ddim erioed wedi eistedd yn y
pafiliwn i weld y cadeirio. Fe hoffwn i weld y cadeirio heddiw.'

'A dyna'r rheswm?'

'Mae'n ddigon o reswm, Marged.'

'Wel, rwyt ti wedi dewis diwrnod uffernol o boeth. Fydd
dim ohono i ar ôl ar ôl eistedd yn y ffwrnais yna am awr neu
ddwy. Ond fe ddo i, dim ond er mwyn dy blesio di.'

'Rwyt ti'n gariad, Marged. Dere i chwilio am ginio nawr,'
meddai Aled ac roedd e bron marw eisiau dweud wrthi y
rheswm mawr dros fynd i mewn i'r pafiliwn ar brynhawn
'uffernol o boeth'.

Yn wir, roedd hi *yn* uffernol o boeth yn y pafiliwn, a phob
sedd yno'n llawn, a'r chwys yn rhedeg i lawr wynebau llawer
o'r gynulleidfa. Roedd pawb yn falch gweld hanner awr wedi
dau yn dod a seremoni'r cadeirio'n dechrau.

Roedd y beirdd a'r llenorion yn eu glas a'u gwyrdd yn barod
yng nghefn y llwyfan, a dyna'r corn gwlad yn canu, ac fe
ddechreuodd yr orymdaith o feirdd a gwŷr enwog yn eu
gwyn gerdded o gefn y pafiliwn tua'r llwyfan i fiwsig yr organ

fawr. Mor araf roedd yr orymdaith yn symud, a Marged ar binnau eisiau i'r 'hen ddynion yna' symud yn fwy cyflym.

'Brysiwch, y malwod,' meddai hi. Roedd y gwres mawr yn ormod iddi hi.

Ond o'r diwedd roedd yr orymdaith wedi cyrraedd y llwyfan, a dyna'r 'malwod' i gyd yn cymryd eu lle, a'r Archdderwydd yn barod i agor seremoni'r cadeirio. Roedd yn anodd gan Marged wrando ar ddim, ac erbyn i'r beirniad ddod ymlaen i roi ei feirniadaeth, roedd hi'n eistedd yn swp llonydd yn ei sedd heb ddiddordeb mewn dim. Ond roedd Aled ar flaen ei sedd yn llyncu pob gair. Yn ôl y beirniaid roedd swyn arbennig yn awdl y bardd 'Talcen Slip'; roedd e'n feistr ar y gynghanedd; roedd e wedi ysgrifennu am fyd a phobl roedd e'n eu hadnabod yn dda, ac yn wir roedd ei awdl mewn dosbarth ar ei phen ei hun, ac yn sicr hi oedd yr orau yn y gystadleuaeth ac 'yn deilwng o Gadair Eisteddfod Genedlaethol yn y flwyddyn mil naw wyth dau'.

Yna, fe alwodd yr Archdderwydd ar y bardd oedd yn dwyn yr enw 'Talcen Slip' i godi ar ei draed ar ôl i'r corn gwlad ganu. Diffoddodd y goleuadau yng nghorff y pafiliwn, a deffrodd Marged yn sydyn. Efallai mai'r corn gwlad oedd wedi ei deffro.

'Beth sy'n bod? Mae hi wedi mynd yn dywyll yma,' meddai hi.

'Maen nhw'n aros i'r bardd buddugol godi ar ei draed yn y pafiliwn yma,' atebodd Aled. 'Gwylia di nawr.'

Roedd chwilolau'n sgubo yma ac acw drwy'r pafiliwn tywyll, a'r gynulleidfa'n dilyn y golau gan obeithio gweld 'Talcen Slip', y bardd buddugol, yn codi ar ei draed. Roedd Marged ei hun wedi deffro'n iawn erbyn hyn, a hithau'n dilyn y chwilolau fel pawb arall. Yn sydyn, dyna'r golau'n aros ac yn disgleirio ar ddyn oedd yn sefyll heb fod ymhell oddi wrthi hi ac Aled—gŵr canol-oed, sgwâr, cryf, ac fe nabyddodd Marged ef ar unwaith.

'Dy dad, Aled! Dy dad! O, mam annwyl! O, bendigedig!' ac fe gydiodd hi ym mraich ei chariad a'i gwasgu at ei bron.

'Dy dad! O, Aled, rydw i'n falch! Pam na ddywedaist ti
wrtho i? Nawr rydw i'n gwybod pam roeddet ti mor bender-
fynol am i ni ddod i mewn i'r pafiliwn. Roeddet ti'n gwybod
mai dy dad oedd yn mynd i gael ei gadeirio. O, rydw i'n
falch.'

Chollodd hi ddim un foment o'r seremoni wedyn—y ddau
fardd gyda Meistres y Gwisgoedd yn cerdded i lawr o'r
llwyfan at y bardd 'Talcen Slip'; ei wisgo yn y clogyn coch a'i
arwain e'n ôl i'r llwyfan yn sŵn miwsig yr organ a'r gynull-
eidfa fawr o filoedd yn curo'u dwylo.

'Anghofia i byth mo hyn,' meddai Marged, ac Aled â
lwmpyn yn ei wddw a'i galon e'n fawr yn ei frest.

Yna, cyhoeddi enw iawn y bardd—William Rowland, colier
a bardd, o Drefynach yn sir Forgannwg—a'i osod e i eistedd
yn y gadair hardd. Pan gyhoeddwyd mai colier cyffredin
oedd William Rowland, fe gododd y gynulleidfa i gyd ar ei
thraed—pob dyn a dynes a phlentyn—a churo dwylo a
gweiddi. Welodd yr Eisteddfod Genedlaethol ddim erioed
olygfa fel hon o'r blaen. Ac Ann Rowland, druan, a'i hances
wrth ei llygaid drwy'r amser. Yr Archdderwydd yn galw am
'Heddwch' wedyn a'r gynulleidfa'n ateb nes bod to'r pafil-
iwn yn crynu. Roedd distawrwydd wedyn tra oedd rhai o'r
prifeirdd yn adrodd eu penillion i longyfarch y bardd budd-
ugol; distawrwydd hefyd i wrando ar gân y cadeirio'n cael ei
chanu, ac i wylio'r merched yn eu ffrogiau bach pert yn
dawnsio Dawns y Blodau. A thrwy'r cyfan roedd William
Rowland yn eistedd mor gartrefol yn ei gadair â phe bai e yn
ei barlwr ei hun. Ac i orffen y seremoni fe gododd pawb ar eu
traed i ganu 'Hen Wlad fy Nhadau' a llais godidog Marged
yn codi'n uwch na'r un llais arall.

A rhwng buddugoliaeth Marged yn y bore a buddugoliaeth
William Rowland yn y prynhawn, roedd Trefynach yn wir ar
y map. Trefynach, y tir diffaith, ond doedd y tir ddim mor
ddiffaith wedi'r cwbl.

19. 'Ac mae mwy o'r haf i ddod'

Roedd hi'n ddydd Sul ar ôl holl gynnwrf a ffwdan wythnos yr Eisteddfod. Roedd y ddau deulu yn Nhrefynach wedi dod adref gan obeithio cael tawelwch a llonyddwch, a gorffwys. Ond doedd dim llonyddwch i'w gael, na chyfle i orffwys. Er pan ddaethon nhw adref ddydd Sadwrn, doedd y ffôn ddim wedi peidio â chanu yn y ddau gartref. A nawr, hyd yn oed ar fore Sul, canu a chanu roedd y ffôn o hyd, a phawb yn mynnu llongyfarch y ddau arwr—wel, yr arwr a'r arwres.

Roedd yn amlwg i deulu William Rowland ac i deulu Robert Mathias fod pentref Trefynach yn gynnwrf i gyd. Fe ddywedodd un hen ŵr ar y ffôn nad oedd e wedi gweld y fath gynnwrf ymhlith trigolion y pentref er pan enillodd yr hen fand pres ugain gwobr gyntaf yn syth ar ôl ei gilydd mewn cystadlaethau hanner can mlynedd yn ôl, na chwaith pan enillodd tîm pêl-droed y pentref Gwpan Amatur De Cymru ddeng mlynedd ar hugain yn ôl. Fe ddywedodd un gŵr arall ei fod e'n gweld gwên o falchder ar wynebau pawb yn y pentref. Fe allech chi feddwl, meddai'r gŵr hwn, fod pawb wedi ennill cadair yn yr Eisteddfod neu wedi ennill am ganu, o weld yr olwg ar eu hwynebau.

Ffoniodd gŵr arall, gŵr pwysig iawn oedd ef achos roedd e'n un o gynghorwyr y Sir—fe ffoniodd ef i ddweud y byddai fe'n trefnu cyfarfod arbennig yn y pentref i ddathlu'r ddwy fuddugoliaeth—wel, na, nid dwy ond tair buddugoliaeth achos roedd Marged wedi ennill dwy wobr. Pan ddywedodd William Rowland wrth y gŵr hwn mai llonyddwch roedd e eisiau yn fwy na dim, nad oedd e ddim eisiau unrhyw gyfarfod dathlu, fe atebodd y cynghorwr nad oedd gan William Rowland ddim dewis yn y mater. Roedd trigolion y pentref yn falch o'u dau arwr—wel, eu harwr a'u harwres—a'r cyfarfod dathlu oedd eu ffordd o ddangos eu balchder.

Yn wir, roedd gan y pentref le i fod yn falch. Doedd dim byd mawr wedi digwydd yn y pentref ers llawer, llawer dydd, a nawr roedd dau o'r trigolion wedi ennill anrhydedd

yr Eisteddfod Genedlaethol, ac roedd ennill gwobr yn yr
Eisteddfod Genedlaethol yn beth mawr a phwysig i lawer o
bobl. Roedd *National Winner* yn rhywun arbennig iawn i'r
Cymry di-Gymraeg, a hyd yn oed i Saeson rhonc yr ardal. Ac
roedd dau *National Winner* yn y pentref nawr—roedd William
Rowland, y glöwr cyffredin, wedi ennill y gadair am awdl, ac
roedd merch rheolwr y pwll glo wedi ennill, nid yn unig yr
unawd soprano, ond y Rhuban Glas hefyd. Do, enillodd hi'r
Rhuban Glas mewn cystadleuaeth galed iawn. Fel y dywed-
odd Aled, fe ganodd hi fel angyles—er na chlywodd neb
erioed mo angyles yn canu. Ond angyles oedd Marged iddo
fe.

Mae'n wir, dim ond ychydig iawn o'r trigolion oedd yn
gwybod beth oedd awdl, a beth oedd y Rhuban Glas. Ond fe
ddaeth pawb oedd â diddordeb i wybod beth oedden nhw
yn fuan iawn, achos roedd hanes a lluniau William Rowland
a Marged yn y papurau i gyd, a hanes 'y glöwr o ddiwylliant'
hyd yn oed yn y papurau rwtsh oedd yn dod o Lundain i dai'r
bobl ar fore Sul.

Fe ymddangosodd y ddau ar y teledu hefyd, a William
Rowland yn cael ei holi ac yntau'n dweud ei hanes, ac fe
ddaeth pawb drwy'r wlad i'w adnabod e fel 'y glöwr o ddiwyll-
iant.' Roedd pawb yn synnu, wrth gwrs, fod colier cyffredin
wedi ennill y gadair am yr awdl orau, ac wedi curo athrawon
a gwŷr y colegau a gweinidogion. Roedd un neu ddau o bap-
urau'n falch o gyhoeddi nad oedd diwylliant y Cymro cyff-
redin ddim wedi ei foddi'n gyfan gwbl dan y lli Seisnig.

A Marged wedyn. Fe ofynnwyd iddi hi ganu ddydd Sadwrn
mewn rhaglen arbennig ar y teledu. Pan ddeallodd gwŷr
mawr y teledu mai ei chariad hi oedd y gŵr ifanc oedd gyda
hi, a'i fod e'n gerddor ac yn bianydd, fe ofynnwyd iddo fe
gymryd rhan yn y rhaglen a chyfeilio i Marged. (Fe welson
nhw, bobl y teledu, ramant y peth.) Fe ganodd hi'r fersiwn
Gymraeg, 'Clyw di, Israel, clyw eiriau'r Duw Goruchaf' o'r
'Elijah' nes swyno pawb oedd yn gwylio'r rhaglen.

Cyn iddi hi ennill yn yr Eisteddfod, fel 'merch rheolwr y pwll' roedd pawb yn y pentref yn ei hadnabod hi, neu (yn ôl William Rowland) fel y ferch 'oedd yn swagro'i phen-ôl o gwmpas y pentref'. Ond 'Marged' oedd hi nawr i bawb oedd yn ffonio Tŷ'r Dderwen, ac roedd llawer iawn ohonyn nhw. Ac mae'n sicr y bydd mwy nag un 'Marged' ymhlith babanod newydd y pentref o hyn ymlaen! Mae'n fwy na thebyg y bydd yr enw hen-ffasiwn 'Marged' yn ffasiynol iawn yn y pentref yn y man.

Roedd Marged wedi sôn wrth Aled am Drefynach fel tir diffaith, a bod ei drigolion wedi mynd i gysgu, neu hyd yn oed wedi marw. Ond wrth wrando ar yr holl bobl yma'n siarad ar y ffôn, ac wrth wrando ar y rhai alwodd yn rhif dau Lôn y Bryn, roedd hi'n glir i Aled fod rhyw fywyd newydd yn tyfu yn y pentref. Neu o leiaf fod y bobl yn dechrau sylweddoli mai Cymry oedden nhw, ac nid rhyw gysgodion gwan o'r Saeson bingoaidd a jingoaidd. Roedd yn amlwg eu bod nhw'n teimlo'n falch mai Cymry oedden nhw, yn falch fel y bydd pob Cymro'n teimlo pan fydd Cymru'n curo Lloegr ar Faes Twickenham.

I Aled roedd hyn yn beth da. Roedd un gŵr wedi sôn ar y ffôn am y wên o falchder ar wynebau pobl, ac roedd Aled yn gobeithio nawr y byddai'r balchder yma'n para, y byddai pobl yn para i deimlo'n falch eu bod nhw'n Gymry. Fe fyddai hynny'n help mawr iddo fe a Marged pan fydden nhw'n cychwyn y côr ym mis Medi.

A hefyd, roedd pobl wedi dod i adnabod Marged a gwybod amdani hi. Roedd llawer ohonyn nhw wedi ei chlywed hi'n canu, ac fe fydden nhw'n clywed mwy eto yn y cyfarfod dathlu. Fe fydden nhw'n sylweddoli nad 'merch y rheolwr' oedd hi, neu rywun roedden nhw'n 'ei gweld o bell', ond ei bod hi'n un ohonyn nhw, drigolion y pentref.

Rhwng popeth, roedd e'n siŵr y byddai pobl yn fwy brwd dros y côr a'r chwaraegerdd Gymraeg, ac y bydden nhw'n fwy na bodlon i ganu gyda'r côr. Roedd Marged wedi sôn am ganu larwm i ddeffro pobl y pentref. Roedd y larwm wedi

cael ei ganu'n barod ac nid ganddo fe a Marged, ond gan ei
dad a Marged. Ac roedd un peth arall ym meddwl Aled, ac
roedd hyn yn cynhesu ei galon. Fe fyddai'r trigolion yn fwy
parod i dderbyn y syniad o gael ysgol Gymraeg yng ngwaelod
y cwm nawr.

Ar ôl cael eu cinio—a'r pwdin reis dydd Sul, wrth gwrs—a
chlirio'r llestri ac ati, fe aeth William Rowland ac Ann ei
wraig i eistedd yn y parlwr. Roedden nhw'n gobeithio cael
tipyn o dawelwch, ac na fyddai'r ffôn yn canu, ac na fyddai
neb yn galw gyda'u llongyfarchion ac ati. Roedd arnyn nhw
eisiau gorffwys ar ôl holl gynnwrf y dyddiau diwethaf yma.
Roedd Aled wedi mynd i'w ystafell wely i orffwys a darllen;
doedd e ddim wedi trefnu cwrdd â Marged tan y nos. Ond
prin roedd William Rowland wedi cau ei lygaid yn y parlwr
na chanodd cloch y drws ffrynt.
   'Pwy sy yna nawr?' meddai William Rowland, yn flin ei
dymer, mae rhaid dweud.
   'Fe a' i,' gwaeddodd Aled o'r llofft, ac fe redodd i lawr y
grisiau ac agor y drws. Fe gafodd e fwy na thipyn o sioc.
Yno'n sefyll roedd Marged a'i thad a'i mam—y tri ohonyn
nhw.
   'We . . . We . . . Wel!' meddai Aled a methu â dweud dim
arall.
   Ond roedd Marged yn feistres arni hi ei hun ac ar y sefyllfa.
   'Helô, Aled,' meddai hi gan ddangos y twll yn ei boch.
'Tipyn o sioc i ti, rydw i'n gweld. A rydw i'n falch mai ti sy
wedi ateb y drws. Does dim rhaid i fi gyflwyno Mam a Tada i
ti. Rwyt ti'n eu hadnabod nhw'n barod. Mae'n ddrwg gen i
ein bod ni wedi dod fel hyn heb unrhyw fath o rybudd, ond
roedd Tada a Mam yn mynnu dod i longyfarch bardd y
gadair. Ac wrth gwrs, mae rhaid i'r mamau gwrdd rywbryd,
ti'n gwybod.'
   'Wel, croeso,' meddai Aled. 'Dewch i mewn, wir. Mae
Mam a Dad yn y parlwr yn treio gorffwys. Mae hi wedi bod

fel ffair rhwng y ffôn yn canu a phobl yn galw. Yr un peth yn eich tŷ chi, mae'n siŵr. Dewch mewn.'

Arweiniodd Aled y tri i'r tŷ ac agor drws y parlwr.

'Dad! Mam! Marged a Mr. a Mrs. Mathias i'ch gweld chi. Wedi dod i longyfarch bardd y gadair.' Ac wrth Marged a'i rhieni, 'Dewch i mewn i'r parlwr.'

Cododd ei fam a'i dad ar eu traed ar unwaith.

'We . . . We . . . Wel!' meddai William Rowland, yn union fel Aled.

Fe aeth Robert Mathias yn syth ato fe, ac ysgwyd llaw yn galonnog â fe ac fe aeth Mrs. Mathias at Ann ac ysgwyd llaw â hi.

'Llongyfarchion, William,' meddai Robert Mathias. Roedd hawl ganddo fe alw 'William' arno fe, achos roedd William Rowland yn un o'i weithwyr; fydd rheolwr pwll glo byth yn galw 'Mistar' ar unrhywun o'i weithwyr, ond bob amser wrth ei enw bedydd. 'Rydw i wedi darllen eich awdl yn y *Cyfansoddiadau*, ac mae rhaid i fi ddweud ei bod hi'n un o'r rhai gorau sy wedi ymddangos ers llawer blwyddyn. Yn wir i chi, mae hi'n awdl wych ryfeddol. Mae rhaid eich bod chi wedi gweithio'n galed arni hi.'

'Wel, diolch yn fawr i chi . . . diolch yn fawr iawn. Do, fe fues i'n gweithio'n galed arni hi drwy'r gaeaf.'

'Ac yn llosgi'r gannwyll,' meddai Ann Rowland.

Fe droiodd Robert Mathias ati hi ac ysgwyd llaw â hi hefyd.

'Mae'n dda gen i gwrdd â chi hefyd, Mrs. Rowland . . . am y tro cyntaf, wrth gwrs. Ond mae'n siŵr y down ni i adnabod ein gilydd yn dda iawn yn y man.'

'Wel, diolch i chi a Mrs. Mathias am alw. Eisteddwch, wir,' meddai Ann.

Ar ôl eistedd, meddai Robert Mathias,—

'Mae'n ddrwg gennyn ni alw fel hyn, a hynny heb roi unrhyw fath o rybudd, ond roedd rhaid i ni ddod. A gobeithio y byddwn ni'n ffrindiau ar ôl hyn. Fe fydd rhaid i ni fod yn ffrindiau,' ac fe edrychodd e i gyfeiriad Marged ac Aled oedd

yn sefyll yn ddigon agos at ei gilydd. Doedd dim eisiau
egluro pam roedd *rhaid* iddyn nhw fod yn ffrindiau.

'Popeth yn iawn,' meddai William Rowland. Roedd hi'n
anodd iawn dal cenfigen yn erbyn y dyn, ac yntau wedi dod
i'w longyfarch e ac yn ei barlwr ei hun. Beth arall gallai fe ei
ddweud ond 'Popeth yn iawn'? Ac fe ddywedodd e 'Popeth
yn iawn' yr ail waith.

'Mae'n dda gen i glywed,' meddai Robert Mathias wedyn.
'Chi'n gweld, William, mae'r hen genfigen yma sy gennych
chi tuag ata i fel tân ar fy nghroen, a man a man i ni drafod y
mater yma nawr.'

Roedd William Rowland wedi colli ei dafod am y tro, a'r
cyfan ddywedodd e oedd,—

'Wel . . . y . . .'

Tra oedd William Rowland yn chwilio am eiriau, cydiodd
Marged yn llaw Aled, a throi ei llygaid i gyfeiriad y drws, ac
meddai hi wrth y ddau bâr o rieni,—

'Esgusodwch ni, os gwelwch yn dda. Mae gennych chi
fusnes i'w drafod; mae gan Aled a fi fusnes i'w drafod hefyd.
Gwelwn ni chi yn y man.' Ac fe agorodd hi'r drws. 'Dere,
Aled!' Ac fe aeth y ddau a chau drws y parlwr ar eu hôl.

'Beth ydy'r busnes yma sy gen ti i'w drafod, Marged?' gofyn-
nodd Aled.

'Dim, Aled! Dim! Dim ond fy mod i eisiau bod yn dawel
gyda thi yn rhywle. Dyna i gyd.'

'Hoffet ti fynd am dro?'

'Na, ddim nawr, Aled. Fe awn ni am dro heno. Mae
ystafell arall yn y tŷ yma lle gallwn ni eistedd yn dawel?'

'Wel, oes, siŵr iawn. Dere i'r ystafell arall. Yr ystafell fyw
rydyn ni'n ei galw hi. Ond gwell na hynny, dere allan i'r
ardd. Mae cadeiriau bach yno ac mae hi'n braf allan. Fe elli
di weld blodau Dad. Maen nhw'n ddigon o sioe,' meddai
Aled ac fe gydiodd e yn llaw Marged i'w harwain hi allan i'r
ardd.

'O, hyfryd! On'd ydyn nhw'n bert?' meddai Marged pan
welodd hi'r ardd. 'Mae dy dad cystal garddwr ag ydy e o

fardd.' Fe welodd hi hefyd ddwy gadair gynfas. 'Y ddwy gadair gynfas yna, Aled. Rho nhw wrth ochr ei gilydd, ac fe alla i ddal dy law di wedyn, ac fe allwn ni fynd i gysgu law yn llaw yn yr haul.'

'Iawn, Marged.'

Eisteddodd y ddau, ond aeth Aled ddim i gysgu. Roedd ei feddwl e yn y parlwr. Beth oedd gan y ddau dad i'w ddweud wrth ei gilydd, tybed? Er mor hyfryd oedd bod allan fel hyn yn yr haul gyda Marged, fe hoffai fe hefyd glywed y ddau dad yn trafod eu 'mater'. Tybed a fydden nhw'n ffrindiau yn y diwedd, ac fe ofynnodd e'r cwestiwn i Marged.

'Wyt ti'n meddwl y bydd 'Nhad a Tada'n ffrindiau ar ôl hyn, Marged?'

'Byddan. Fe eglurodd Tada y cyfan i fi y bore yma. Wyt ti'n gweld, cariad, dydy dy dad ddim yn gwybod y stori i gyd, a dydy dy dad ddim wedi rhoi cyfle i Tada egluro'r mater iddo fe. Fel hyn mae hi wedi bod. Fe gafodd Tada ei benodi'n rheolwr ar Bwll y Dderwen rai misoedd cyn iddo fe ddechrau'n iawn yma, ac roedd hynny beth amser cyn cau Pwll y Domen. Felly, doedd dy ewyrth—Gronwy ydy ei enw fe, ie?—doedd e ddim mewn sefyllfa i gymryd y swydd. Ti'n gweld, Aled?'

'Rydw i'n gweld yn iawn.'

'A pheth arall. Dim ond dros dro mae d'ewyrth yn is-reolwr yma. Brawd Mam ydy'r Cyfarwyddwr ac felly rydyn ni'n gwybod beth sy'n mynd ymlaen. Ond cyfrinach ydy hyn i gyd, cofia. Fel dywedais i, dim ond dros dro mae d'ewyrth yn is-reolwr yma, nes bod swydd rheolwr ar bwll arall yn dod yn wag. Fe fydd d'ewyrth yn cael ei benodi'n rheolwr ar y pwll cyntaf ddaw yn wag. Ac fe fydd hynny'n digwydd yn fuan yn ôl pob golwg. A dyna'r stori i gyd i ti. Na, fydd dim cenfigen ar ôl heddiw. A nawr, cer i gysgu, cariad,' ac fe wasgodd hi ei law e'n gynnes.

A chysgu felly law yn llaw roedd y ddau pan ddaeth dau dad a dau fam allan i'r ardd i weld y blodau. Safodd y pedwar ac edrych arnyn nhw'n syn.

'Wel, dyna i chi olygfa,' sibrydodd Mrs. Mathias. 'On'd ydyn nhw'n bictiwr? Piti eu deffro nhw. Dywedwch, oes camera ar gael?'

Brysiodd William Rowland yn dawel i'r tŷ, ac mewn llai na munud roedd e'n ôl yn yr ardd a chamera yn ei law. Fe dynnodd e lun y ddau gysgadur. Wrth gwrs, roedd rhaid i un o'r pedwar chwerthin a deffro'r ddau gariad.

'Be . . . Beth sy'n bod?' gofynnodd Marged. Fe welodd hi'r camera yn nwylo William Rowland. 'Ydych chi wedi tynnu'n llun ni'n cysgu?'

'Do,' ac fe chwerthodd pawb wedyn.

'Oedd fy ngheg i ar agor pan oeddwn i'n cysgu? Neu geg Aled?' gofynnodd Marged.

'Nac oedd. Roedd y ddau ohonoch chi'n edrych fel . . . fel dau blentyn bach heb un gofal yn y byd,' atebodd Robert Mathias.

'Popeth yn iawn, te,' meddai Marged.

'Popeth yn iawn?' Fe drawodd y geiriau nodyn ym meddwl Aled. Oedd popeth yn iawn nawr rhwng ei dad a Tada? A barnu oddi wrth y wên oedd ar wyneb ei dad, oedd, roedd popeth yn iawn, ac yn sicr roedd ei dad wedi rhoi heibio'r hen genfigen. Roedd Aled yn falch yn ei galon.

'Rydyn ni'n mynd adref nawr,' meddai Mrs. Mathias wedyn. 'Wyt ti'n dod, Marged? Mae Ann ('Uffach! Mae nhw *yn* ffrindiau, hi'n galw "Ann" ar Mam,' meddyliodd Aled) wedi gofyn i ni aros i de, ond fyddai hynny ddim yn deg â hi, a ninnau wedi dod yma heb unrhyw rybudd.'

'Ydw, Mam. Rydw i'n dod. A gobeithio y cawn ni dawelwch heb neb yn ffonio. Mae'n siŵr bod y ffôn wedi bod yn canu'n ofer y prynhawn yma yn ein tŷ ni. Dyma dy law di'n ôl i ti, Aled. Gwela i di heno. Ond paid ag aros wrth y glwyd. Dere'n syth lan at y tŷ. Fe fydda i'n dy ddisgwyl di.' Ac fe gododd hi ac Aled o'u cadeiriau. 'Saith o'r gloch, Aled?'

'Saith o'r gloch,' atebodd yntau, a'r ddau dad a'r ddwy fam yn meddwl, mae'n siŵr, am y dyddiau pan oedden nhw'n ifanc.

Am saith o'r gloch roedd Aled yn canu'r gloch ar ddrws ffrynt Tŷ'r Dderwen. Fe agorodd y drws ar unwaith.

'Aled! Rwyt ti'n brydlon. Rwyt ti'n brydlon bob amser, on'd wyt ti? Dere i mewn. Awn ni ddim am dro eto. Fe awn ni ar ôl tamaid o swper cynnar,' ac yna sibrwd, 'Fe awn ni am dro i ben y mynydd yn y tywyllwch. Fe fydd digon o leuad, ond does dim ots am y lleuad, oes e?'

Fe aeth y ddau i mewn i'r tŷ ac i'r lolfa i gwrdd â Mam a Tada'n gyntaf, ac i siarad am yr wythnos ddiwethaf a'r Eisteddfod a'i chynnwrf. Ac felly y buon nhw'n siarad a sgwrsio'n hapus tan amser y swper cynnar. Ac ar ôl y swper, meddai Marged,—

'Does dim eisiau help gyda'r llestri, oes e, Mam? Achos mae Aled a fi'n mynd am dro nawr.'

'Ond mae hi'n dechrau tywyllu,' meddai'r fam.

'Ydy, Mam. Dyna pam rydyn ni'n mynd am dro.'

Chwerthin wnaeth y tad a'r fam.

'Wel, gwisga gôt, cariad,' meddai'r fam. 'Mae hi'n oeri gyda'r nos.'

'Fe wna i, Mam. Dere, Aled, fy machgen glân annwyl i. Dwêd ''Diolch yn fawr am fy swper'', a ffwrdd â ni.'

'Diolch yn fawr iawn am fy swper,' meddai Aled gan chwerthin a chodi o'r ford a dilyn Marged.

'Dyma ni,' meddai Marged ar ôl cyrraedd Ffordd y Mynydd. 'Dim un gair nes byddwn ni'n cyrraedd ein llidiart ni. Iawn?'

'Iawn!'

'Wel, dere dy law i fi. Linc-di-lonc a law yn llaw. Wyt ti'n cofio, cariad?'

'Ydw, siŵr.'

'Dere 'mlaen, te.'

Ar ôl cyrraedd y llidiart fe aeth y ddau i bwyso yn ei erbyn.

'Ein llidiart ni, Aled. Rho dy freichiau amdana i, a dal fi'n agos. Rydw i wedi blino ar ôl holl ffwdan yr wythnos ddiwethaf yma. Dal fi'n glôs . . . glôs. O, Aled, rydw i'n dy garu di. Dydyn ni ddim wedi cael cyfle i fod ar ein pennau'n hunain

ers dyddiau—dim ond yn yr ardd y prynhawn yma, ac fe
aethon ni i gysgu. Siŵr bod y llun yna dynnodd dy dad yn un
digri. Ond mae'n werth bod hebot ti am ddiwrnod neu ddau
er mwyn cael dy deimlo di'n agos o'r newydd gyda fi.'

'Wyt ti'n gynnes, Marged?' gofynnodd Aled.

'Cynnes, ydw, a hapus. Ti hefyd?'

'Hapus tu hwnt.'

'Wyt ti'n cofio ni'n dod i fyny yma ar ôl bod yn yr opera? O,
roedd hi'n noson hyfryd, y lle yn laswyn i gyd yng ngolau'r
lleuad. A ni'n dau'n caru wedyn yn y car. Doeddet ti ddim
yn gwybod bryd hynny dy fod ti'n fy ngharu i'n iawn, fel
rwyt ti nawr.'

'Mae rhaid fy mod i'n dy garu'r noson honno, ond fy mod
i'n rhy dwp i sylweddoli hynny.'

'Roedd hi fel paradwys; mae hi'n baradwys yma heno
hefyd. Y lleuad fach i fyny acw'n gwenu arnon ni'n tri, Aled.'

'Ni'n tri?'

'Ie, ti a fi a'n ffrind mawr ni, y mynydd yma. Ydy, mae
paradwys o'n cwmpas ni ym mhob man . . . yn y tawelwch
mawr yma . . . a'r llonyddwch . . . Wyt ti'n cofio adrodd
llinellau Syr Thomas Parry-Williams i fi?'

Oedd, roedd Aled yn cofio adrodd y farddoniaeth iddi hi.
Roedd e'n cofio rhywun arall yn defnyddio'r gair 'paradwys',
Catrin! Roedd e'n cofio hefyd y gusan gafodd e pan oedd e'n
dweud ffarwel wrthi hi ar ôl y seremoni graddio. Roedd
rhaid anghofio hynny nawr. Ond gobeithio ei bod hi'n iawn
. . . gobeithio . . . Ochneidiodd heb yn wybod iddo'i hun.

'Ochneidio, Aled? Beth sy? Fe glywais i di'n ochneidio
unwaith o'r blaen. Meddwl am Catrin roeddet ti bryd hynny.
Meddwl amdani hi rwyt ti nawr?'

'Rhywbeth groesodd fy meddwl i; dyna i gyd, Marged.
Rhywbeth o'r gorffennol pell, pell yn ôl . . . yn ôl yn amser y
Mabinogion. Dyna i gyd, cariad. Ti a fi sy nawr. Wyt ti'n
cofio ni'n sôn ein bod ni'n rhan o dragwyddoldeb? Ti a fi,
Marged, ac fe fyddwn ni'n gariadon hyd dragwyddoldeb.
Rwyt ti'n rhan ohonof i, a fi'n rhan ohonot ti. Mae rhyw

ffawd, rhyw dduw, does dim ots beth na phwy, wedi dod â ni at ein gilydd, a does dim yn y byd all ein gwahanu ni nawr . . . dim byd . . . byth. Rwyt ti a fi nawr o'r un meddwl, o'r un galon i weithio gyda'n gilydd, i garu gyda'n gilydd, a rhyw ddydd, Marged, i fagu teulu gyda'n gilydd.'

'O, Aled, fy machgen glân annwyl i, dwêd hynna i gyd wrtho i eto.'

'Ie, i fagu ein teulu ein hunain, Marged. Wyt ti'n edrych ymlaen fel rydw i?'

'Ydw, cariad, ydw. Fe ddywedais i wrthot ti y cei di fab gen i . . . ryw ddydd, ac fe'i cei.'

'Do, ferch annwyl, do. Dim ond dechrau bywyd rydyn ni nawr . . . dechrau . . . dechrau . . .'

'Ac mae'r dechrau wedi bod yn fendigedig, Aled. Fydd hi fel hyn . . . hyd . . . hyd dragwyddoldeb?'

Chwerthodd Aled yn dawel fach, fel pe bai e'n chwerthin y tu mewn i'w feddwl ei hun.

'Rwyt ti'n chwerthin, Aled.'

'Wel, ydw, Marged. Rhyw bethau bach iawn ydyn ni . . . yn nhermau tragwyddoldeb. Ond does dim ots am hynny. Mae gyda ni flynyddoedd hir o'n blaen . . . blynyddoedd hir yng nghwmni ein gilydd . . . ti a dy ganu a dy lais godidog, a fi'n athro yn dysgu plant i ganu, yn dysgu plant i wrando ar fiwsig. A does arna i ddim eisiau dim byd mwy . . . dim byd gwell. Rydw i'n fodlon. Ti hefyd, Marged?'

'Bodlon? Ydw, dim ond i ti ddal i 'ngharu i, ac i fi fod gyda thi bob amser.'

'Rydw i gyda thi bob amser, ac rwyt ti gyda fi, yn fy meddwl, yn fy nghalon . . . ac yn fy nghorff. Rydw i'n was i ti am byth . . . ac fel dy was rydw i eisiau bod . . . hyd dragwyddoldeb. Dyna'r gair yna eto, Marged. Rydw i'n dwp, on'd ydw i, Marged?'

'Y creadur mwyaf twp, mwyaf annwyl yn y byd. Dwêd rhagor Aled, fy machgen annwyl i.'

Yn sydyn roedd cwestiwn gan Aled.

'Fyddi di'n dweud dy bader cyn mynd i'r gwely bob nos,
Marged?'

'Wel, dyna gwestiwn, Aled. Dweud fy mhader? Efallai fy
mod i . . . nawr ac yn y man. Fyddi di'n dweud dy bader?'

'Na fyddaf. Ond mae'n bryd i fi feddwl am y peth. Mae
rhaid i fi ddiolch i rywbeth, i rywun, i ryw allu arbennig—
Duw, os mynni di—am ddod â ni at ein gilydd . . . am dy roi di
i fi. Fi biau ti nawr, a ti biau fi . . .'

'Yn oes oesoedd?'

'Rwyt ti'n disgwyl i fi ddweud "Amen", on'd wyt ti? O'r
gorau, fe ddyweda i "Amen". Amen!' meddai Aled a rhyw
dinc o chwerthin yn ei lais. 'Ond yn wir i ti, Marged, does
dim eisiau dweud dim, nac oes? Dim ond dweud yn syml,
"Rydw i yn dy garu di, Marged". Ac i ti ddweud, "Rydw i yn
dy garu di, Aled." Ond efallai fod tipyn o fardd rhamantus
ynof fi.'

'Rydw i'n dotio ar y bardd rhamantus sy'n fy nal i yn ei
freichiau nawr. Ond gwranda di, fardd rhamantus, rydyn ni
wedi bod yn sefyll yma'n siarad—ti'n siarad, a fi'n gwrando
ar y pethau mwyaf hyfryd glywodd merch erioed, a ches i'r
un gusan gen ti, a finnau wedi bod yn ymprydio—bron fel
lleian mewn cwfaint—ers dyddiau. A'r ffordd i roi sêl ar dy
siarad di ydy rhoi cusan i fi. Dere!'

'Dyma i ti, Marged, gusan yr haf hirfelyn yma. Fe fyddwn
ni'n cofio hyd byth am yr haf yma fel ein haf hirfelyn ni. Mae
hi wedi bod yn haf bendigedig o hirfelyn. Ac mae mwy o'r
haf i ddod. Ac fe elli di ddweud "Amen" i hwnna os wyt ti'n
dewis.'

'Amen, Aled, fy machgen glân annwyl i. Dal fi . . . dal fi'n
agos . . . agos . . . O, Aled,' ac fe gusanodd y ddau yn hir . . .
hir . . .

Pan aeth Marged i'w chartref y noson honno, fe edrychodd
ei mam arni hi.

'Marged,' meddai hi, 'mae rhyw olwg . . . od . . . anghyff-

redin arnat ti . . . fel pe baet ti wedi bod . . . wedi bod mewn
rhyw fyd arall.'

'Dyna lle rydw i wedi bod, Mam. Mewn byd arall.'

'Beth sy wedi digwydd, cariad?'

'Dim byd, Mam . . . dim byd . . . dim ond bod gŵr ifanc
wedi dweud wrtho i ei fod e'n fy ngharu i . . . dyna i gyd . . .
dyna i gyd. Ac O, Mam, rydw i'n ei garu fe. Ac fe ddywedodd
e y pethau mwyaf, mwyaf annwyl wrtho i. Dyna i gyd,
Mam.'

Taflodd Marged ei chôt ar gefn cadair ac eistedd . . . ac
wylo . . .

NODIADAU—NOTES

This novel is intended for advanced learners of Welsh who will already be familiar with the ordinary tenses of the verb 'bod' and the simple past tense of other well-used verbs, as well as with the various sentence patterns and subordinate clauses. It is hardly necessary therefore to discuss them in detail here, but attention is drawn in the Notes to subordinate clauses and idioms as they appear in the text. However, the novel is intended as a further step towards a wider comprehension of Welsh so it will not be out of place to summarize here less familiar tenses of verbs and some elements of syntax, though, of course, many readers may already be well acquainted with them. So much the better if that is the case.

1. The present habitual tense of the verb 'bod'

The forms of this tense are the same as those of the simple future tense of 'bod', and for that reason they may cause confusion in their context. These forms are always used with a verb noun to form a periphrastic conjugation; the forms of the simple future tense can stand on their own, e.g., 'Fe fydda i yno am saith o'r gloch.' Some readers would probably like to know the more literary forms, so they are given in brackets.

bydda i (byddaf i)	byddwn ni
byddi di	byddwch chi
bydd e (ef), hi	byddan nhw (byddant hwy)
bydd y ferch	bydd y merched

These affirmative forms may be preceded by 'fe' (or 'mi') which is always followed by the soft mutation.

The negative and interrogative forms follow the usual pattern:

Negative—fydda i ddim, etc.

Interrogative—fydda i? etc. with the answers bydda (byddaf), byddi, bydd, byddwn, byddwch and byddan (byddant).

Examples:
O, fe fydda i'n mewian weithiau, fel cath â phoen yn ei bola.
Oh, I sometimes mew, like a cat with a pain in its stomach.

Soprano ydw i pan fydda i'n agor fy ngheg gyda'r d. r. m. ac ati.
I am a soprano when I open my mouth with the d. r. m. and so on.

Fe fydda i'n galw yn y caffe yma pan fydda i'n mynd a dod i weld Mam-gu.
I call in this cafe when I am going or coming to see (my) grandmother.

Fyddwn ni ddim yn cael cinio nes bod dy dad yn dod adref o'r gwaith.
We don't (usually) have dinner until your father comes home from work.

2. Imperfect habitual and conditional tenses of 'bod'

The forms are the same for both these tenses. All examples given below are 'conditional', save the first.

byddwn i	bydden ni (byddem ni)
byddet ti	byddech chi
byddai fe (ef), hi	bydden nhw (byddent hwy)
byddai'r dyn	byddai'r dynion

As with all other tenses these affirmative forms may be preceded by 'fe' (or 'mi') with the soft mutation.

Negative forms—fyddwn i ddim, etc.

Interrogative—fyddwn i? etc. with the answers byddwn, byddet, byddai, bydden (byddem), byddech, bydden (byddent).

Examples:

Byddwn yn mynd am dro i fyny'r mynydd yn aml.
I used to go for a walk up the mountain often.

Byddai'n braf cael lifft yn un o'r rhain.
It would be fine to have a lift in one of these.

Fe ddywedais i y byddwn i'n mynd ar fy mhen fy hun.
I said I would be going on my own.

Fe fyddai gen ti ddiddordeb yn y tocyn sbâr?
You would be interested (have interest) in the spare ticket?

Fe fyddwn i wrth fy modd.
I would be delighted.

Ond fe ofalodd dy dad na fyddai dim un o'i feibion e'n mynd i slafio yn y lle budr.
But your father took care that not one of his sons would go to slave in the dirty place.

Ac mae'n siŵr y byddai'r garddwr yn cuddio yno yn rhywle.
And for certain (it's certain) that the gardener would be hiding there somewhere.

Pe bai ewythr Gron wedi priodi chwaer y bòs yma . . . fyddech chi'n teimlo'n ddig wedyn? Na fyddwn, wrth gwrs.
If Uncle Gron had married this boss' sister . . . would you then feel angry? Of course not (I wouldn't of course.)

Fyddech chi'n meddwl ei fod e wedi cael y swydd yn annheg?
Would you think that he had had the appointment unfairly?

Fyddai dim rhaid i ti ei chusanu hi.
There would be no need for you to kiss her. (You wouldn't have to kiss her.)

Fe gafodd ei diwnio . . . erbyn y byddet ti'n dod adref.
It was tuned . . . by the time you came home (you would be coming home.)

3. Forms of 'bod' after 'pe' (*if*)

pe bawn i (*if I were*)
pe baet ti (*if you were*)
pe bai e (ef)/hi (*if he/she were*)
pe bai'r athro (*if the teacher were*)

pe baen (baem) ni (*if we were*)
pe baech chi (*if you were*)
pe baen nhw (baent hwy) (*if they were*)
pe bai'r athrawon (*if the teachers were*)

Negative forms—pe bawn i ddim, etc. (Lit. forms—pe na bawn i, etc.)

Examples:

. . . fel pe bai hi'n darllen ei feddwl.
. . . *as if she were reading his mind.*

. . . fel pe bawn i'n dy adnabod di ers blynyddoedd.
. . . *as if I have known you for years.*

. . . fel pe baet ti ddim eisiau siarad â fi.
. . . *as if you didn't want to speak to me.*

. . . fel pe bai annwyd arni hi.
. . . *as if she had a cold (as if there was a cold on her).*

Pe baech chi'n gofyn iddo fe pa ran o'r corff oedd strydoedd y siopau, fe fyddai'n siŵr o ddweud . . .
If you were to ask him what part of the body were the streets with the shops, he would be sure to say . . .

Beth pe bai e'n cwrdd â rhai ohonyn nhw . . .
What if he were to meet some of them . . .

. . . fel pe baen nhw yno er pan grewyd y byd.
. . . *as if they were there since the world was created.*

Pe baech chi wedi gwneud, chi fyddai'r rheolwr nawr.
If you had done (so), you would be the manager now.

a phe bawn i'n gwybod dy fod di gartref . . .
and if I had known that you were at home . . .

4. Concise forms: present or future of regular verbs

	canu		gallu
	cana (canaf) i		galla (gallaf) i
	ceni di		gelli di
	canith or caniff e (ef)/hi		gallith or galliff e (ef)/hi
	canwn ni		gallwn ni
	canwch (cenwch) chi		gallwch (gellwch) chi
	canan nhw (canant hwy)		gallan nhw (gallant hwy)

These forms have a present or future meaning according to their context. Some readers will probably prefer to use the literary forms of the third person singular, e.g., cân ef/hi, gall ef/hi, tâl ef/hi (from 'talu').

Negative forms—chana i ddim, etc. (Aspirate mutation after the negative 'ni' which is omitted in spoken Welsh. The literary forms are—ni chanaf i, etc. with 'nid' before words beginning with a vowel. But note that 'ni' is followed by the aspirate mutation of c, p, and t, but the soft mutation of g, b, d, ll, m, and rh, so that the negative forms of the present/future tense of 'gallu' are—alla i ddim, etc. (Lit. forms—ni allaf i, etc.)

Interrogative forms—gana i? (a ganaf i)? etc. Soft mutation after the interrogative 'a' which is omitted in spoken Welsh. The interrogative forms of 'gallu' are—alla i (a allaf i)? etc. The answers are—gallaf, gelli, gallith or galliff (gall), gallwn, gallwch (gellwch), gallan (gallant); and of 'canu'—canaf, ceni, canith or caniff (cân), canwn, canwch (cenwch), canan (canant).

Imperative forms—2nd. pers. sing: cana or cân; 2nd pers. pl: canwch (cenwch). There are no imperative forms of 'gallu'.

Examples:
. . . a welwn ni mo'n gilydd am amser mawr.
. . . and we shan't see each other for a long time.

Wela i ddim gobaith am y dyfodol o gwbl.
I see no hope for the future at all.

Sut gallwn ni gwrdd?
How can we meet?

. . . ond alla i ddim bod yn segur.
. . . but I can't be idle.

Fe all, mae'n wir.
It can, indeed (it's true).

Wel, os na elli di, fe alla i.
Well, if you can't, I can.

Fe allwch chi drafod llawer o bethau . . .
You can discuss a lot of things . . .

Fe elli di 'nghusanu i . . .
You may (can) kiss me . . .

Sut galla i gadw'r ferch yma draw?
How can I keep this girl away (from me)?

Na, 'machgen i, allith e ddim cael dim bai ar fy ngwaith i.
No, my boy, he can find no fault with my work.

Fe allwn ni lunio'r stori i gyd . . .
We can fashion the whole story . . .

It will be noted that forms of 'gallu' are frequently used as auxiliary verbs translating the English 'can'.

Attention is drawn to the present/future tense of other verbs in the following page by page notes.

5. Present/future tense of some irregular verbs

mynd	dod	cael
a' (af) i	do (dof) i	ca (caf) i
ei di	doi di	cei di
aiff e (ef)/hi	daw e (ef)/hi	caiff e (ef)/hi
awn ni	down ni	cawn ni
ewch chi	dowch (dewch) chi	cewch chi
ân nhw (ânt hwy)	dôn nhw (dônt hwy)	cân nhw (cânt hwy)

Negative forms—a' i ddim (af i ddim), etc. (Lit. nid af i, etc.)
ddo i ddim (ddof i ddim), etc. (Lit. ni ddof i, etc.)
cha i ddim (chaf i ddim), etc. (Lit. ni chaf i, etc.)

Interrogative forms—a' i? (a af i?), etc.
ddo i? (a ddof i?), etc.
ga i? (a gaf i?), etc.
with the answers—af, ei, aiff, awn, ewch, ân (ânt);
dof, doi, daw, down, dowch (dewch), dôn (dônt);
caf, cei, caiff, cawn, cewch, cân (cânt).

Imperative forms—cer (S. Wales), dos (N. Wales), cerwch (S. W.), ewch (N. W.).
dere (S. W.), tyrd (N. W.); dowch, dewch (S. and N. W.)

gwneud	gwybod
gwna i (gwnaf i)	gwn i
gwnei di	gwyddost ti
gwnaiff e (gwna ef)	gŵyr e (ef)/hi
gwnawn ni	gwyddon ni (gwyddom ni)
gwnewch chi	gwyddoch chi
gwnân nhw (gwnânt hwy)	gwyddan nhw (gwyddant hwy)

Negative forms—wna i ddim (ni wnaf i), etc.
wn i ddim (ni wn i), etc.

Interrogative forms—wna i? (a wnaf i?), etc.
wn i? (a wn i?), etc.

Imperative—gwna, gwnewch
There are imperative forms for 'cael' and gwybod' but they can be ignored at this stage.

Examples:
Fe ddoi di, Aled, oni ddoi di?
You'll come, Aled, won't you?

Rydw i'n credu yr a' i i lawr i'r pentref.
I think I'll go down to the village.

Fe awn ni yn ôl ar hyd yr un llwybr.
We'll go back along the same path.

Fe ddo i allan o'r lle ryw ddydd.
I'll get (come) out of the place some day.

O, twt, ddaw hi ddim . . . fe ddaw hi yn y munud.
Oh, tut, it won't come . . . it will come in a minute.

. . . os nad ei di i'r Llyfrgell Genedlaethol.
. . . unless you go to the National Library.

Ga i ofyn beth ydy'ch enw chi?
May I ask what your name is?

Gwylia di, neu fe gei di dy daro'n farw.
Take care, or you'll be struck dead.

Chei di ddim priodi â fe. Na chei.
You shall not marry him. You shall not.

Fe gawn ni lawer o hwyl.
We shall have a lot of fun.

. . . ac os na cha i dy gwmni . . .
. . . and if I don't have your company . . .

Fe gei di fwyta ar dy ben dy hun.
You shall eat on your own.

Chei di mo 'nghusanu i wrth y drws.
You shan't kiss me by the door.

Fe gaiff Ann Thomas ganu'r rhain.
Ann Thomas shall sing these.

Pryd ca i dy weld di?
When shall I see you?

Gobeithio caiff e swydd yn fuan.
I hope he will get a job soon.

. . . hyd y gwn i.
. . . as far as I know.

. . . wyddost ti am beth roeddwn i'n meddwl?
. . . do you know what I was thinking of?

. . . O, wn i ddim yn wir.
. . . Oh, I don't know indeed.

Ŵyr Aled ddim beth oedd gan Gilbert y cawr i'w ddweud.
Aled does not know what Gilbert the giant had to say.

It will be noticed that some forms of the verb 'cael' are used as auxiliary verbs to express the future tense, while others are used to express the English passive voice.

6. Concise forms: imperfect/conditional tenses of verbs

teimlo

teimlwn i
teimlet ti
teimlai e (fe)/hi
teimlen ni (teimlem)
teimlech chi
teimlen nhw (teimlent hwy)

gallu

gallwn i
gellet ti
gallai fe (ef)/hi
gallen ni (gallem)
gallech chi
gallen nhw (gallent hwy)

Negative—theimlwn i ddim (ni theimlwn i), etc.
allwn i ddim (ni allwn i), etc.

Interrogative—deimlwn i? (a deimlwn i?), etc.
allwn i? (a allwn i?), etc.

dweud

dywedwn i
dywedet ti
dywedai fe (ef)/hi
dyweden ni (dywedem)
dywedech chi
dyweden nhw (dywedent hwy)

gwybod

gwyddwn i
gwyddet ti
gwyddai fe (ef)/hi
gwydden ni (gwyddem)
gwyddech chi
gwydden nhw (gwyddent hwy)

Negative—ddywedwn i ddim (ni ddywedwn i), etc.
wyddwn i ddim (ni wyddwn i), etc.

Interrogative—ddywedwn i? (a ddywedwn i?), etc.
wyddwn i? (a wyddwn i?), etc.

Imperative—dwêd (dywed), dywedwch.

Miscellaneous examples:
. . . ac fe redodd e gorau y gallai gyda'i bac a'i gês.
. . . *and he ran as best he could with his pack and case.*

Wel, fe ddywedwn i fod llais soprano cyfoethog gyda chi.
Well, I would say that you have a rich soprano voice.

. . . synnwn i ddim.
. . . *I shouldn't be surprised.*

Fe allwn i syrthio mewn cariad â hi fy hun.
I could fall in love with her myself.

Fe allai fe ladd Tada.
He could kill Tada.

Fe gaet ti arian gen i.
I would give you money. (You could have money from me.)

Teimlai Aled nawr y gallai fentro sôn . . .
Aled now felt that he could venture to mention . . .

Fe gofiai ei chusan . . .
He remembered her kiss . . .

Fe wyddwn i dy fod ti ddim yn un fel yna.
I knew that you were not one of that sort (one like that).

. . . a chymerwn i mo'r byd i ddod rhyngoch chi'ch dau.
. . . and I wouldn't take the world to come between you two.

. . . tra pwysai Aled arno.
. . . while Aled leaned against it.

. . . roedd hi wedi penderfynu y gwnâi hi wraig dda i Aled.
. . . she had decided that she would make Aled a good wife.

. . . ac Aled a Marged yn cwrdd pryd y mynnen nhw.
. . . and Aled and Marged met whenever they wished.

Fe rown i fy mreichiau amdanat ti.
I would put my arms around you.

. . . a llygaid Aled yn gwylio pawb wrth fynd heibio a welai fe Catrin yn rhywle.
. . . and Aled's eyes watched everyone as they went by if he could see Catrin somewhere.

Prin y gallai'r gynulleidfa glywed y gŵr mawr . . .
Scarcely could the congregation hear the great man . . .

7. Past impersonal forms of verbs

The English passive voice is often expressed in Welsh by using various forms of 'cael',—
e.g., Fe gafodd y dyn ei ladd.
The man was killed.

Fe gei di dy daro'n farw.
You'll be struck dead.

There are, however, impersonal forms of verbs in Welsh which are used to express the same meaning.
There are impersonal endings for each of the tenses, present/future, imperfect, simple past and pluperfect, but in the text only past tense forms are used for which the ending is -wyd.

Examples:
. . . fel pe baen nhw yno er pan grewyd y byd.
. . . as if they were there since the world was created.
('er pan grewyd y byd' can be expressed 'er pan gafodd y byd ei greu').

. . . fe dorrwyd yr hud.
. . . *the magic was broken.*

Fe gafwyd lle o'r diwedd.
A place was found at last.

Agorwyd y drws gan ŵr ifanc.
The door was opened by a young man.

Fe ofynnwyd iddi hi . . .
She was asked . . .

8. The link words 'mai' and 'nad'

The normal word order in a sentence in Welsh is verb first followed by the subject and any extensions of the subject or verb,

      e.g., Mae   Aled   yn gerddor da.

           verb   subject extension of subject

If a sentence such as this becomes a noun clause in a complex sentence, then the verb is changed to 'bod',—

      Mae pawb yn gwybod bod Aled yn gerddor da.

This change obtains when the original verb is the present or imperfect tense of 'bod'. This is a familiar construction and the reader will probably be well acquainted with it. There are many examples in the text and translations are given in the page by page notes.

    But if in the original sentence one wished to emphasize the fact that Aled is a good musician above all else, the complement—yn gerddor da—is brought to the beginning of the sentence with a change in the verb, and 'yn' and the mutation after it are lost. Thus:—

      Cerddor da ydy Aled.

If an affirmative sentence such as this is joined to another sentence as a noun clause, the joining or link word is always 'mai' ('taw' in some dialects) and the verb remains unchanged,—

      Mae pawb yn gwybod mai cerddor da ydy Aled.

The negative of 'Cerddor da ydy Aled' is 'Nid cerddor da ydy Aled'. If this is joined to another sentence as a subordinate clause, the link word is always 'nad' (before vowels and consonants),—

      Mae pawb yn gwybod nad cerddor da ydy Aled.

Examples:

. . . er mai dim ond am ychydig o fisoedd mae hi wedi bod yn byw yma.
. . . though (it is) only for a few weeks she has been living here.

. . . a William Rowland yn dweud mai ei frawd ddylai fod wedi cael y swydd.
. . . and William Rowland saying that his brother should have had the job.

. . . fe fyddai fe'n siŵr o ddweud mai nhw oedd y bol neu'r stumog.
. . . he would be sure to say that they were the belly or stomach.

Ond efallai mai rhy swil oeddet ti.
But perhaps you were too shy (that too shy you were.)

Rydw i'n synnu, Dad, mai colier cyffredin ydych chi o hyd.
I am surprised, Dad, that you are still an ordinary collier (that an ordinary collier you are still.)

Mae'n siŵr dy fod ti'n meddwl mai hen hoeden oeddwn i ar y pryd.
You were surely thinking that I was an old flirt at the time. (It is sure that you were thinking that an old flirt I was at the time.)

Ac roedd y ddau'n gwybod . . . nad Ann Thomas a Wil Hopcyn oedd ym mreichiau ei gilydd.
And they both knew . . . that it was not Ann Thomas and Wil Hopcyn who were in each other's arms.

Fe allwch chi gymryd mai fi sy'n dewis yr athrawon i'r ysgol hon.
You can take (it) that it is I who chooses the teachers for this school.

PAGE BY PAGE NOTES

(Abbreviations:—1st. pers.—first person; 2nd. pers.—second person; sing.—singular; pl.—plural; pres.—present tense; fut.—future tense; impt.—imperfect tense; cond.—conditional; lit.—literally; Lit. W.—literary Welsh; neg.—negative.

Page

13 y tro olaf—*the last time.* Note also 'y tro nesaf'—*the next time.* 'tro' also means *turn, bend.*

13 am ganol y ferch—*about the girl's waist.* canol—*middle.*

13 dal i edrych—*continue to look.* Note the use of 'dal' here which normally means *to hold* or *to catch.*

13 welwn ni mo'n gilydd—*we shan't see each other.* 'welwn' is concise form 1st. pers. pl. pres./fut. of 'gweld'; here it has a future meaning. 'mo'n' is a contraction of 'ddim o ein'.

13 Ac mae rhaid i ni ddal i gwrdd—*And we must continue to meet.* Note the use of 'dal' again in this context.

13 Sut gallwn ni gwrdd?—*How can we meet?* 'gallwn' is concise form 1st. pers. pl. pres. of 'gallu'.

13 Wela i ddim gobaith am y dyfodol o gwbl—*I see no hope for the future at all.* 'Wela i ddim' is concise form neg. 1st. pers. sing. pres.

14 cyn bo hir—*before long* (lit. *before it may be long*)

14 ddywedwn i—*I would say.* 'dywedwn' is 1st. pers. sing. cond. of 'dweud'.

14 Mae pob swydd sy i ddechrau ym mis Medi yn llawn erbyn hyn—*Every job which is to start in September is full by now.* 'sy i ddechrau' etc. is a relative clause with 'sy'—*which is.* Note the phrase 'erbyn hyn' meaning *by now, by this time.*

14 bryd hynny—*then, at that time.* 'pryd'—*time.* 'pryd' can be used to translate *when,* e.g., Pryd aeth e?—*When did he go?* and 'Wn i ddim pryd mae'r gêm yn dechrau'—*I don't know when the game is due to start* (lit. *when the game is starting).* 'pryd' in these cases is a contraction of 'pa bryd'—*what* or *which time.*

15 y baw maen nhw'n gwrando arno heddiw—*the muck they listen to today.* 'maen nhw'n gwrando arno heddiw' is a relative clause (lit. *the muck they are listening to it today).*

15 yr un pryd—*at the same time.* cf. 'pryd' above. Note the use of 'un' with the meaning *same.* There are many examples of this use of 'un' in the text.

15 yn y gwt—*in the queue.* 'cwt' is a S. Wales dialect word for *tail.* The usual word is 'cynffon'.

15 ers tair blynedd—*for three years* (lit. *since three years)*

15 ond roedd rhywbeth yn ei feddwl yn dweud bod yr amser hwnnw'n dod i ben—*but there was something in his mind saying that that time was coming to an end.* 'bod yr amser hwnnw' etc. is a noun clause with 'bod'.

15 ers llawer dydd—*since many a day, for a long time, a long time ago*

16 Rhyfel y Degwm—*The Tithe War* which was fought between tenant-farmers and church authorities, particularly during the last century. Welsh farmers did not think it fair that they should pay one tenth of the value of the produce of their farms towards the Church (of England) because they had for the most part become

Nonconformists and had their own chapels to support. There were many skirmishes between farmers and bailiffs who arrived at the farms to distrain animals and implements for non-payment of the tithe, the most serious of which took place at Llangwm in Clwyd after which a number of farmers were taken to court, but they won their freedom. They were known as 'Merthyron y Degwm'—the Tithe Martyrs.

16 yn erbyn ei gilydd—*against each other*

16 un rhan o ddeg—*one tenth, one part of ten*

17 y rhan fwyaf—*most*, (lit. *the greatest part*)

17 pan fydda i'n mynd i'r capel—*when I go to chapel.* 'bydda i' here is 1st. pers. sing. pres. habitual of 'bod' and not the future tense, the pres. habitual tense having the same forms as the future. There are other examples of this use of the pres. habitual tense of 'bod' in the text.

17 eu capeli eu hunain—*their own chapels*

17 Roedd y bwmbeiliaid yn cael eu hanfon i'r ffermydd—*the bailiffs were sent to the farms*

18 Pryd oedd hyn i gyd?—*When was all this (happening)?* An example of 'pryd' meaning *when* introducing a question.

18 can mlynedd yn ôl—*a hundred years ago*

18 Fe alla i dreio—*I can try.* 'fe alla i' is 1st. pers. sing. pres. of 'gallu' (*to be able*).

18 os ysgrifenna i'r stori—*if I write the story.* 'ysgrifenna i'—1st. pers. sing. pres. of 'ysgrifennu'.

18 gad i ni gerdded—*let us walk.* Also 'gad i ni aros yma'—*let's stay here.* 'gad' is 2nd. pers. imperative of 'gadael'.

19 Mae Aled yn well enw na Twpsyn—*Aled is a better name than Twpsyn.* 'twpsyn'—*stupid one*, but usually used in a playful manner without malice. A S. Wales word.

19 yn drymach, drymach—*heavier and heavier.* 'trymach'—comparative degree of adj. 'trwm'.

19 Pryd bydda i'n ei gweld hi eto?—*When shall I see her next (again)?* Notice 'pryd' again introducing a question. Here 'bydda i' is future tense.

19 na hyd yn oed godi ei ben i edrych ar y lori—*nor even raised his head to look at the lorry.* Note the phrase 'hyd yn oed' meaning *even*, a very useful phrase.

19 Mae'n siŵr bod hwnna'n mynd i lawr i'r De—*That one for certain is going down South.*

20 Byddai'n braf cael lifft yn un o'r rhain—*It would be fine to have a lift in one of these.* 'Byddai', 3rd. pers. sing. conditional of 'bod'.

20 heb arafu dim—*without slowing (down) any*

20 Myn brain i!—*Stone the crows!* (lit. *By my crows!*)

20 wedi codi llawer ar ei galon—*had cheered him up considerably.* (lit. *had raised his heart a lot*).

20 Tybed fyddai hwn yn aros—*Would this one stop?* 'Tybed' has the sense of *I wonder*.

20 ychydig ymlaen ar y ffordd—*a little (way) forward on the road*

20 gorau y gallai—*as best he could.* 'gallai' is 3rd. pers. sing. impt. of 'gallu'.

20 'uchel' means *high* or *loud*.

20 Newydd orffen yn y coleg—*Newly finished in the college, Just finished college.* Note this use of 'newydd' (*new*). 'newydd ddod'—*just arrived*; 'newydd ddweud rydw i wrthoch chi'—*I have just told you.*

20 heblaw fi—*besides me (other than me)*

21 Rydych chi'n dweud y gwir eich bod chi'n dwp—*You speak the truth when you say that you are stupid* (lit. *You are saying the truth that you are stupid*). 'eich bod chi'n dwp', is a noun clause with 'bod'.

21 heb feddwl am gau'r drws ar ei ôl—*without thinking of closing the door after him.*

21 mor esmwyth â chath—*as smooth as a cat*

21 Pa mor bell—*How far.* Similar phrases are 'pa mor dal' (*how tall*), 'pa mor hir' (*how long*), 'pa mor uchel' (*how high*), 'pa mor dlawd', (*how poor*), 'pa mor llydan' (*how wide*).

22 Fe ddywedodd fy nhad . . . fod rheolwr newydd wedi dod i'r pwll—*My father said . . . that a new manager had come to the pit.* 'fod rheolwr newydd' etc. is a noun clause with 'bod'.

22 mae Mam yn dweud mai fe ydy fy nhad—*(my) mother says that he is my father.* 'mai fe ydy fy nhad' is a noun clause with 'mai'. 'fe' is brought to the beginning of the clause for emphasis.

22 fe ddylai hi wybod—*she ought to know*

22 nes eich bod chi'n dweud wrtho i—*until you tell me.* 'bod' construction after 'nes'.

22 cyn i chi ddod—*before you came.* Note the construction after 'cyn'.

22 Byddai'r boi yn yr arch yn ddigon parod i newid lle gyda chi—*the chap in the coffin would be willing enough to change places with you.* 'newid lle' in Welsh and not 'newid lleoedd'.

22 rhyw fath o flows—*some sort of blouse*

23 siŵr eu bod nhw—*they are sure to be*

23 Ga i ofyn beth ydy'ch enw chi?—*May I ask what your name is?* 'Ga' (Ca) is 1st. pers. sing. pres. of 'cael' (*to have, to receive*) and forms of 'cael' are used when seeking permission corresponding to English *may.*

23 fy machgen glân i—*my dear boy.* 'glân' normally means *clean, pure* but is used here as a term of endearment.

23 Cael fy enwi ar ôl fy mam-gu wnes i—*I was named after my grandmother*

23 Mae'n od fy mod i'n galw Twpsyn arnoch chi—*It's odd that I am calling you Stupid (by name)* (lit. *that I am calling Stupid on you*).

23 roeddech chi'n dweud eich bod chi newydd orffen yn y coleg—*you were saying that you have just finished (in the) college.* 'eich bod chi newydd' etc. is a noun clause with 'bod'.

23 tra bydda i ar y dôl—*while I am on the dole.*

24 mae'n debyg y bydda i'n mynd ar fy mhen fy hun—*I shall probably be going on my own.* (lit. *It is likely that I shall be going on my own (head).*

24 Fe fyddwn i'n falch o'ch cwmni—*I would be glad of your company.*

24 O, fe fydda i'n mewian weithiau—*Oh, I mew sometimes.* 'fe fydda i'—pres. habitual. Similarly 'pan fydda i'n agor fy ngheg'.

24 yn lle mewian—*instead of mewing*

24 fe ddywedwn i fod llais soprano cyfoethog gyda chi—*I would say that you have a rich soprano voice.*

24 Y dyn sy wedi bod yn astudio Cerddoriaeth—*The man who has been studying music.* 'sy wedi bod' etc.—relative clause with 'sy'.

24 fe ga i'ch galw chi wrth eich enw—*I may call you by your name.* See note above on the use of 'cael' in this context.

24 Mae syched arna i nawr—*I am thirsty now.* Note the idiom.

25 Fe arhoswn ni yno—*We'll stop there.* 'Fe arhoswn ni'—1st. pers. pl. fut. of 'aros', stem —arhos-.

25 fe allwn ni siarad am eich opera—*we can talk about your opera.*

26 Fe fydda i'n galw . . . pan fydda i'n mynd—*I call . . . when I go.* Pres. habitual.

26 siŵr ei fod e'n chwarae rygbi—*he must be a rugby player* (lit. *surely he is playing* (or *plays) rugby).*

26 ond heb fod yn rhy hir—*but without being too long.*

26 Bachan bach teidi—*A tidy little chap.* The phrase is very much S. Wales. 'bachan' = bachgen.

26 iddi hi ddod allan—*for her to come out*

26 ar eich ôl chi—*after you*

26 gan fwrw golwg slei arni hi—*taking a sly look at her.* 'bwrw golwg'—*to take a look.*

26 a chofio 'i bod hi dros ei phedwar ugain—*and remembering that she has passed her eighty* (lit. *that she is over her four score (years)).*

27 synnwn i ddim—*I wouldn't be surprised.*

27 wyneb yn wyneb—*face to face*

27 roedd yn amlwg iddo fod rhyw swyn arbennig yn perthyn iddi hi—*it was obvious to him that she had some special charm* (lit. *that some special charm was belonging to her).*

27 er pan welais i hi—*since I saw her.* Note 'er pan'—*since when.*

27 ar ôl i Mrs. Ifans osod y coffi—*after Mrs. Evans had placed the coffee.* Note the construction after 'ar ôl'.

27 cyn hynny hyd yn oed—*before that even*

28 ac Aled yn gwybod bod ei wyneb yn cochi—*and Aled knowing that his face was getting red.*

28 ar yr un pryd—*at the same time*

28 roedd yn amhosibl peidio â chymharu'r dwy ferch—*it was impossible not to compare the two girls.* Note the use of 'peidio â' to give the negative meaning (lit. *to refrain from comparing . . .).*

28 hon oedd yn eistedd wyneb yn wyneb â fe—*she (this one) who was sitting face to face with him.* 'oedd yn eistedd' etc.—relative clause.

28 gan obeithio y byddai hi'n dawel yno—*hoping that she would be quiet there.*

28 fel pe bai hi'n darllen ei feddwl—*as if she were reading his mind.*

28 tawn i'n marw!—*strike me dead!* (lit. *if I were to die!)*

28 Roedd yr un diddordebau gan y ddau ohonyn nhw—*They both (the two of them) had the same interests.*

29 Gwylia di, neu fe gei di dy daro'n farw—*Take care, or you will be struck dead.*

29 ac mae'n ddigon posibl na fydd dim swyddi ar gael bryd hynny chwaith—*and it is quite possible that there will be no jobs available then either.* 'ar gael'—*available, to be had.*

29 efallai (y) bydda i ar y dôl am fisoedd—*perhaps I shall be on the dole for months.*

29 er fy mod i wedi cael awdisiwn—*though I have had an audition.* 'bod' construction after 'er'.

29 fy nghadw i rhag mynd—*to keep me from going*

29 lle bynnag mae e i'w gael—*wherever it may be found* or *wherever it is to be found.* 'lle bynnag'—*wherever*, 'beth bynnag'—*whatever.*

29 Ond mae'n biti bod rhaid i'n pobl ifanc ni adael eu gwlad—*But it's a pity that our young people have to leave their country.*

30 yn yr un byd—*in the same world*

30 Ond bod eich tad chi'n rheolwr pwll glo—*Except that your father is the manager of a coal mine.*

30 Paid â dweud dy fod yn gomiwnydd neu rywbeth fel yna—*Don't say that you are a communist or something like that.*

30 fe fydda i'n dy adael di i gerdded yr holl ffordd—*I shall leave you to walk all the way (the whole way)*

30 alla i ddim bod yn segur—*I can't be idle.*

30 Mae rhaid bod gen i rywbeth i'w wneud—*I must have something to do.*

30 Fe alla i weld—*I can see*

31 siŵr o fod—*sure to be*

31 Ond mae rhaid i fi ddweud fy mod i ddim yn gwybod llawer—*But I have to (must) say that I don't know much.*

31 ac mae'n well i chi'r hoeden wybod hynny nawr—*and you, (the) flirt (hoyden), had better know that now.*

31 hyd y gwn i—*as far as I know*

32 dyna i gyd—*that's all*

32 wyt ti'n meddwl y bydd pobl yn hoffi stori fel yna?—*do you think that people will like a story like that?*

32 Fe all stori hanes fod yn sych ofnadwy i gynulleidfa—*An historical story can be awfully dry for an audience.*

32 Fe all—*It can (be)*

32 Rydw i'n meddwl bod eisiau stori fwy syml—*I think that a simpler story is needed.*

32 alla i ddim meddwl am un yn syth nawr—*I can't think of one straightaway now.*

32 Wel, os na elli di, fe alla i—*Well, if you can't, I can.*

32 Pa stori ydy hi?—*What (which) story is it?*

32 y ferch o Gefn Ydfa—*the maid of Cefn Ydfa.* The story of the Maid of Cefn Ydfa is a very romantic one. Ann Thomas was the daughter of a well-to-do farming family who lived at Llangynwyd in Glamorgan. She fell in love with a young thatcher and plasterer named Wil Hopcyn, but she was forced to marry Anthony Maddocks, the son of a lawyer. She died, after two years of matrimony, from a broken heart in 1727. Wil Hopcyn is supposed to have sung the well-loved song 'Bugeilio'r gwenith gwyn' to express his abortive love for Ann. But according to the late Prof. Griffith John Williams the poem was written, at least in the version known to us, by that fabricator of myths and legends Iolo Morganwg, and, apparently, it was Iolo's son, Taliesin ap Iolo, who began to weave the romantic story of Ann and Wil, and to connect the song 'Bugeilio'r gwenith gwyn' with the love affair. Wil Hopcyn

(1700—1741), said Iolo, was a love poet of distinction but the only poem that can be traced to him was a skit he wrote for an eisteddfod. So, it appears that there is very little truth in the story of the Maid of Cefn Ydfa and Wil Hopcyn. Ann did, however, marry a person named Anthony Maddocks, but whether she died of a broken heart is a matter for conjecture. Still, it is a popular story and may it remain so!

33   Fe fyddan nhw wrth eu bodd yn eu dagrau—*They will be in their element (delighted) in their tears.*

33   llond tŷ o blant—*a houseful of children*

33   fe fydd yn gas gan y Wil yma—*this Will will hate*

33   chei di ddim priodi â fe—*you shall not marry him*

33   Na chei—*You shan't (shall not)*

33   ar ôl iddo fe gicio'r bwced—*after he has kicked the bucket.* Note construction after 'ar ôl'.

33   Mi sydd fachgen ifanc, ffôl—*I am a young and foolish lad living according to my fancy; it is I who watches the white wheat, but it is another that reaps it.*

34   rhaid i ni fynd ati—*we will have to go to it, or get on with it*

34   Fe gawn ni lawer o hwyl—*We shall have a lot of fun.*

34   Cer di!—(*You*) *go!* N. Wales—'dos'. 2nd. pers. sing. imperative of 'mynd'.

35   Ble cest ti'r syniad?—*Where did you get the idea?*

35   Mae rhaid ei fod e yn fy mhen ers llawer dydd—*It must have been in my head for a long time (this many a day).*

35   *Fi* gafodd y syniad—*(It was) I (that) had the idea.*

35   fwy na thebyg—*more than likely*

35   Fe allwch chi drafod llawer o bethau—*You can discuss (deal with) lots of things.*

35   roedd Marged yn ddigon siŵr yn ei meddwl fod y ferch yma yn fwy na 'sbesial' fel mater o ffaith—*Marged was sure enough in her mind that this girl was more than special as a matter of fact.*

35   Fe alla i fwynhau ei gwmni hyd yn oed os oes cariad ganddo fe yn rhywle—*I can enjoy his company even if he has a sweetheart somewhere.*

36   ar hyd a lled y wlad—*along the length and breadth of the country*

36   Does dim rhaid bod o ddifri gyda'r un ohonyn nhw—*There is no need to be serious with (any) one of them.*

36   fe fyddwn ni'n fwy o ffrindiau—*we'll be greater friends* (lit. *more of friends*)

36   Digon hawdd deall bod llawer o gariadon gan hon—*It was easy enough to understand that this (girl) had many sweethearts.*

36   Fe allwn i syrthio mewn cariad â hi fy hun—*I could fall in love with her myself.*

36   Mae'n beth od, Aled, fy mod i'n siarad fel hyn â thi—*It's a strange thing, Aled, that I am speaking to you like this.*

36   fel pe bawn i'n dy adnabod di ers blynyddoedd—*as if I have known you for years* (lit. *as if I am knowing you since years*).

36   Mae rhaid ein bod ni wedi chwarae gyda'n gilydd yn yr un *crèche*—*We must have played together in the same* crèche.

36   a'n bod ni wedi bod yn chwarae gyda'r un tedi-bêr—*and that we played (were playing) with the same teddy bear.*

37 Roeddet ti'n dweud dy fod ti ddim yn deall—*You were saying that you did not understand (were not understanding)*.

37 Fe ddywedaist ti fod dy frawd a dy chwaer yn gweithio dros Glawdd Offa—*You said that your brother and sister were working the other side of (over) Offa's Dyke.*

37 Ond rydw i'n siŵr bod digon o dalent ar ôl yn y pentref—*But I am sure that there is enough talent left in the village.*

37 Mae'n well ganddyn nhw—*They prefer*

37 Ac un peth pwysig arall ydy bod pobl ddim yn mynd i'r capel nawr—*And another important thing is that people don't go to (the) chapel now.*

37. ond mae llawer o'r capeli . . . wedi cael eu tynnu i lawr nawr—*but many of the chapels . . . have been pulled down now.*

37 Wyt ti ddim yn meddwl ei fod e'n syniad da?—*Don't you think it is a good idea?*

38 Wyt ti ddim yn meddwl fy mod i'n ferch fach glyfar i feddwl am hyn i gyd?'—*Don't you think I am a clever little girl to think of all this?*

38 Does neb yn gwybod pa mor hir y bydda i yn Nhrefynach—*Nobody knows how long I shall be in Trefynach.*

38 ac fe elli di feddwl am dy gariad—*and you can think about your sweetheart*

38 am yr hwyl gawsoch chi neithiwr—*about the fun you had last night.* 'gawsoch chi neithiwr'—relative clause.

38 ac fe alla i feddwl—*and I can think*

38 am y criw o gariadon sy gen i ar hyd ac ar led y wlad—*of the crew of lovers that I have along the length and breadth of the country.* 'sy gen i' etc.—relative clause with 'sy'.

38 Ac fe hoffwn i pe bai un neu ddau ohonyn nhw'n byw yn Nhrefynach nawr—*And I would like (it) if one or two of them were living in Trefynach now.*

38 Ac roedd hi cystal â'i gair—*And she was as good as her word.* 'cystal'—comp. of 'da'.

39 nawr ac yn y man—*now and then*

39 rhaid ei bod hi'n gantores dda—*she must be a good singer.*

39 heb yn wybod iddo'n iawn—*without his knowing properly*

39 yn fwy na dim—*more than anything*

39 roeddech chi'n teimlo fel pe bai e'n rhwbio sebon meddal i lawr eich cefn—*you felt (were feeling) as if he were rubbing soft soap down your back.*

40 gofynnodd Aled er bod ganddo fe syniad beth roedd hi'n ei feddwl—*asked Aled though he had an idea what she meant.* 'meddwl'—*to think* or *to mean.*

40 er mawr syndod iddo—*to his great surprise* (lit. *though great surprise to him*)

40 Efallai fod y ddau'n ail-fyw amserau pleserus yn y gorffennol—*Perhaps both (the two) were re-living pleasant times in the past.*

40 Mae rhaid bod meddwl isel gennych chi amdana i—*You must have a low opinion of me*

40 mai hen hoeden ydw i—*that an old flirt am I.*

40 Dim o'r fath beth—*No such thing,* cf. y fath genfigen.

40 Ydych chi'n meddwl fy mod i'n hen ferch eon—*Do you think that I am a bold old girl*

40 yn blwmp ac yn blaen—*forthright and clearly*

40 Efallai fy mod i fel yna—*Perhaps I am like that*

40   Gobeithio fy mod i ddim wedi rhoi fy nhroed ynddi hi gyda chi—*I hope I haven't put my foot in it with you.*

40   er fy mod i'n gwybod dim amdanoch chi—*though I know nothing about you.* 'bod' construction after 'er'.

40   ond mai myfyriwr newydd adael y coleg ydych chi—*except that you are a student who has just left college* (lit. *but that a student just left (the) college are you*).

40   Ond rydw i'n teimlo fel pe bawn i'n eich adnabod chi ers blynyddoedd—*But I feel as if I have known you for years.*

41   Mae'n dda gen i'ch clywed chi'n dweud—*I'm glad to hear you saying (so).*

41   Fe chwilia i am ei hanes hi hefyd—*I will search for her history too.* 'fe chwilia i'—1st. pers. sing. pres. of 'chwilio' but here with a future meaning.

41   ac mae rhaid i fi ddweud fy mod i'n edrych ymlaen at y cydweithio yma—*and I must say that I am looking forward to this working together.*

41   efallai y byddwn i'n mynd ar fy mhen fy hun—*perhaps I might be going on my own.*

41   Fe fyddai gen ti ddiddordeb yn y tocyn sbâr—*You would be interested in the spare ticket* (lit. *You would have an interest* etc.)

41   Fe fyddwn i wrth fy modd—*I would be delighted*

41   Fe gofia i'r rhif—*I'll remember the number.* 'fe gofia i'—1st. pers. sing. here with a future meaning.

41   hyd yn oed os na fydd y tocyn opera yn sbâr—*even if the opera ticket isn't spare.*

43   Roedd ei dad heb ddod adref o'r pwll—*His father hadn't come home from the pit.* Note the use of 'heb' to give a negative meaning, so lit. *His father was without coming home from the pit.* 'Heb' is frequently used in this way.

43   Ond roedd y croeso a gafodd Aled gan ei fam—*But the welcome Aled had from his mother.* 'a gafodd Aled' etc.—relative clause.

43   Siŵr bod eisiau bwyd arnat ti—*You must be hungry* (lit. *Surely there's a need of food on you*).

43   Fe wna i gwpanaid i ti—*I'll make you a cup* (lit. *I'll make a cup for you*). 'Fe wna i'—1st. pers. sing. pres. of 'gwneud' with future meaning.

43   Fyddwn ni ddim yn cael cinio nes bod dy dad yn dod adref o'r gwaith—*We don't have dinner until your father comes home from (the) work.* 'Fyddwn ni ddim'—1st. pers. pl. pres. habitual of 'bod'. Note also 'bod' construction after 'nes'.

43   Beth gymeri di?—*What will you have (take)?*

43   Fe fydd unrhywbeth wnewch chi yn flasus ar ôl bwyd y coleg—*Anything you do will be tasty after the college food.* 'wnewch chi' etc.—relative clause.

43   Dere i'r gegin—*Come into the kitchen.* 'dere' in S. Wales dialect; 'tyrd' in N. Wales.

44   yn ôl pob golwg—*to all appearances*

44   Mae dy dad yn flin iawn . . . bod Hywel a Sara i ffwrdd—*Your father is very cross (angry) . . . that Hywel and Sara are away.*

44   Ac mae rhaid i fi ddweud ei fod e'n dweud y gwir—*And I must admit (say) that he is telling the truth.*

44   Wnawn ni ddim sôn dim rhagor amdano fe nawr—lit. *We won't make any more mention of him now (We won't talk about him any more now).* 'Wnawn ni'—1st. pers. pl. pres. of 'gwneud'.

44   gan ferch sy'n byw yma—*from a girl who lives here.* 'sy'n byw yma'—relative clause.

44 er mai dim ond am ychydig o fisoedd mae hi wedi bod yn byw yma—*though it is only for a few months she has been living here.*

44 bron â bod yn barod—*almost ready.* Note the use of 'bron' to express *almost.*

45 Fe gei di fwyta ar dy ben dy hun—*You can eat on your own.* Note the use of 'cei', 2nd. pers. sing. pres. of 'cael'. 'Cael' can be used in this manner to express 'shall' or 'may'.

45 y croeso gafodd hi gan ei mam—*the welcome she had (received) from her mother.* 'gafodd hi gan ei mam'—relative clause. Similarly, 'mor gynnes â'r croeso gafodd Aled yn rhif dau'—*as warm as the welcome Aled received at number two . . .*

45 garedig yr olwg—*kindly looking*

45 Ond er bod golwg mor iach arni hi—*though she looked so well* (lit. *though there was so healthy a look on her*).

45 Doeddwn i ddim yn gwybod fy mod i'n dioddef o unrhyw salwch—*I didn't know that I was suffering from any illness.*

45 fues i erioed yn teimlo'n well—*I never felt better*

45 a deallodd y fam fod rhywbeth gan ei merch ar ei meddwl—*and the mother realised that her daughter had something on her mind.*

45 Ac fe alla i ddweud bod dim pen tost gen i—*And I can say that I haven't got a headache.*

45 rhag ofn dy fod yn poeni mwy amdana i—*in case (for fear) you (should) worry more about me.*

46 ac un i fachgen bach gwrddais i ar y ffordd adref—*and one for a little boy I met on the way home.* 'gwrddais i' etc.—relative clause.

46 er ei fod e wedi ennill ei radd—*though he has gained his degree*

46 Na, aros nes fy mod i'n cael fy hances i sychu'r dagrau—*No, wait till I find my handkerchief to dry my tears.* Note 'bod' construction after 'nes'.

46 fel pe bai arogl drwg arno fe—*as if there were a bad smell on him*

47 ond fe allai fe ladd Tada—*but he could kill Tada.*

47 a William Rowland yn dweud mai ei frawd ddylai fod wedi cael y swydd—*and William Rowland saying that his brother should have had the job.*

47 er bod Tada'n mynd allan o'i ffordd i gadw ar yr ochr orau iddo fe—*though Tada goes out of his way to keep on the right (best) side of him.*

47 Ond mae W. R. yn mynnu bod yn gas—*But W. R. insists on being horrid*

47 a dal yr hen genfigen yma—*and bear (hold) this old grudge (jealousy).*

47 ond troi ei gefn bydd W. R. bob tro bydd Tada'n mynd i siarad â fe—*but W. R. turns his back every time Tada goes to speak to him.* 'bydd'—pres. habitual.

47 Fe gaiff e—*He will get.* 3rd. pers. sing. fut. of 'cael'.

47 mae Tada'n ddigon parod i ddweud ei fod e'n weithiwr da—*Tada is ready enough to say that he is a good worker.*

47 Does mo'i well—*He hasn't his better* (Lit. *There isn't his better*).

47 Ond does dim rhaid i fi beidio â bod yn ffrindiau gydag Aled—*But there is no need for me not to be friends with Aled.* Note 'beidio â' to give the negative meaning.

47 Ond beth sy'n fwy pwysig ydy ein bod ni'n mynd i gydweithio—*But what is more important is that we are going to collaborate.*

48   ar yr olwg gyntaf—*at first sight*

48   mae'n bosibl y bydda i cyn bo hir—*it's possible that I shall before long.*

48   fe ddywedais i y byddai opera garu yn well gan gynulleidfa—*I said that an audience would prefer a love opera.* Note the idiom 'yn well gan'—*to prefer.*

48   Ydych chi'n meddwl y ca i'r ail docyn nawr?—*Do you think that I can have the second ticket now?* 'ca i'—1st. pers. sing. 'cael' with a future meaning.

48   Tad Aled ydy'r unig un sy'n dal cenfigen—*Aled's father is the only one who is bearing a grudge.* 'sy'n dal cenfigen'—relative clause.

48   cei weld—*you'll see.* 'cei'—2nd. pers. sing. pres. of 'cael' here used as auxiliary verb meaning 'will' or 'shall'.

48   Fe elli di ei droi e rownd dy fys bach—*You can twist him around your little finger.*

49   er y Pasg—*since Easter*

49   Roedd golwg eisiau bwyd arnat ti—*You looked as if you wanted food* (lit. *There was a look of wanting food on you*).

49   Fe gei di ginio iawn—*You shall have a proper dinner.*

49   pan ddaw dy dad adref—*when your father comes home.* 'daw'—3rd. pers. sing. pres. (with future meaning) of 'dod'.

49   'Faint sy ganddo fe cyn gorffen yn y pwll?'—*How long has he got before finishing in the pit?* (lit. 'faint'—*how much*)

49   o un pen i'r flwyddyn tan y nesaf—*from one end of the year until the next.*

50   Ffermwr ddylai fe fod—*A farmer he ought to be.*

50   A dyna lle cafodd dy dad ac ewyrth Gron fynd—*And that's where your father and Uncle Gron had to go.*

50   na fyddai dim un o'i feibion e'n mynd i slafio yn y lle budr—*that not one of his sons would go to slave in the dirty place.*

50   fe gafodd e ei wneud yn rheolwr—*he was made manager*

50   y ferch yna gwrddaist ti heddiw—*the girl you met today.* 'gwrddaist ti'—relative clause.

50   Doedd dim rhyfedd fy mod i wedi syrthio mewn cariad â fe—*It was no wonder that I fell in love with him.*

50   a'r ffaith ei fod e'n ddyn da hefyd—*and the fact that he was a good man too.*

51   achos na chafodd Gronwy mo'r swydd yn y pwll yma—*because Gronwy didn't get the job in this pit.*

51   yn hŷn na—*older than.* 'hŷn'—comp. of 'hen'.

51   ac mae rhaid dweud ei fod e wedi bod yn frawd mawr—*and it must be said that he has been a big brother*

51   er pan oedden nhw'n fechgyn—*since they were boys*

51   Fe fyddai dy dad yn eu pennau nhw ar unwaith—*Your father would be at them (in their heads) at once.*

51   ynglŷn â'r swydd rheolwr yn y pwll—*concerning the manager's job in the pit.* 'ynglŷn' is always followed by 'â' ('ag' before vowels).

51   A'r rheswm pam cafodd Mathias y swydd oedd ei fod e'n briod â chwaer prif-reolwr y maes glo yn y De yma—*And the reason why Mathias got the job was that he was married to the sister of the chief-manager of the coal field here in the South.*

51 Gwell i chi fynd, Mam—*You'd better go, Mam.*

51 Meddwl efallai fod damwain yn y pwll—*Thinking that perhaps there's an accident in the pit.*

51 Does neb yn gwybod fy mod i gartref—*No one knows that I am home.*

52 Rwyt ti'n swnio fel pe baet ti ddim eisiau siarad â fi—*You sound as if you don't want to speak to me.*

52 fe ddywedais i ei bod hi'n sniffian—*I said that she was sniffing.*

52 cyn i fi fynd i ffwrdd—*before I went away.*

52 A'r newyddion da ydy bod gen i ddau docyn—*And the good news is that I have two tickets.*

52 siarada i byth â thi eto—*I'll never speak to you again.*

52 fe gawn ni amser—*we shall have time.* 'fe gawn ni'—1st. pers. pl. pres. of 'cael' here with a future meaning.

52 Fe ddoi di, Aled, oni ddoi?—*You'll come, Aled, won't you?*

52 er bod Tada ddim yn hen iawn, cofia—*though Tada isn't very old, remember.*

52 Dof, wrth gwrs—*I'll come, of course.* 'dof'—1st. pers. sing. pres. of 'dod' here with a future meaning. Similarly 'doi' above—2nd. pers. sing. pres. of 'dod'.

53 er bod cymaint o genfigen rhwng y ddau deulu—*though there was so great a grudge (so much jealousy) between the two families.*

53 fel pe bai annwyd arni hi—*as if she had a cold.*

53 yn iach fel y gneuen—*healthy as a nut* (idiom)

53 ychydig ddyddiau yn ôl—*a few days ago*

53 fe ddyweda i hyn—*I'll say this.* 'fe ddyweda i'—1st. pers. sing. pres. of 'dweud' here with a future meaning.

53 Fyddai hi ddim yn dweud celwydd, fyddai hi?—*She wouldn't tell a lie, would she?*

53 Mae'n swnio fel pe bai hi am gael gafael arnat ti—*It sounds as if she wants to get hold of you.*

53 digon i'r dydd ei ddrwg ei hun—*enough for the day (is) its own evil (sufficient unto the day the evil thereof).*

54 Rydw i'n credu yr a' i i lawr i'r pentref—*I think I'll go down to the village.* 'a' i'—1st. pers. sing. of 'mynd', pres. with a future meaning.

54 Efallai fod rhai o fy hen ffrindiau o gwmpas—*Perhaps some of my old friends are around.*

54 Dere! *Come (thou)!* (N. Wales—'tyrd'). 2nd. pers. sing. imperative of 'dod'.

54 Dere 'nôl erbyn amser cinio—*Come back by dinner time.*

54 Fe gawn ni weld—*We shall see.* 'fe gawn ni'—1st. pers. pl. pres. of 'cael' but here used as an auxiliary verb 'shall'.

54 ochr yn ochr—*side by side*

54 yn gallu gwneud y tro gydag ond ychydig iawn o gwsg—*could make do with but very little sleep.*

54 Shw' mae = Sut mae—*How is it*

55 fel pe bai e wedi torri ei galon—*as if it had broken its heart*

55 Roedd golwg eisiau paent hyd yn oed ar y ddwy dafarn—*Even the two pubs looked in need of paint (lit. There was a look of wanting paint even on the two pubs).*

55   Uffach! = Uffern!—*Hell!*

55   ond mae popeth yn waeth nawr—*every thing is worse now.* 'gwaeth'—comp. of 'drwg' (drwg, cynddrwg, gwaeth, gwaethaf).

55   a'r bobl yn cael mynd am ddim ar y bysus yma—*and the people going for nothing on these buses.* The sense of 'cael mynd' here is *being allowed to go.*

55   A beth sy'n digwydd i'r hen deuluoedd oedd yn cadw'r siopau bach?—*And what is happening to the old families that kept the little shops?* 'oedd yn cadw'r siopau bach'— relative clause.

55   a'u hanner nhw—*and a half of them* (lit. *and their half*)

55   Roedd yr hen gapel mawr wedi ei dynnu i lawr—*The big old chapel had been pulled down.* 'wedi cael ei dynnu i lawr' has the same meaning.

55   a'r lle heb ei glirio'n iawn—*and the place had not been cleared properly* (lit. *and the place without its clearing properly*). 'heb' is used here to give the negative meaning.

55   Lwc bod rhywun fel Marged yn byw yma—*Luck that someone like Marged lives here.*

56   ym mhen pellaf y stryd—*at the furthest end of the street.*

56   Fe fydd hi o'i cho—*She'll be angry* (lit. *She'll be out of her mind*).

57   a'r strydoedd oedd yn arwain ohoni—*and the streets that led from it.* Relative clause.

57   Pe baech chi'n gofyn—*If you were to ask* or *If you should ask.*

57   fe fyddai'n siŵr o ddweud mai nhw oedd y bol neu'r stumog—*he would be sure to say that they were the belly or stomach.*

57   y ddwy ffordd oedd yn arwain i lawr at yr afon—*the two roads that led down to the river.* Relative clause.

57   lle byddai'r gwddw—*where the neck would be.*

57   i gadw pawb rhag gweld—*to keep everyone from seeing.*

57   a'r coed ffrwythau eraill oedd yno—*and the other fruit trees that were there.* 'oedd yno'— relative clause.

57   Ac mae'n siŵr y byddai'r garddwr yn cuddio yno yn rhywle—*And for certain (it is sure) the gardener would be hiding somewhere there.*

57   llais pwy oedd y llall?—*whose voice was the other?* Note the construction, cf. llyfr pwy— *whose book*; llyfrau pwy ydy'r rhain?—*whose books are these?*

58   nad oedd dim annwyd ar Mrs. Mathias—*that Mrs. Mathias didn't have a cold.* Negative noun clause.

58   neu fod arni hi eisiau cwmni rhywun ifanc—*or that she wanted the company of someone young.*

58   ac efallai ei bod hi ddim wedi cael cwmni rhywun ifanc—*and perhaps she hadn't had the company of someone young.*

58   er pan ddaeth hi—*since she came*

58   Roedd yn anodd peidio â chymharu'r ddwy ferch—*It was difficult not to compare the two girls.* Note the use of 'peidio â' to give the negative.

58   er ei bod hi'n ferch i weinidog capel—*though she was the daughter of a chapel minister.* 'bod' construction after 'er'.

58   os oedd hynny o unrhyw bwys—*if that were of any importance.* pwys = *weight.*

58   roedd e'n siŵr bod llawer wedi blysio am hon—*he was sure that many had lusted after this one.*

58 Thâl hi ddim i fi feddwl fel hyn—*It won't pay for me to think like this.* 'tâl'—3rd. pers. sing. pres. of 'talu'. Notice 'hi' for Eng. neuter *it*.

58 nes ei fod e'n teimlo'r chwys yn rhedeg i lawr ei gefn—*until he could feel (was feeling) the sweat running down his back.* 'bod' construction after 'nes'.

59 fel pe baen nhw yno er pan grewyd y byd—*as if they were there since the world was created.* 'crewyd'—past impersonal form of 'creu' = *was created.*

59 Beth pe bai e'n cwrdd â rhai ohonyn nhw?—*What if he were to meet some of them?*

59 Fyddai dim lle i redeg—*There would be no place (room) to run.*

59 fyddai orau—*would be best*

59 hynny oedd ar ôl o'r wal—*that which was left of the wall*

59 bron mor dal â fe ei hunan—*almost as tall as himself.*

59 Mor las!—*How blue!*

59 Môr o las—*A sea of blue.*

59 Dim ond ambell gwmwl bach gwyn—*Only an occasional little white cloud.*

59 Mor llonydd—*How still*

59 Fyddai dim ots gen i nawr pe bawn i'n marw'n dawel fan yma—*It wouldn't matter to me now if I were to die quietly here (in this place)*

59 Syr Thomas Parry-Williams—a poet and scholar of great distinction who was at one time professor of Welsh at University College, Aberystwyth. He performed the rare achievement of winning both chair and crown on two occasions at the National Eisteddfod when he was a young man.

59 'Ac am nad ydyw'n byw ar hyd y daith' etc.—the last six lines of one of Sir Thomas' famous sonnets. 'And because our living along the journey from the cry of our birth to our last complaint is no more than a passing wrinkle or the shadow of a scar on the gentle smoothness of the tender silence, we, as we flee from our foolish fussiness but slip back into the great stillness.'

60 Rhaid bod yr hen Syr Thomas wedi bod yn gorwedd yn y rhedyn—*Dear (old) Sir Thomas must have lain in the fern.*

60 dim ond bod—*(they) only exist*

60 'Beth yw'r ots gennyf i am Gymru?—*'What care I about Wales?'* or *'What does it matter to me about Wales?'*

60 'Damwain a hap/Yw fy mod yn ei libart yn byw'—*'It is an accident and chance that I live within its precinct.'*

60 Fe fyddai'n braf cael marw nawr—*It would be fine to (be allowed to) die now.* Note 'cael' giving the sense of *being allowed to.*

60 yn wên i gyd—*all smiles*

60 Duw a'm gwaredo!—*God save me!*

60 Ni allaf ddianc rhag hon—*I cannot escape from this one.*

60 ferch oedd yn gallu dweud celwydd—*a girl who could tell a lie.* 'oedd yn gallu' etc.—relative clause.

61 lan y ffordd—*up the road.* (N. Wales 'i fyny'r ffordd')

61 pam na ddangosaist ti dy hun?—*why didn't you show yourself?*

61 Fe fyddai Mam wedi bod wrth ei bodd yn cwrdd â thi—*Mam would have been delighted meeting you (to meet you).*

61 mor falch ag ydw i—*as glad as I am*

61 Ond efallai mai rhy swil oeddet ti—*But perhaps you were too shy*. (lit. *that too shy you were*).

61 Fyddai dim rhaid i ti ei chusanu hi—*There would be no need for you to kiss her* or *There wouldn't have been any need for you to kiss her.*

61 Does dim annwyd ar eich mam—*Your mother doesn't have a cold.*

61 a beth ydy'r ots fy mod i wedi dweud celwydd bach fel yna—*and what does it matter that I (had) told a little lie like that.*

61 celwydd gwyn sy'n gwneud dim drwg i neb—*a white lie that harms no one (that does no harm to anyone)*. 'sy'n gwneud dim drwg' etc.—relative clause with 'sy'.

62 o'r un oed â fi—*of the same age as I.*

51 ac os na cha i gwmni—*and if I don't have company*

62 wrth siarad cymaint—*from talking so much*

62 Wna i mo dy ddwyn di oddi arni hi—*I won't steal you from her*

62 nes ei fod e'n teimlo'i gwres hi—*until he could feel her warmth* (lit. *until he was feeling her warmth*). Note 'bod' construction after 'nes'.

62 Sut galla i gadw'r ferch yma draw?—*How can I keep this girl away?*

62 Fe allai hon gael hwyl ar y diafol ei hun—*She (This one) could get her way with the devil himself*

62 pe bai hi'n mynnu—*if she wished*

62 roedd arno flys—*he desired*. 'blys'—*desire, lust.*

62 mewn cymaint o demtasiwn—*in so great a temptation*

63 ar wastad ei chefn—*flat on her back* (lit. *on the flat of her back)*

63 Fe elli di 'nghusanu i—*You may kiss me*. Note 'fy' omitted but the mutation after 'fy' is kept.

63 a chyn iddo fe wybod dim—*and before he knew anything*

63 Fe gest ti lawer o ymarfer—*You had a lot of practice*

63 fy mod i wedi dweud celwydd am yr annwyd ar Mam—*that I told a lie about Mam's cold* (lit. *the cold on Mam).*

63 Ga i fy llaw yn ôl nawr?—*May I have my hand back now?*

64 fy mod i wedi cuddio o'r golwg—*that I was hidden from sight* (lit. *that I had hidden from the sight)*

64 fe awn ni yn ôl ar hyd yr un llwybr—*we'll go back along the same path*

64 Fe gerdda i mor barchus â gweinidog Methodist—*I'll walk as respectable as a Methodist minister*

64 Fe wela i di yfory—*I'll see you tomorrow*

64 os byddi di'n digwydd mynd am dro—*if you happen to go for a walk*

64 Chei di mo 'nghusanu i wrth y drws—*You shan't (may not, can't) kiss me by the door.*

64 fe gawn ni dipyn o hwyl rywbryd eto—*we'll have a bit of fun some other time* (lit. *sometime again)*

64 a'r un wên—*and the same smile*

65 i lanw'r cwpan sbâr oedd ar y ford—*to fill the spare cup that was on the table.* 'oedd ar y ford'—*relative clause.*

65 fe wnest ti'n well hyd yn oed—*you did even better*

65 Fe ddaw swydd yn y man—*A job will come by and by*

65 Mae rhaid bod swydd iddo fe yn rhywle—*There must be a job for him somewhere*

65 Alla i ddim byw ar eich cefn chi o hyd—*I can't live on your back all the time (always).*

66 fe ddo i allan o'r lle ryw ddydd—*I'll get (come) out of the place some day*

66 fel rydw i wedi bod—*as I have been*

66 fel pe bai bom wedi disgyn ar y lle—*as if a bomb had fallen on the place.*

66 Pa mor aml—*How often*

66 Rhywun sy'n byw yn y pentref?—*Someone who lives in the village?* 'sy'n byw yn y pentref'—*relative clause.*

67 ers rhyw ddau fis neu dri—*for (since) two or three months*

67 D'ewyrth Gronwy ddylai fod wedi cael y swydd—*Your Uncle Gronwy should have had the job.*

67 Achos ei fod e'n briod â chwaer y Cyfarwyddwr—*Because he's married to the Director's sister.*

67 y dyn sy'n fòs ar bawb—*the man who is boss of everyone*

67 ac ar bob dyn sy'n gweithio ynddyn nhw—*and over everyone who works in them.*

67 mae'n Gronwy ni wedi pasio'n uwch na fe—*our Gronwy has passed higher than he.* 'uwch'—*comparative of 'uchel'.*

67 beth oedd ei hachau—*what her pedigree was*

67 mae'n gas gen i—*I hate* (idiom)

68 swagro neu beidio—*swaggering or not*

68 A phaid ti â dweud eto fy mod i'n siarad yn dwp—*And don't (you) say again that I am talking daft.*

68 fe allai fe edrych i lawr—*he could look down*

68 Wnaeth y ferch yma ddim niwed i chi—*This girl has done you no harm* (lit. *did no harm to you).*

68 fel pe bai e'n chwilio am eiriau—*as if he were searching for words*

68 Doedd dim ond eisiau i ti ofyn—*You only had to ask* (lit. *There was but need for you to ask).*

68 ac fe gaet ti arian gen i—*and you would have money from me*

68 Fuost ti erioed yn brin o arian—*You never were short of money*

69 yr un peth ydyn nhw i gyd—*they are all the same (thing)*

69 Dyna beth gest ti ar ei llaw hi—*That is what you received (had) from her hand.*

69 roedd syched arna i—*I was thirsty* (idiom)

69 Ddim mor bell yn ôl â hynny—*Not as far back as that*

69 ac roedd e ar fin dweud—*and he was about to say* (lit. *on the brink of saying)*

69 fe allai hynny aros am y tro—*that could wait for the time being*

69 Pe bai ewyrth Gron wedi priodi chwaer y bòs yma—*If Uncle Gron had married this boss's sister*

Yr Haf Hirfelyn

69   fyddech chi'n teimlo'n ddig wedyn?—*would you feel angry then?*

69   Fe fydd e'n dod rownd—*He comes around.* 'fe fydd e'—pres. habitual.

69   nawr ac yn y man—*now and then*

70   allith e ddim cael dim bai ar fy ngwaith i—*he can find no fault with my work*

70   fy mod i'n gwybod mwy am y pwll na fe—*that I know more about the pit than he*

70   Rydw i'n synnu, Dad, mai colier cyffredin ydych chi o hyd—*I am surprised that you are still an ordinary collier, Dad* (lit. *that an ordinary collier you are still (always)*).

70   fe allai fe fod yn rheolwr ei hunan erbyn hyn—*he could be a manager himself by now*

70   ond wnaethoch chi ddim astudio gwaith pwll glo—*but you didn't study coal mine work*

70   Pe baech chi wedi gwneud—*If you had done (so)*

70   mae fy niddordeb i'n dal yn y pethau eraill yma o hyd—*my interest is (continues) still in these other things.*

70   bob nos bron—*almost every night*

71   Ddywedith e ddim—*He won't say*

71   Ers llawer dydd fe fyddai fe'n adrodd ei farddoniaeth i fi—*In the past he used to recite his poetry to me*

71   efallai eich bod chi ddim yn gwybod digon am y gynghanedd—*that perhaps you didn't know enough about 'cynghanedd'*

71   cynghanedd—*special kinds of alliteration which are to be found in Welsh poetry.*

71   mesurau caeth—*strict metres* allied to 'cynghanedd' in Welsh poetry.

71   ar gefn ei geffyl—*in his element* (idiom—*on his horse's back*)

71   pan fyddai'n sôn—*when he spoke* (lit. *when he would be speaking*)

71   Teimlai Aled nawr y gallai fe fentro sôn—*Aled now felt that he could venture to mention.* 'teimlai'—3rd. pers. sing. concise form of the imperfect tense of 'teimlo', lit. *was feeling.*

71   er bod dim arian gen i—*though I have no money*

71   Y ferch yna sy wedi addo'r tocyn i fi—*(It's) that girl who has promised me the ticket.*

72   Er mawr syndod i Aled—*To Aled's great surprise*

72   Fydd pobl ddim—pres. habitual.

72   Mae'n debyg y bydda i'n gweld llawer ar Marged—*I shall probably be seeing a lot of Marged* (lit. *It is probable that I shall be seeing a lot of Marged*).

72   ac Aled ddim yn siŵr ai poeri roedd e ai chwerthin—*and Aled (was) not sure whether he was spitting or laughing.* 'ai . . . ai'—*whether . . . or.*

72   erbyn y byddet ti'n dod adref—*by the time you would be coming home*

73   'Mi sydd fachgen ifanc, ffôl,' etc.—*'I am a young, foolish lad living according to my fancy (following my fancy); it is I who tends (shepherds) the white wheat, but another reaps it.'*

73   yn fwy na thebyg—*more than likely*

73   pwl o chwerthin—*a bout of laughter*

73   ei fod e wedi ceisio cael lifft mewn hers—*that he had tried to get a lift in a hearse*

73   ar wastad ei gefn—*flat on his back*

73   a meddwl ei fod e'n fodlon marw—*and thinking that he was willing to die*

74 o ran hynny—*for that matter* (lit. *from that part*)

74 fe ŵyr hi—*she knows*. 'gŵyr'—3rd. pers. sing. pres. concise form of 'gwybod'.

74 Bod bywyd wedi colli pob rhamant—*That life had lost all romance* (lit. *every romance*)

74 a theimlai Aled yn falch ei fod e wedi meddwl am y gymhariaeth—*and Aled felt proud that he had thought of the comparison.*

74 fe gofiai—*he remembered (was remembering)*. 'cofiai'—3rd. pers. sing. concise form of the imperfect tense of 'cofio'.

74 neu fe fydd hi ar ben rhyngof i a Catrin—*or it will be all up (at an end) between Catrin and me*. Note 'hi' for the Eng. neuter *it*.

75 o'i flaen—*before him*

75 fel angyles o hardd—*like a beautiful angel*, or *as beautiful as an angel*. Note the construction, a fairly common one in Welsh, lit. *like an angel of beautiful*. Cf. arbennig o dda—*especially good*.

75 Dere yn dy flaen—*Come on* (colloquially 'dere 'mlân')

75 ar ôl cael y draffordd—*after reaching the motorway*

75 Fe awn ni am ddiferyn bach—*We'll go for a little drop*. 'fe awn ni'—1st. pers. sing. concise form of pres. tense of 'mynd' with future meaning.

76 achos doeddet ti ddim ar gael—*because you were not available*. Note the idiom 'ar gael' —*available, to be found, to be had.*

76 Mae'n eithaf posibl—*It's quite possible*. 'eithaf'—*very, quite, extreme.*

76 A phaid ti â sôn dim rhagor am y dôl—*And don't mention the dole any more*. 'rhagor'—*more.*

76 anghofia'r dôl—*forget the dole*. 'anghofia'—2nd. pers. sing. imperative.

77 ac Aled yn gobeithio fod dim car polîs o gwmpas—*and Aled hoping that there was no police car around.*

77 Lwc nad oedd dim—*Luck that there wasn't any.*

77 Does dim rhaid gofyn wnest ti fwynhau'r opera—*There is no need to ask if you enjoyed the opera*. 'wnest ti fwynhau'r opera' is an indirect question and in Lit. Welsh would be introduced by 'a' and not by 'os'.

77 anghyffredin o wych—*uncommonly splendid*. Cf. 'angyles o hardd' above. Also 'anghyffredin o ragorol'—*uncommonly excellent.*

78 bu bron iddyn nhw daro yn erbyn hen ŵr—*they almost bumped into an old man*

78 hen ŵr oedd yn cerdded yn araf o'u blaen—*an old man who was walking slowly in front of them*. 'oedd yn cerdded' etc.—relative clause.

78 i ddangos bod dim arian ganddo fe—*to show that he had no money.*

78 Fe ofynnodd Mam i fi a oedd eisiau arian arna i—*Mam asked me if I (or whether I) needed money*. 'a oedd eisiau arian arna i' is an indirect question, but here 'a' introducing the question is given as in Lit. Welsh.

78 heb yn wybod i fi—*without my knowing*

78 wn i ddim pryd bydda i'n gallu talu'n ôl—*I don't know when I shall be able to pay back*

78 A gobeithio na fydd honno ddim yn hir yn dod—*And I hope it (that one) won't be long coming.*

79 ond gobeithio hefyd na fydd y swydd ymhell o Drefynach—*but I hope too that the job won't be far from Trefynach.*

79   cystadlu â'r ferch yma oedd yn ei wynebu fe nawr—*compete with this girl who was facing him now.* 'oedd yn ei wynebu' etc.—relative clause.

79   dy fod ti allan mor hwyr—*that you are out so late*

79   fel pe bawn i ddim yn gwybod—*as if I didn't know.*

79   Does fawr o bwys i ti ffonio—*It's not very important for you to phone.*

80   nes cyrraedd y fan lle doedd y ffordd yn ddim mwy na llwybr cert—*until they reached (reaching) the place where the road was no more than a cart track.*

80   Fe gadwith y rheiny di'n gynnes—*Those will keep you warm.* 'y rheiny' = y rhai hynny.

80   fel arfer—*usually, as a rule*

80   Wyddost ti?—*Do you know?*

81   Ydyn nhw ar dy gof di?—*Do you remember them?* (lit. *Are they on your memory?*) *Do you know them by heart?* is a suitable translation.

81   anghofia i byth mo'r noson hon—*I shall never forget this night.*

81   fel pe bai hi am ei gadw fe draw—*as if she wanted to keep him away.* Note the use of 'am' to suggest *wish* or *desire.*

82   a siarad o ddifri—*and talking in earnest (seriously).* 'difri'—*serious.*

82   Dwêd y gwir nawr—*Tell (me) the truth now.*

82   mai hen hoeden oeddwn i ar y pryd—*that I was an old flirt at the time.*

82   fe wyddwn yn eithaf da—*I knew quite well.* 'fe wyddwn i'—1st. pers. sing. imperfect tense of 'gwybod'.

82   Fe wyddwn dy fod ti ddim—*I knew that you were not.*

82   yn union—*exactly*

82   drwy ddeugain niwrnod y Grawys—*through the forty days of Lent.*

83   ni piau'r noson hon—*this night is ours* (lit. *we own this night).*

83   nes dy fod ti'n sicr, rydw i wedi penderfynu—*until you are sure, I have made up my mind (determined).*

83   beth sy yn fy nghalon i—*what is in my heart*

83   fe ddoi di i wybod—*you will come to know*

83   Efallai fy mod i'n gwybod yn barod—*Perhaps I know already*

83   a chymerwn i mo'r byd—*and I wouldn't take the world.* 'cymerwn'—1st. pers. sing. conditional of 'cymryd'.

83   Hi piau Aled Rowland—*Aled Rowland is hers* (lit. *She owns . . .)*

83   a dyna'r peth nesaf rydw i wedi ei benderfynu—*and that's the next thing that I have decided (determined).* 'rydw i wedi ei benderfynu'—relative clause.

83   ein bod ni'n mynd i gydweithio—*that we are going to work together (co-operate)*

84   maen nhw'n llawer mwy ysgafn na'r opera gyffredin—*they are much lighter than the ordinary opera.*

84   pobl mewn oed—*adults* (lit. *people in age)*

84   Rwyt ti yn llygad dy le—*You are exactly right* (lit. *in the eye of your place). Spot on!*

84   ond bod eisiau deffro'r dalent—*but that there is need to wake up the talent.*

84   Dwyt ti ddim yn siŵr fyddi di yma'n ddigon hir—*You are not sure if you will be here long enough.* 'fyddi di yma'n ddigon hir'—indirect question.

84 godidog o benigamp—*superbly excellent*

84 Mae'n flin gen i—*I'm sorry, I'm grieved*

85 fod dy dad mor ddig wrth Tada—*that your father is so angry with Tada.*

85 yn falch tu hwnt—*glad beyond*

85 y peth mwyaf sy ar fy meddwl—*the most important (biggest) thing which is on my mind.*

85 Fe benderfynais fod rhaid i fi fynd yn ôl i'r cwfaint—*I decided that I had to go back to the convent.*

85 fel pe bai e'n sibrwd wrtho'i hunan—*as if he were whispering to himself.*

85 ni piau'r nos—*the night is ours* (lit. *we own the night).*

86 ei bod hi wedi ei adnabod e erioed—*that she had always known him*

87 ac ar y tad eisiau gwybod—*and the father wanted to know*

87 Roedd yn gas ganddo fe ei glywed e—*He hated to hear him.* (idiom)

87 mai ati hi roedd ei mab wedi troi nawr—*that to her her son had turned now*

88 Ond y syniad newydd oedd bod Marged a fi'n mynd i gydweithio ar opera—*But the new idea was that Marged and I are going to co-operate on an opera.*

88 sy'n boblogaidd y dyddiau yma—*which is popular these days.* Relative clause.

88 a pheidio â chael unawdau mawr, trwm—*and not to have great, heavy solos.* Note 'peidio â' to give the negative sense.

88 nes ei fod e'n bostio'i wasgod—*until he bursts his waistcoat.*

88 Fe allwn ni lunio'r stori i gyd o gwmpas hen benillion—*We can fashion (shape) the whole story around old verses*

90 os ydy hynny o bwys—*if that is of importance.* 'pwys' also means *weight* or *one pound of weight.* Cf. pwysig—*important.*

90 Ond mae'n amlwg bod tipyn o synnwyr ym mhen y ferch—*But it's obvious that there is a bit of sense in the girl's head*

90 y byddai ei thad yn barod—*that her father would be ready*

90 a thybed oedd Aled yn gweld golau gwyrdd—*and could Aled see a green light* (lit. *I wonder if Aled was seeing a green light).* 'oedd Aled' etc.—indirect question.

90 ar gyfer y seremoni—*for the ceremony*

90 Rydw i wedi mesur a thalu ymlaen llaw—*I have measured and paid in advance.* Note the idiom 'ymlaen llaw'—*in advance.*

90 mor brin o arian—*so short of money* (lit. *so scarce of money).*

90 Rydw i bron â marw eisiau dechrau chwilio—*I'm dying* (lit. *almost dying) wanting to start looking (searching)*

91 'Mae'r hon a gâr fy nghalon i' etc.—a well-known folk song which may be translated—'She that my heart loves dwells far from here, and the longing to see her has made me grey (pale) in colour.'

91 fel roedden nhw wrthi'n golchi'r llestri—*as they were (at it) washing the dishes.* Note the fem. form 'wrthi'. It has no real significance in the sentence.

91 'Titrwm, tatrwm, gwen lliw'r wy' etc.—This particular folk song is known as a 'cân streicio' or 'cân gnocio'. There are many such songs in Welsh. A full description of what a 'cân streicio' was is given in the text in a conversation between Aled and Marged, pages 103–106. This verse may be translated—'Titrwm, tatrwm (to

represent the sound of gravel striking a window pane), Gwen of the colour of an egg, I cannot keep on striking any longer. The wind from the lake is cold; you, of the colour of the flowers of the vale, awake. Stoke (blow) the fire to light soon— It is stormy tonight.'

91 Cofiai am ei ffrind—*He remembered his friend.* 'cofiai'—concise form 3rd. pers. sing. impt. of 'cofio'.

91 hithau'n dod at y ffenestr—*and she coming to the window.* 'hithau'—fem. conjunctive pronoun which has the meaning *she also* or *and she.* The other personal forms are— minnau, tithau, yntau, ninnau, chithau, hwythau. These can also be used for emphasis.

91 Fe fydd hi o'i cho—*She'll be angry (out of her mind).*

91 Faint o haearn sy ynof i, tybed—*How much iron is there in me, I wonder.*

92 ddaw hi ddim—*it won't come.* Note here again 'hi' for neuter *it.*

92 fe gaiff Ann Thomas ganu'r rhain—*Ann Thomas shall sing these.* 'caiff'—3rd. pers. sing. pres./fut. of 'cael', here used as auxiliary verb to give a future meaning.

92 'Dwedwch, fawrion o wybodaeth'—the first verse of another well-known folk song. 'Tell me, you great men of knowledge, of what is longing made, and what material was put into it that it does not wear out from being worn.'

92 a'r llythyr heb ei ysgrifennu—*and the letter not written.* 'heb' to give a negative meaning.

93 roedd e'n ddigon prysur i beidio â meddwl rhyw lawer amdani hi—*he was busy enough not to think much about her.*

93 Lle bynnag y byddech chi'n ei weld e—*Wherever you might see him.* Note also 'pwy bynnag' (*whoever*) and 'beth bynnag' (*whatever, whichever*).

93 roedd e'n neidio bron gan lawenydd—*he almost jumped for joy.*

93 a bod y ffaith ei fod e ar y dôl ddim yn ei boeni fe—*and that the fact that he was on the dole did not worry (was not worrying) him*

93 yn ôl pob golwg—*to all appearances*

94 Wyt ti wedi sylweddoli bod neb bron yn y pentref yma'n siarad Cymraeg erbyn hyn?—*Have you realised that scarcely (hardly) anyone in this village speaks Welsh now (by this time)?*

94 ambell deulu . . . sy wedi mynnu cadw'r Gymraeg—*an occasional family . . . that has insisted on keeping Welsh.*

94 Mae sôn bod ar rai ohonyn nhw eisiau—*There is talk that some of them want*

95 er mwyn iddyn nhw wybod—*so that they might know (for them to know)*

95 y newyddion gorau glywais i—*the best news that I have heard.* 'glywais i'—relative clause.

95 os bydda i'n brin o benillion addas—*if I am short of suitable verses*

95 hyd y gwela i nawr—*as far as I can see now* (lit. *as far as I am seeing now*)

95 yn dwt ac yn daclus—*neatly and tidily*

95 hyd yn oed bod yn ffrindiau â'r ferch yna—*even to be friends with that girl*

96 er ei bod hi'n ddigon cysurus—*although it is comfortable enough*

96 Pryd ca i dy weld ti?—*When shall I see you?* or *When may I see you?*

96 Pryd mynni di—*When you wish*

97 Fe gei di ddod allan—*You shall (may) come out*

97 Fe fydda i ar ben fy nigon—*I shall be delighted.* (Near lit.—*completely satisfied*).

97 yn union am bum munud i ddau—*at exactly five minutes to two*

97 cyn gynted ag—*as soon as.* Note—cynnar, mor gynnar (cyn gynted â), cynt, cyntaf.

98 Sawl gwaith—*How many times*

98 a bwrw'n ôl yn ei feddwl—*and to cast back in his mind*

98 Doedd dim cof ganddo ei fod e wedi ei gweld hi—*He had no memory of seeing her (that he had seen her).*

98 tra pwysai Aled arno—*while Aled leaned against it.* 'pwysai'—concise form, 3rd. pers. sing. imperfect of 'pwyso' (*to lean, to weigh*).

98 rhag ofn iddi hi syrthio'n ôl—*in case she fell backwards*

99 a finnau (or minnau)—*and I.* 'minnau'—conjunctive pronoun.

99 Y cyfan bydd rhaid i ni ei wneud—*All we shall have to do*

99 ar bigau'r drain—*on tenterhooks* (lit. *on thorn prickles*)

99 Rhaid i fi beidio â dal dy law—*I must not (refrain from) hold (holding) your hand*

99 na neb arall—*nor anyone else*

100 fydd yn addas i'n pwrpas ni—*that will be suitable to (suit) our purpose.* Relative clause.

100 y penillion hiraeth—'Tell me, you great men of learning, of what is longing made, and what material was put into it that it does not wear out from being worn.
'Gold will perish and silver will perish, velvet will perish, silk will perish; every rich clothing will perish, yet, in spite of this, longing will never cease.
'Longing, longing, go away; do not press too heavily on me; it has made its abode (taken a cottage) in my breast since many years.
'A great longing, a cruel longing, it is longing that is breaking my heart. When I am asleep in deepest (heaviest) night, longing comes and wakens me.
'The sun will rise; the moon will rise; the sea will rise in sad waves; the wind will rise high enough; the longing will never rise from my heart.'

101 fe gwn—from 'cwnnu' which is S. Wales dialect for 'codi'.

101 erbyn i Aled orffen—*by the time Aled had finished, when Aled finished;* 'erbyn' is followed by the same constructions as 'cyn' and 'wedi'.

102 Fe wyddai Marged—*Marged knew;* 'gwyddai'—concise form 3rd. pers. sing. imperfect tense of 'gwybod'.

102 heb fod ymhell iawn i ffwrdd—*not very far away;* 'heb' giving a negative meaning.

102 fe dorrwyd yr hud—*the magic was broken;* 'torrwyd'—past impersonal form of 'torri'.

103 yn nes at y gwir—*nearer the truth;* 'nes'—comparative of 'agos'; agos, nes, nesaf.

104 fel mae gwaetha'r modd—equivalent to *more's the pity* or *worse luck.* 'gwaethaf'—superlative of 'drwg'; drwg, cynddrwg, gwaeth, gwaethaf.

104 pa mor anodd—*how difficult*

104 Wna hi mo'r tro—*It won't do (for us to speak like this);* 'gwneud y tro'—*to make do, to make the best of something.*

104 os nad oedd ysgol—*if there were no ladder*

105 lan y llofft—*upstairs;* N. Wales—'i fyny'r grisiau'.

105 er bod dim llawer o eisiau help arni hi—*though she didn't need much help*

105   oedd y ffermwyr a'r rhieni'n gwybod am hyn—*if the farmers and parents knew of this.*
      Indirect question.

105   mynd dros ben llestri—*to go too far* (lit. *to go over the dishes*)

105   teimlo ar dy galon—*to feel in your heart*, equivalent to *to be so desirous.*

106   gad i ni gerdded—*let's walk*

106   wrth i ni fynd ymlaen—*as we go along*

107   Yn ôl fel rydw i'n deall—*As I understand (it)* (lit. *according to as I understand*)

107   er pan orffennodd y band—*since the band ended.* It is worth pointing out how 'er' is
      used. It has two meanings, 1. *though (although)*, and in this use it is followed by the
      'bod' construction when the verb is present or imperfect tense of 'bod'. 2. *since.*
      'Er' meaning *since* has another form 'ers', and the rule is that 'er' is used when the
      time is definite, e.g. 'er dydd Llun' (*since Monday*), 'er canol dydd' (*since mid-day*),
      and 'ers' is used when the time is indefinite, e.g., 'ers llawer dydd' (*since many days,
      for many days*), 'ers blynyddoedd' (*since* or *for many years*), 'ers oesoedd' (*for or since
      ages*). Note that 'er' translates the English *for* in this respect, cf. 'depuis' in French.
      (It may be noted that few people follow the rule of 'er' and 'ers' strictly.)
           When 'er' is followed by a conjugated form of a verb, 'pan' has to be introduced,
      e.g. *since he came* is not 'er daeth e' but 'er pan ddaeth e'. Here are further examples:
      'er pan godais i y bore yma' (*since I got up this morning*), 'er pan gwrddon ni
      ddiwethaf' (*since we last met*), 'er pan ddaethoch chi i fyw yma' (*since you came to live
      here*), 'er pan enillon nhw eu gêm ddiwethaf' (*since they won their last game*). The
      tense   will, of necessity be the past. There is another way of expressing *since*, viz.
      'oddi ar',   e.g., 'oddi ar 1980' (*since 1980*), 'oddi ar amser y Degwm' (*since the time
      of the Tithe*).

107   yn barod erbyn mis Medi—*ready by September*

107   dechrau o ddifri—*to start in earnest*

107   o leiaf—*at least*

108   fel arfer—*as a rule, usually*

108   law yn llaw—*hand in hand*

109   hyd yn hyn—*until now*

109   oedd wedi bod yn ei boeni fe—*which had been troubling him.*

109   'r ffrog fach bert oedd amdani—*the pretty little frock which she was wearing* (lit. *which
      was about her*).

109   pa un o'r ddwy oedd y bertaf—*which of the two was the prettier.* Note that the super-
      lative is used in this respect in Welsh where in English the comparative would be
      used.

109   Fe aeth yn sgarmes rhwng y ddwy—*It became a scrap (skirmish) between the two*

109   nerth eu pennau—*at the top of their voices* (lit. *the strength of their heads*)

109   na ddôn nhw—*that they will not come.* 'dôn nhw'—concise form 3rd. pers. pl. pres. or
      future of 'dod'.

110   ers dyddiau—*for days*

110   ei bod hi'n ddigon agos i'w lle—*that she wasn't far wrong* (lit. *that she was near to her
      place*).

110   Thâl hi ddim—*It won't do* (lit. *It won't pay*). 'tâl'—concise form 3rd. pers. sing. pres.
      or future of 'talu'.

110 oedd ar y ford—*which was on the table.* Relative clause.

111 fel pe baet ti heb gysgu—*as if you didn't sleep.* 'heb' again used to give the negative sense.

111 os nad oedden nhw wedi mynd i gysgu—*if they hadn't gone to sleep.* Literary form; conversationally one would say 'os oedden nhw ddim wedi mynd i gysgu'. Other examples of this literary form appear here and there in the text.

111 yn lle dy dad—*instead of your father*

112 heb sôn am gwrdd â nhw—*not to mention meeting them.* Negative use of 'heb'.

112 rhag i neb arall ei glywed—*so that no one should hear him* (lit. *against anyone else hearing him*)

113 Mae'n wir bod croen ei din e ar ei dalcen weithiau—*It's true that he is like a bear with a sore head sometimes* (lit. *It's true that the skin of his backside is on his forehead sometimes*)

113 heblaw dy dad—*besides your father, in addition to your father*

114 er mwyn peidio â chwrdd â Marged—*in order not to meet Marged*

114 yn lle ei gadael hi—*instead of leaving her*

114 ar frys—*in a hurry*

116 i ni gael eich clywed—*for us to hear you* (lit. *for us to have your hearing*)

116 byth a beunydd—*ever and anon* (lit. *ever and always, every day*)

117 'Dydd da fo i ti', etc.—'Good day to you, my bright star, of the white colour of the summer rose. You are the skilful girl that I love, thou of the white colour of the summer rose'.
'Well, shut your mouth, you old rake, the most hateful one on the face of the earth. I'll hang myself before I'll come to follow you (to court you), in a word, that is the truth.'

117 megis o bell—*as if from afar*

117 'Mae dy gusan di' etc.—'Your kiss, my darling, you of the white colour of the summer rose, is the same as the honeycombs every minute, you of the white colour, etc. And so, your kiss too, you the most horrid man on the face of the earth, is like camomile (second to camomile) to me, you old mouth, that is the truth.
'If you are going to turn me by, well, give me your kiss before bidding farewell. Well, I may as well tell you the truth than not, the dearest one ever on the face of the earth, you had two previously, you shall have fifteen again; in a word, that for you is the truth.'

118 os nad wyt ti'n gwybod y geiriau'n barod—*if you don't already know the words.* Another example of the literary form of a negative sentence with 'os', for 'Os wyt ti ddim yn gwybod y geiriau'n barod'.

118 i ti sy wedi bod yn y Coleg Cerdd—*for you who have been to the Music College.* Relative clause.

120 y llais tenor hyfryd sy gen ti—*(in) the beautiful (pleasant) tenor voice that you possess (have).* Relative clause.

120 fod gen ti lais cystal—*that you had such a good voice (so good a voice)*

120 Fe safa i—*I'll stand.* 'safa i'—1st. pers. sing. pres. or fut. of 'sefyll'.

120 Sa di—*You stand.* 'sa di'—2nd. pers. sing. imperative of 'sefyll'.

120 does dim ysgol i'w chael—*there's no ladder to be had*

121 Ac roedd y ddau'n gwybod y funud honno nad Ann Thomas a Wil Hopcyn oedd ym mreichiau ei gilydd—*And both knew that minute that it was not Ann Thomas and Wil Hopcyn who were in each other's arms.* 'nad' is the negative form of 'mai' which is used to introduce a subordinate clause where the normal word order is altered for the purpose of emphasis. 'nad' is used before a word beginning with a vowel or a consonant.

121 mewn cariad â'r bachgen yma roedd hi wedi cwrdd â fe dim ond ychydig ddyddiau yn ôl—*in love with this boy that she had met but a few days ago.* 'roedd hi wedi cwrdd â fe'—relative clause.

122 a'r glaw wedi peidio—*and the rain had stopped*

122 er pan welais i di—*since I saw you*

122 yn glep—*with a bang*

123 Rhaid fy mod i'n ei charu hi—*I must have loved her* or *I must have been in love with her.* It should be noted that the word 'caru' has at least three meanings. 1. *to love*, e.g. Mae Aled yn caru Marged. 2. *to make love*, e.g. Roedd Aled a Marged yn caru wrth y llidiart—*Aled and Marged were making love by the gate.* 3. *to court*, e.g., Mae Aled yn caru gyda Marged—*Aled is courting Marged.* Ond roedd e'n caru gyda Catrin—*But he was courting Catrin.* The three meanings are used in the text.

123 er mor greulon fyddai hynny—*however (though so) cruel that might be*

123 ddwywaith neu dair—*two or three times*

123 Digon i'r dydd ei ddrwg ei hun—*Sufficient unto the day the evil thereof* (lit. *Enough for the day its own evil*).

123 pryd mynnen nhw—*when they wished*

124 ar gyfer y chwaraegerdd—*for the musical*

124 yn ôl pob golwg—*to all appearances*

124 cael cymaint o hwyl ar fywyd—*to enjoy life so much*

124 y gwnâi hi wraig dda—*that she would make a good wife*

124 nad oedd un llythyr wedi cyrraedd Lôn y Bryn—*that no letter had arrived at (reached) Lôn y Bryn.* An example of the literary negative subordinate clause for 'fod dim un llythyr wedi cyrraedd'.

124 wrth feddwl tybed oedd Marged yn bwriadu mynd i Aberglasfor—*wondering whether Marged intended going to Aberglasfor*

125 Allai Aled ddim bod mor greulon â chael—*Aled couldn't be so cruel as to get*

125 Heb yn wybod i Ann Rowland—*Unknown to Ann Rowland*

125 Fe allen ni'n pedwar fynd—*We four could go.* ''n pedwar' is short for 'ein pedwar' (*our four*).

125 Os stopi di; ond elli di ddim; fe gei di—*If you stop; but you cannot; you shall have.* Each verb is concise form 2nd. pers. sing. pres. or fut. tense of 'stopio', 'gallu' and 'cael'.

126 er mwyn fy nghynnal—*in order to support me* or *maintain me*

126 tan nawr—*until now*

126 hebot ti—*without you*

126 ond allai Aled ddim gweld y direidi hwnnw—*but Aled couldn't see that mischief*

126 codi bwganod—*causing alarm* (lit. *raising bogeys*)

127   na fydda i ddim yn ymuno â'r corws—*that I shall not be joining the chorus*. Note the next sentence, 'fy mod i ddim eisiau ymuno â'r corws'; this can be converted to its literary form like this, 'nad wyf i ddim eisiau,' etc. or better still in idiomatic Welsh, 'nad oes arna i eisiau' etc.

127   Ac rwyt ti wedi rhoi'r cyfle yma heibio—*And you have given up this opportunity* or *put this opportunity by.*

127   Meddylia, ferch—*Think, girl.* 'meddylia'—2nd. pers. sing. imperative of 'meddwl'.

128   bron yn dy ddagrau—*almost in (your) tears*

128   o dy go—*angry (out of your mind)*

128   Ond mae gen ti'r fath dalent—*But you have such a talent*

128   y gwastraff ar dalent mor odidog—*the waste of such a wonderful (excellent) talent (of a talent so wonderful)*

128   Fe rown i—*I would put.* 1st. pers. sing. conditional of 'rhoi'.

128   dwl bared—*completely stupid.* 'pared'—dividing wall in a house, so the original meaning might be *dull like a wall*, but the English equivalent might be *as dull as a sledge.*

128   pryd gallet ti fod—*when you could be*

129   a lle bynnag bydda i'n mynd—*and wherever I go*

129   os na wnei di eistedd yn llonydd—*if you don't sit still.* Or one could say 'os nad eisteddi di'n llonydd' thus using the concise form 2nd. pers. sing. pres. or fut. of 'eistedd'.

130   fel dau o'u co—*like two out of their minds*

130   am weddill eu bywydau—*for the rest of their lives*

130   cana'r olygfa gyda fi nawr—*sing the scene with me now.* 'cana'—2nd. pers. sing. imperative of 'canu'. The plural of course would be 'canwch'.

130   Rhyw dipyn o denor ydw i—*I'm a bit of a tenor*

130   fe wna i'r tro—*I'll do* or *I'll make do*

130   cymaint o gopïau—*so many copies*

131   hyd ei diwedd—*to its end*

131   Fe fydd y gân yn dy siwtio di i'r dim—*The song will suit you perfectly.* 'i'r dim'—*exactly, perfectly, completely*

131   Piti nad ydy'r oratorios i gyd yn Gymraeg—*It's a pity that all the oratorios are not in Welsh.* Example of literary negative clause for 'Piti bod yr oratorios i gyd ddim yn Gymraeg'.

132   a fyddai Marged yn dod gyda hi—*whether Marged would be coming with her.* Indirect question introduced by 'a' in literary Welsh.

132   Ond fe benderfynodd hi beidio â meddwl dim rhagor—*But she decided not to think any more.* 'rhagor'—*more*, e.g., 'Ydych chi eisiau rhagor?'—*Do you want (any) more?*

132   Byddai Aled wedi dweud rhywbeth—*Aled would have said something*

132   a phrin iawn fod ganddo air cas am R. M. nawr—*and hardly (scarcely) had he a bad (nasty) word for R. M. now*

132   ar brydiau—*at times*

132   ers rhai wythnosau—*for (since) some weeks*

132   roedd hi'n ymddangos—*it appeared.* 'hi' used in a neuter sense.

132   Fe gofiai: adawai (gadawai)—both are concise forms 3rd. pers. sing. imperfect tense.
      'Fe gofiai'—*he remembered* or *he was remembering* from 'cofio'. 'gadawai'—*he left* or *he usually left* from 'gadael'.

132   On'd oedd e'n mynd: Ac on'd oedd e'n cael diwrnod rhydd—both are negative questions introduced by 'on'd' (='onid'). *Wasn't he going? And wasn't he having a free day?*

133   y dydd ar ei hyd—*the whole day long,* or *all through the day,* or just simply *all day.* ('hyd'—*length, along,* so lit. *the day on its length.*)

133   hyn ac arall—*this and that (other)*

133   roedd y cwmni . . . mor ddymunol fel na allai fe dynnu ei hunan yn rhydd—*the company . . . was so pleasant that he could not drag himself away (free)*

133   ei bod hi'n well ganddo—*that he preferred* (lit. *that it was better with him*), 'hi' again in a neuter sense.

133   On'd oedd ei thad yn weinidog—*Wasn't her father a minister.* Neg. question.

134   yn flin ei dymer—*crossly, in a bad temper*

134   ymhen rhyw flwyddyn—*in about a year* (lit. *at the end of a year*)

134   a bydd dwy neu dair cariad newydd wedi bod gen ti erbyn hynny—*and you will have had two or three new sweethearts by then*

134   gyda merch nad oedd e wedi ei gweld yn ei fywyd o'r blaen—*with a girl that he had never seen in his life before.* 'nad oedd e wedi' etc.—negative relative clause, literary form for 'doedd e ddim wedi gweld' etc.

134   Mae syched arna i—*I'm thirsty* (idiom, *there's a thirst on me*).

135   os digwydd i chi ei gweld hi eto—*if you happen to see her again* (lit. *if it happens for you to see her again*).

135   pryd o fwyd go iawn—*a proper meal (of food)*

135   ond fe gafwyd lle o'r diwedd—*but a place was found at last.* 'cafwyd'—past impersonal form of 'cael', *was had, was found.*

136   Gobeithio nad ydy'n caffe arferol ni'n llawn—*I hope our usual cafe isn't full.* 'nad ydy'n caffe' etc.—neg. noun cl., literary form for 'fod ein caffe arferol ni ddim yn llawn'.

136   Rydyn ni'n eithaf cynnar—*We are quite early.* (Cf. 'eithaf peth'—*quite a thing* = *not a bad thing*).

136   y rhai sy wedi prynu'r rhacs—*those (the ones) who have bought the rags*

136   y rhai cyfoethog—*the rich ones*

136   a welai fe Catrin yn rhywle—*if he could (might) see Catrin somewhere.* Indirect question introduced by 'a'. 'gwelai'—concise form 3rd. pers. sing. conditional tense of 'gweld'. The concise forms of the conditional are the same as those of the imperfect tense.

136   pan ddodwyd y bwyd o'i flaen e nawr—*when the food was put before him now.* 'dodwyd'—past impersonal form of 'dodi'.

136   Cymer at y bwyd yma—may be translated as *Get on with this food* or even *Get stuck in,* but lit. *Take to this food.* 'Cymer'—2nd. pers. sing. imperative of 'cymryd'. Pl. 'cymerwch'.

137   O'r gorau, was—*Very well* (or *O.K.*) *son,* 'was'—mutated form of 'gwas' (*servant*), but it is frequently used in S. Wales in conversation for *chap* or *fellow* or even *pal,* or *chum,* e.g. 'Sut mae, was?' (*How is it,* or *How are you, chum?*). 'was' also takes the

form of 'wasi' often which is probably a contraction for 'fy ngwas i' (*my pal, chum*, etc.) In N. Wales the mutation is kept, ''ngwas i'.

137 'Wow!' meddai Aled bron â chael ei daro'n ddall gan yr olygfa—'*Wow!' said Aled almost struck blind by the sight.*

137 Fe gafodd Aled wybod yn fuan—*Aled soon found out* (lit. *Aled received (had, got) the knowledge (information) soon*).

138 Mae golwg dda arnat ti—*You look well* (lit. *There's good look on you*).

138 Rwyt ti'n cael byd braf—lit. *You are having a fine world*, meaning *You are having a pleasurable life without room for complaint*, or *Life is treating you well.*

138 er mwyn cael ei gladdu heddiw—*in order to be buried today*

139 a doedd fawr o groeso—*and there wasn't much of a welcome*

139 a'r bobl fawr—*the important people, the VIP's*

139 Y curo dwylo mawr a'r gweiddi a'r siantio ar ran y myfyrwyr—*The loud (great) clapping of hands and the shouting and the chanting on the part of the students* (or *from the students*)

139 Prin y gallai'r gynulleidfa glywed y gŵr mawr ei hun—*The congregation (assembly) could barely (hardly) hear the big (important) man himself*

139 dannedd gosod—*false teeth.* 'dannedd dodi' in some parts of the country, that is teeth that were put in (artificially).

139 gan gymaint y curo dwylo—*so great was the hand-clapping*

139 pan gyhoeddwyd ei enw—*when his name was announced.* 'cyhoeddwyd'—past impersonal form of 'cyhoeddi'.

139 rhai ohonyn nhw'n prin gallu fforddio cadw eu plant—*some of them scarcely (hardly, barely) able to afford to keep their children*

139 y radd gawson nhw—*the degree they got (received).* 'gawson nhw'—relative clause.

140 mater o bwys mawr—*a matter of great importance*

140 Wn i ddim a ges i lun o gwbl—*I don't know whether I got a picture at all.* 'a ges i lun' etc.— indirect question introduced by 'a'.

140 papur tŷ-bach—*toilet paper*

141 mae'n dda bod rhai gwŷr bonheddig yn dal yn y byd yma—*it is good that there are still some gentlemen left in this world* (lit. *that there are some gentlemen continuing in this world*).

141 Ac wedi cael ei gefn—*And after he had gone* (lit. *And after having his back*).

141 callach fyddai cadw ei geg ynghau—*it would be wiser to keep his mouth shut*

141 nes byddai hi'n colli stêm—*until she ran out of steam* (lit. *until she would be losing steam*).

141 pob llyfr oedd yn sôn am y degwm—*every book that mentioned the tithe.* 'oedd yn sôn' etc.—relative clause.

141 Fe gei di bob help fyddi di ei eisiau—*You'll get every help you'll need.* 'fyddi di ei eisiau' —relative clause.

142 A chroeso i ti i'r ferch yma—*And you're welcome to this girl*

142 pwy bynnag ydy hi—*whoever she is*

142 Gobeithio fod cymaint yn ei ben e ag sy yn y corff mawr yna—*I hope there is as much in his head as there is in that big body*

142 on'd wyt ti—*aren't you*

143 ar fin dweud—*on the point of saying, about to say*

143 bob yn ail—*alternately, every other*

143 ŵyr Aled ddim—*Aled doesn't know.* 'gŵyr'—3rd. pers. sing. pres. or fut. of 'gwybod'.

143 Fuodd hi ddim yn hir yn dy roi di heibio—*She wasn't long putting you aside.* Slang—*giving you the push.*

144 wnawn ni ddim sôn amdani hi eto—*we will not mention her again*

144 Fe fydda i'n ôl ymhen ychydig o funudau—*I shall be back in a few minutes.* Note the use of 'ymhen'—*at the end of.*

144 a oedd e wedi gweld Catrin—*if (whether) he had seen Catrin.* Indirect question.

144 a oedd hi wedi trefnu rhywbeth—*if she had arranged something.* Indirect question.

145 na fydd neb byth bythoedd etc.—*that no one will ever etc.* Neg. noun cl. 'byth bythoedd' and 'oes oesoedd' have much the same meaning—*for ever and ever*, though 'oes oesoedd' literally means *age of ages.*

145 nes bod y ffôn yn clecian yng nghlust Aled—*until the 'phone rattled (was rattling) in Aled's ear*

146 pwl o chwerthin—*a bout of laughter*

146 pwy oedd y ferch roedd y gwrcath ar ei hôl—*who the girl was that the tomcat was after (her)*

146 erbyn i ti ddod adref—*by the time you come home*

146 erbyn bore Sadwrn—*by Saturday morning*

146 dere lan—*come up.* N. Wales—'tyrd i fyny'.

146 Fe fyddwn ni wedi gorffen pacio erbyn hynny—*We shall have finished packing by then*

147 Dim ond i ti beidio â sniffian dy drwyn—*As long as you don't sniff your nose* (lit. *Only for you not to sniff your nose*).

147 on'd wyt ti—*aren't you*

147 paid ag ofni—*never fear* (lit. *don't be afraid*)

147 ym maint y cyntedd—*in the size of the hall*

148 yr un wyneb hardd—*the same handsome face*

148 ond bod arian yn cymryd lle yr aur—*except (but) that silver was taking the place of the gold*

148 yn wên i gyd—*all smiles*

148 sawl gwaith—*how many times*

148 o fore gwyn tan nos—*from early (white) morn till night*

149 eich prif bwnc—*your main subject*
     (Note that the parents address Aled as 'chi' since they do not know him well enough yet. Aled and Marged address the parents as 'chi' out of respect for their elders and so as not to be too familiar.)

149 Fe wnes i fwynhau—*I enjoyed* (lit. *I did enjoy*). Forms of 'gwneud' are frequently used in this manner, e.g., 'Fe wnaeth e fynd'—*He went.*

149 Ond gwrthod y cynnig wnaeth hi—*But she refused the offer* (lit. *But refuse the offer she did*). See note above.

149 y mân siarad—*the small talk*

149 a chyn pen dim—*and in no time* (lit. *and before the end of anything*).

149 fraich ym mraich—*arm in arm.* Cf. 'law yn llaw'.

149 yn ddi-waith—*unemployed*

149 Gobeithio caiff e swydd yn fuan—*I hope he gets a job soon.* 'caiff'—3rd. pers. sing. pres. or fut. of 'cael'.

150 nad oedd dim piano yn yr ystafell—*that there was no piano in the room.* Lit. neg. noun cl. for 'fod dim piano yn yr ystafell'.

150 On'd ydyn ni'n dau'n lwcus?—*Aren't we two lucky?* 'Ni'n dau' is a contraction for 'ni ein dau' (*we our two*).

150 Fe fydd ein bywyd ni'n gân i gyd—*Our life will be one long song* (lit. *Our life will be all a song*).

151 hwythau—*they;* conjunctive pronoun giving the sense of *they too* or *they also.*

151 pa un bynnag sy'n iawn—*whichever is correct, right*

151 pawb yn byw yn hapus byth wedyn—*every one living happy ever after*

151 Wnei di feddwl amdana i—*Will you think of me*

152 Roedd eisiau clymu'r holl beth wrth ei gilydd—*It was necessary to bind the whole thing together*

152 chwilio am ragor o ganeuon ar gyfer y cariadon cwerylgar—*to look for more songs for the quarrelsome lovers*

152 ar eu cyfer nhw—*for them*

152 a oedd yna lythyr iddo fe—*if there was a letter for him.* Indirect question. Similarly 'neu oedd rhywun wedi bod ar y ffôn' etc. and 'oedd teligram wedi dod iddo fe'.

152 Roedd Aled yn methu'n lân â deall—*Aled couldn't understand at all* (lit. *Aled was failing completely to understand*). Note the use of 'lân' (glân) to express *completely.* Cf. 'wedi blino'n lân'—*completely exhausted, tired out.*

152 A dyna'r cyfan ddyweda i wrthot ti—*And that is all I'll tell you.* 'ddyweda i wrthot ti'—relative clause.

152 erbyn byddai Marged yn cyrraedd adref—*by the time Marged should arrive home*

153 o ddechrau'r ddeunawfed ganrif—*from the beginning of the eighteenth century*

153 er nad oedd e'n hen o ran oed chwaith—*though he was not old in years either* (lit. *though he was not old from the part of age either*).

153 yn y fan a'r lle—*there and then*

153 er pan aeth e i'r coleg—*since he went to college.* Note the 'pan' after 'er', and 'i'r coleg'—*to the college.* Similarly 'i'r ysgol'—*to school.*

153 erbyn i fi ddod yn ôl—*by the time I come back*

154 Dyddiau braf oedd y rheiny—*Those were fine days.* 'rheiny' = 'y rhai hynny'—*those, those ones.*

154 Agorwyd y drws gan ŵr ifanc—*The door was opened by a young man.* 'agorwyd'—past impersonal form of 'agor'.

155 a hyd y gwela i nawr—*as far as I can see now*

155 a phe bawn i'n gwybod—*and if I knew*

155 fe fyddwn i wedi gwneud yn barod—*I would already have done so*

155 y ca i'r swydd—*that I shall get the job*

155 y rhestr fer—*the short list.* 'fer'—fem. of 'byr'.

155   pa ots gen i—*what do I care* (lit. *what odds with me*)

155   drosto i—*for me, on my behalf*

156   Ddechrau'r flwyddyn newydd—*At the beginning of the new year.* There is no need to translate *at the*, the soft mutation of 'dechrau' is sufficient. Similarly there is no need to translate *on* in a phrase such as *He came on Thursday*—'Fe ddaeth e ddydd Iau'; *The funeral is on Tuesday*—'Mae'r angladd ddydd Mawrth'. Also 'Ddydd Sadwrn nesaf'.

156   nawr ac yn y man—*now and then*; ambell waith—*occasionally*

156   fod dim llawer o wir yn y stori—*that there isn't much truth in the story.* In Lit. W.— 'nad oes llawer o wir yn y stori'.

157   Iolo Morganwg—proper name, Edward Williams (1747–1826) who lived in the Vale of Glamorgan. He was a stone mason by trade and had precious little formal education, but through his own diligence he became one of the foremost men of letters of his day. He was an avid reader of old manuscripts and a poet of great distinction. He travelled much over England and Wales in pursuit of his craft and came in contact with most Welsh scholars and literateurs of his day. Besides literature he was interested in agriculture, architecture, geology, botany, politics (he was in favour of the French Revolution), religion (he was a leading Unitarian) and divinity. But it appears that his one aim in life was to prove that Glamorgan had as great a literary tradition as any other part of Wales, and with this purpose in view, he even invented poets that never existed and ascribed to them poems which he himself wrote. But we remember him today chiefly as the person who 'created' Gorsedd Beirdd Ynys Prydain (the Order of Bards of the Island of Britain), whose members we regularly see parading in their white, blue or green robes at the National Eisteddfod each year.

157   cryn dipyn—*considerable amount*

157   heb fod yn hir ar ôl priodi—*not long after marrying* (lit. *without being long after marrying*).

157   Does neb yn gwybod i sicrwydd—*No one knows for certain*

157   Dyna fwrw'r syniad . . . yn ei dalcen—*That puts an end to the idea* (lit. *That's knocking the idea in its forehead*).

157   pawb bron—*almost every one*

159   os nad ei di—*unless you go*

159   y swydd wag fydd yma ar ôl i fi gael y swydd newydd—*the post that will be vacant (empty) here after I get the new post.* 'fydd yma ar ôl i fi gael y swydd newydd'—relative clause.

160   Fe fydd yn syndod i fi os bydd gan unrhywun arall—*I shall be surprised if any one else has* (lit. *It will be a surprise to me* etc.)

160   well tysteb na'r un ysgrifennais i iddo fe—*a better testimonial than the one I wrote for him.* 'ysgrifennais i iddo fe'—relative clause.

160   llym ei olwg—*stern in appearance, stern of mien*

160   pum troedfedd a hanner—*five feet and a half = five feet six inches*

160   Efallai fod ei fol e gryn dipyn yn fwy nawr—*Perhaps his stomach was considerably bigger now*

161   er mor llym y gallai edrych ar druan o fachgen—*though he could look so sternly on a wretch of a boy.* 'llym' also means *sharp*.

161 oedd wedi gwneud rhyw ddrwg rywbryd—*who had done some wrong sometime*

161 Y cyfan ddywedodd Aled yn ateb—*All Aled said in answer*

161 fwy neu lai—*more or less.* 'llai'—comparative of 'bach'; bach, cyn lleied (or mor fach), llai, lleiaf.

161 Fe allwch gymryd mai fi sy'n dewis—*You can take it that it is I that chooses*

162 rhag ofn y bydd mab neu rywun yn perthyn i gynghorwr—*in case (for fear) a son or someone belonging to a councillor will be*

163 sawl gwaith—*how many times*

163 Marged yn esgus agor y ffenestr—*Marged pretending to open the window*

163 cystal lwc—*such good luck*

163 popeth a ddywedodd Rhys Gwilym—*everything that Rhys Gwilym said* 'a ddywedodd Rhys Gwilym' etc.—relative clause. Relative clauses in Lit. W. are usually introduced by the relative pronoun 'a' or 'y'. Note the sentence lower down on the page containing 'yn llawn o'r ferch honno y cwrddodd â hi trwy ddamwain'—*full of that girl he met by accident.* This relative clause contains the preposition 'â'. Cf. *the chair he was sitting in*—'y gadair roedd (yr oedd) e'n eistedd ynddi'.

163 Fe gâi aros gartref—*He could remain at home.* 'câi'—3rd. pers. sing. imperfect tense of 'cael'. 'cael' has many uses in Welsh, e.g., its simple meaning of *to have, to find,* and various forms of the verb are used to express the English 'passive voice'. It can be used also to express 'permission' or 'to be allowed' as in the present context. Aled would be allowed to stay at home or could stay or remain at home. 'Mae e'n cael mynd i'r sioe yfory'—*He shall go (be allowed to go) to the show tomorrow.*

163 Roedd e ar ben ei ddigon—*He was on top of the world* (lit. *He was on top of his sufficiency. There was nothing more that he needed).*

164 mor glòs wrth ei gilydd—*so close together*

164 drosodd a throsodd—*over and over.* 'trosodd' is the adverb from 'tros'.

165 er y gwyddai'n iawn—*though he well knew.* 'gwyddai'—3rd. pers. sing. imperfect tense of 'gwybod'.

165 a chi hefyd o ran hynny—*and you too for that matter* (lit. *for that part).*

166 wna i ddim bwyta'r cinio yma—*I won't eat this dinner.*

166 'wna i ddim ymprydio'—*I won't fast.*

167 wydden ni ddim—*we didn't know.* 'gwydden ni'—1st. pers. pl. imperfect tense of 'gwybod'.

167 on'd do?—*didn't you?*

168 Pam y penderfynu sydyn yma?—*Why this sudden decision?*

168 tan oriau mân y bore—*until the small hours of the morning*

168 gad dy glebran—*stop your chatter.* 'gad'—2nd. pers. sing. imperative of 'gadael' (*to leave).*

169 a gad y dawnsio yna—*and stop (leave) that dancing*

169 Ga i?—*May I?* Na chei—*You may not*

169 a wna hynny mo'r tro—*and that won't do*

170 un geiniog goch—*one single penny* (lit. *one red penny)*

170 Does gen i mo'r help—*I can't help it.*

172 Felly roedd Aled yn teimlo—*So Aled thought* or *That was how Aled was thinking*

172 cyn cael gwybod a oedd Mr. Gwilym wedi cael y swydd neu beidio—*before knowing (getting to know) whether Mr. Gwilym had got the post (job) or not.*

173 yn wên o glust i glust—*smiling from ear to ear*

173 ond roedd rhaid peidio â dweud gair wrthi—*but he couldn't say a word to her* (lit. *but it was necessary not to say a word to her*).

173 ond roedd e wedi addo peidio â dweud gair—*but he had promised not to say a word.* Note 'peidio â' to give the negative, as in the previous sentence.

174 Ellis Wynne (1671—1734) was a clergyman and the author of one of Wales' greatest prose classics, *Gweledigaethau y Bardd Cwsg* (The Visions of the Sleeping Poet) which was published in 1703. The word 'hirfelyn' is taken from the opening sentence of the first of the visions, 'Gweledigaeth y Byd', and reads thus, 'Ar ryw brynhawn-gwaith teg o haf hirfelyn tesog, cymerais hynt i ben un o fynyddoedd Cymru . . .' The title of the novel is of course 'Yr Haf Hirfelyn'. The Sleeping Poet (or Bard) had two other visions, 'Gweledigaeth Angau' (Death) and 'Gweledigaeth Uffern' (Hell).

174 Y Rhuban Glas—*The Blue Ribbon.* The winners of the main solo competitions at the National Eisteddfod each year, soprano, mezzo-soprano, contralto, tenor, baritone and bass, compete against each other and the winner of this competition is awarded the Blue Ribbon plus a financial reward.

174 Gofalodd Aled beidio â mynd o'r tŷ—*Aled took care not to leave the house (not to go from the house).*

174 rhag ofn y byddai hi'n dod adref yn gynnar—*in case she should come home early*

174 tua naw o'r gloch yr hwyr—*about nine o'clock in the evening*

175 yn rhoi pethau i'w cadw—*putting things away* (lit. *to their keeping*).

175 Mae Aled bron yn siŵr—*Aled is almost sure*

175 iddi fy ffonio i—*for her to phone me*

176 cystal â dweud 'paid â chyfrif dy gywion'—*as good as saying 'don't count your chicks'*

176 Ganddo fe mae'r dewis—*The selection (choice) is his* (lit. *with him is the choice*).

177 dros y Sul—*over the weekend* (lit. *over the Sunday*). The idiom for *to spend the weekend* is 'bwrw'r Sul'.

177 y Babell Lên—the Literary Pavilion at the National Eisteddfod where the adjudications on literary items are delivered and lectures given.

177 un o'r tair ddewiswyd i ganu ar y llwyfan—*one of the three (who were) chosen to sing on the stage* (that is in the final competition to be held in the main pavilion)

178 A mynd am dro i ben y mynydd wnaeth Marged ac Aled—*And Marged and Aled went for a walk to the top of the mountain* (lit. *And go for a walk to the top of the mountain did Marged and Aled*)

178 yn well byth—*better still, better than ever*

180 Welais i erioed monot ti mor benderfynol—*I have never seen you so determined* (lit. *I never saw you etc. . .*) 'Monot', contraction of 'mohonot' = 'ddim ohonot'.

180 diwrnod uffernol o boeth—*a hellishly hot day*

181 Roedd y gwres mawr·yn ormod iddi hi—*The great heat was too much for her*

181 Seremoni'r Cadeirio—*The Chairing Ceremony* is one of the most picturesque scenes at the National Eisteddfod. The text gives some idea of the procedure. The identity of the successful poet is kept a secret until he stands in the audience when his nom-de-plume has been announced. The chair at the eisteddfod is awarded to the winner of the competition for an alliterative poem on a given subject, while the crown is awarded for a poem in free metres, even *vers libre*.

181 talcen slip—*impromptu*. The 'bardd talcen slip' was quite a character at literary meetings in days gone by when, as the proposer of the vote of thanks to the speaker, he would sing his praises in verse (prepared beforehand no doubt, so that there was nothing really 'impromptu' about his efforts). But he could always compose a poem 'to measure' as it were. The probability is that William Rowland had two things in mind when he chose 'Talcen Slip' as his nom-de-plume; he wanted to give the impression that composing a chair poem was as easy to him as writing even topical verse, and 'talcen' is the word used by a collier for his workplace or 'heading' at the colliery. The usual meaning of 'talcen' of course is *forehead*. But we also speak of 'talcen tŷ', the gable-end of a house.

181 y corn gwlad—the horn or trumpet that is sounded at various intervals during the chairing, crowning and other ceremonies at the eisteddfod, usually by a pair of trumpeters.

181 heb fod ymhell oddi wrthi hi—*not far away from her*

182 pan gyhoeddwyd—*when it was announced*. 'cyhoeddwyd'—past impersonal of 'cyhoeddi'.

183 nad oedd e wedi gweld y fath gynnwrf—*that he had not seen such excitement*. Note this negative noun clause in its literary form where in conversation one would probably say 'fod e ddim wedi gweld y fath gynnwrf'. There are other similar clauses on this particular page.

184 Fe ofynnwyd iddi hi—*She was asked*. 'gofyn' is followed by the preposition 'i'. 'fe ofynnwyd iddo fe'—*he was asked*.

185 y rhai alwodd yn rhif dau Lôn y Bryn—*those that called at number two Lôn y Bryn*

186 Ond prin roedd W. R. wedi cau ei lygaid na chanodd cloch y drws ffrynt—*But scarcely had W. R. closed his eyes than the front door bell rang*

187 mae hi'n awdl wych ryfeddol—*it is an amazingly splendid ode*. 'rhyfeddol'—*wondrous, wonderful*.

187 yn y man—*by and by*

189 er mor hyfryd oedd bod allan—*though it was so pleasant to be outside*

189 dim ond dros dro—*only temporarily, only for the time being*

189 y pwll cyntaf ddaw yn wag—*the first pit to become vacant* (lit. *the first pit which will come vacant (or empty)*.

190 tynnu'n llun ni—tynnu ein llun ni

190 bod y ffôn wedi bod yn canu'n ofer—*that the phone has been ringing in vain*

192 y llun yna dynnodd dy dad—*that photograph your father took*

192 o'r newydd—*anew*

192 Rhywbeth groesodd fy meddwl i—*Something that crossed my mind*

GEIRFA—VOCABULARY

Byrfoddau—Abbreviations

a.—adjective
ad.—adverb
c.—conjunction
f.—feminine
n.—noun
np.—noun plural
nf.—noun feminine
nm.—noun masculine

nfm.—noun feminine or masculine
pers. p.—personal pronoun
p.—pronoun
pr.—preposition
rel. p.—relative pronoun
s.—singular
v.—verb
vn.—verb noun

(Plurals are given in brackets after each noun)

A

a, (ac), c. *and*
â, (ag), c. *as*
a, rel. p. *who, which, that*
e.g., Y dyn a dalodd, *The man who paid.*
â, (ag), pr. *with* e.g., Torrodd ei fys â chyllell. *He cut his finger with a knife.*
â, v. 3rd. pers. sing. 'mynd', *he, she, it goes*
academaidd, a. *scholarly, academic*
acen, nf. *accent, intonation*
act, nf. (actau), *act*
actio, vn. *to act*
actor, nm. (actorion), *actor*
acw, ad. *there, yonder*
yma ac acw, *here and there*
ach, nf. (achau), *pedigree, lineage*
achos, nm. (achosion), *cause, case (in court)*
achosi, vn. *to cause*
adeilad, nm. (adeiladau), *building*
adnabod, vn. *to know (a person), to be acquainted with*
adnabyddus, a. *well-known, familiar*
adref, ad. *homewards*
adrodd, vn. *to relate, to recite*
addas, a. *suitable, appropriate*
addewid, nfm. (addewidion), *promise*
addo, vn. stem addaw-, *to promise*
addysg, nf. *education, learning*
aelod, nm. (aelodau), *member*
afon, nf. (afonydd), *river*
agor, vn. *to open*
agored, a. *open.* e.g., y drws agored, *the open door*
agos (at, i), a. or ad. *near*
angel, nm. (angylion), *angel*
angyles, nf. *angel*

anghofio, vn. *to forget*
Anghydffurfwyr, *Nonconformists*
anghyffredin, a. *uncommon, rare, extraordinary*
anghysurus, a. *uncomfortable*
angladd, nfm. (angladdau), *funeral*
ai . . . ai, *either . . . or*
ai, (quest. word at the beginning of a sentence, but not before a conjugated verb) *Is it?* e.g. Ai llyfr ydy hwn? *Is this a book?*
ail, a. *second*
ailadrodd, vn. *to repeat*
ailddeffro, vn. *to reawaken*
ail-fyw, vn. *to relive*
alaw, nf. (alawon), *tune, air, melody*
allan, ad. *out, outside*
am, pr. (amdana i, amdanat ti, amdano fe, amdani hi, amdanon ni, amdanoch chi, amdanyn nhw), *about, around, concerning*
amatur, n. (amaturiaid), *amateur*
ambarel, nm. *umbrella*
ambell, a. *some, few, occasional,*
ambell waith, *occasionally*
amgylch, pr. o amgylch, *around, about*
amhosibl, a. *impossible*
aml, a. *frequent,* yn aml, *often, frequently*
amlwg, a. *obvious, evident*
amryw, a. *several, various*
amser, nm. (amserau), *time*
anadl, nfm. *breath*
anadlu, vn. *to breathe*
anaml, a. *rare, uncommon*
annheg, a. *unfair*
annwyd, nm. (anwydau), *cold*
annwyl, a. *dear, beloved*

anodd, a. *difficult, hard*
anrhydedd, nfm. (anrhydeddau), *honour*
anwylo, vn. *to fondle, to love*
anwylyd, nfm. (anwyliaid), *darling, beloved*
apelio, vn. *to appeal*
ar, pr. (arna i, arnat ti, arno fe, arni hi,
   arnon ni, arnoch chi, arnyn nhw), *on*
   ar ben, *at an end, finished*
   ar draws, *across*
   ar fin, *on the point of*
   ar fyr, *shortly, quickly*
araf, a. *slow, tedious*
arafu, vn. *to slow down*
arall, n. or a. (eraill), *other*
   rhywun arall, *someone else*
arbennig, a. *special, uncommon*
arch, nf. (eirch), *coffin*
archdderwydd, nm. (archdderwyddon),
   archdruid
ardal, nf. (ardaloedd), *district,
   neighbourhood*
ardderchog, a. *excellent*
arfer, nfm. (arferion), *custom*
   fel arfer, *usually*
arfer, vn. *to use, to accustom*
arferol, a. *usual*
arholiad, nm. (arholiadau), *examination*
arian, nm. *money, silver*
arllwys, vn. *to pour*
arogl, nm. (aroglau), *smell, scent*
aros, vn. *to wait, to stay, to await*
arwain, vn. *to lead, to conduct*
arweinydd, nm. (arweinyddion), *leader,
   conductor*
arwr, nm. (arwyr), *hero*
arwres, nf. (arwresau), *heroine*
asen, nf (asennau), *rib*
asgwrn, nm. (esgyrn), *bone,
   asgwrn cefn, backbone*
asiant, nm. (asiantau), *agent*
astudio, vn. *to study*
ateb, nm. (atebion), *answer*
ateb, vn. *to answer, to respond*
athrawes, nf. (athrawesau), *teacher*
athro, nm. (athrawon), *teacher, professor*
aur, nm. or a. *gold, golden*
awdisiwn, nm. *audition*
awdl, nf. (awdlau), *ode*
awdur, nm. (awduron), *author*
awel, nf. (awelon), *breeze*
awr, nf. (oriau), *hour*

Awst, nm. *August*
awyr, nf. *air, sky*

B

baban, nm. (babanod), *baby*
bach, a. *small, little*
bachan, nm. (S. Wales), *boy, lad*
bachgen, nm. (bechgyn), *boy, lad*
bae, nm. (baeau), *bay*
bai, nm. (beiau), *fault, blame*
   arna i mae'r bai, *I am to blame*
balch, a. *proud, glad, pleased*
balchder, nm. *pride, gladness, pleasure*
ban, nm. (bannau), *peak*
   Bannau Brycheiniog, *Brecknock Beacons*
bandrwm, nm. *bandroom*
baner, nf. (baneri), *banner, flag*
bara, nm. *bread*
bardd, nm. (beirdd), *poet, bard*
barddoni, vn. *to compose poetry*
barddoniaeth, nf. *poetry, verse*
barn, nf. *opinion, judgement*
barnu, vn. *to judge, to adjudicate*
bath, nm. (bathau), *sort, kind*
baw, nm. *dirt, filth*
bedwen, nf. (bedw), *birch tree*
   y Fedwen Fai, *the Maypole*
bedydd, nm. *baptism*
bedyddio, vn. *to baptise*
Bedyddwyr, np. *Baptists*
beili, nm. (beiliaid), *bailiff*
beio, vn. *to blame*
beirniad, nm. (beirniaid), *adjudicator*
beirniadaeth, nf. (beirniadaethau),
   adjudication
beirniadu, vn. *to adjudicate*
ben-ben, *at loggerheads*
bendigedig, a. *blessed, excellent, (smashing!)*
berf, nf. (berfau), *verb*
beth, pr. *what*
blaen, nm. (blaenau), *front, tip, first*
   ac yn y blaen, *and so on*
   ar y blaen, *in front (as in a race)*
   o'r blaen, *previously*
blas, nm. *taste, flavour*
blasus, a. *tasty*
ble, ad. *where*
blin, a. *tired, cross, sorry*
blino, vn. *to tire*
blodau, np. *flowers* (s. blodeuyn)

blwyddyn, nf. (blynyddoedd), *year*
blynedd, np. *years* (used after numerals,
  e.g., pum mlynedd, *five years*)
blys, nm. (blysiau), *craving, longing, lust*
blysio, vn. *to crave, to lust after*
boch, nf. (bochau), *cheek*
bod, vn. *to be, to exist*
bodlon, a. *willing, content, satisfied*
bodd, nm. *pleasure, content*
  wrth fy modd, *I am pleased,* or *delighted*
boi, nm. (bois), *chap, boy*
bol, bola, nm. (boliau), *belly, abdomen*
bonheddig, a. *gentlemanly*
  gŵr bonheddig, *gentleman*
  gwraig fonheddig, *gentlewoman*
bord, nf. (bordydd), *table*
bore, nm. (boreau), *morning*
bostio, vn. *to burst*
botwm, nm. (botymau), *button*
braf, a. *fine, pleasant, nice* (does not
  mutate after 'yn')
braich, nf. (breichiau), *arm*
  braich ym mraich, *arm in arm*
brân, nf. (brain), *crow*
brawd, nm. (brodyr), *brother*
brecio, vn. *to brake*
brecwast, nm. (brecwastau), *breakfast*
brenhines, nf. (breninesau), *queen*
brest, nf. *breast, chest*
breuddwyd, nfm. (breuddwydion), *dream*
breuddwydio, vn. *to dream*
bri, nm. *fame*
brifo, vn. *to harm, to pain, to hurt*
brodyr, np. *brothers*
bron, nf. (bronnau), *breast*
bron, ad. *almost, nearly*
  bron cwympo, *almost falling*
brwd, a. *enthusiastic, fervent*
brwnt, a. *dirty, filthy, soiled*
brws, nm. (brwsys), *brush*
brwydr, nf. (brwydrau), *battle*
brwydro, vn. *to battle, to fight*
bryn, nm. (bryniau), *hill*
brys, nm. *hurry, haste*
  ar frys, *in a hurry, in haste*
brysio, vn. *to hurry, to hasten*
buan, a. *fast, quick*
  yn fuan, *soon*
budr, a. *dirty, filthy*
buddugol, a. *victorious, winning*
buddugoliaeth, nf. (buddugoliaethau),
  victory

bugeilio, vn. *to shepherd*
busnes, nm. *business*
buwch, nf. (buchod), *cow*
bwcedaid, nm. *bucketful*
bwgan, nm. (bwganod), *bogey*
bwrdd, nm. (byrddau), *table*
bwriadu, vn. *to intend, to mean*
bwrw, vn. *to strike, to hit*
  bwrw eira, *to snow*
  bwrw glaw, *to rain*
  bwrw'r Sul, *to spend the weekend*
bwthyn, nm. (bythynnod), *cottage*
bwyta, vn. *to eat*
bychan, a. *small, diminutive*
byd, nm. (bydoedd), *world*
  dim byd, *nothing*
bynnag, as in 'beth bynnag', *however* or
  whatever
  ble bynnag, *wherever*
  pwy bynnag, *whoever*
byr, a. *short*
bys, nm. (bysedd), *finger*
byth, ad. *ever, still, always*
  byth a beunydd, *ever and anon*
  byth bythoedd, *for ever and ever*
byw, vn. *to live, to dwell*
bywiog, a. *lively*
bywyd, nm. (bywydau), *life*

C

cacen, nf. (cacennau), *cake, tart*
cadair, nf. (cadeiriau), *chair*
cadeirio, vn. *to chair*
cadw, vn. *to keep, to save*
  cadw sŵn, *to make a noise*
cae, nm. (caeau), *field*
cael, vn. *to have, to find*
  ar gael, *to be had, obtainable, extant*
caeth, a. *captive, confined, strict*
  mesurau caeth, *strict metres* (in poetry)
caib, nf. (ceibiau), *mattock*
caled, a. *hard, difficult*
calon, nf. (calonnau), *heart*
calonnog, a. *hearty*
call, a. *wise, sensible*
cam, nm. (camau), *step, stride*
  o gam i gam, *step by step*
camameil, nm. *camomile*
camp, nf. (campau), *feat, achievement*
campus, a. *splendid, excellent*

campwaith, nm. (campweithiau),
  masterpiece
campws, nm. *campus (of college)*
cân, nf. (caneuon), *song, poem*
canfasio, vn. *to canvas*
canmol, vn. *to praise*
cannwyll, nf. (canhwyllau), *candle*
canol, nm. *middle, centre*
  ei chanol, *her waist*
canolbwyntio, vn. *to concentrate*
canrif, nf. (canrifoedd), *century*
cant, can, nm. *hundred*
  can mlynedd, *hundred years*
cantores, nf. (cantoresau), *singer*
canu, vn. *to sing*
  canu grwndi, *to purr*
  canu'r gloch, *to ring the bell*
  canu'r piano, *to play the piano*
canwaith, ad. *hundred times*
capel, nm. (capeli), *chapel*
car, nm. (ceir), *car*
carchar, nm. (carcharau), *prison*
cardod, nf. *charity, alms*
caredig, a. *kindly, dear, kind*
cariad, nm. *love*
cariad, nm. (cariadon), *lover, sweetheart*
cariadus, a. *loving*
cario, vn. *to carry*
carped, nm. (carpedi), *carpet*
carreg, nf. (cerrig), *stone*
cart, cert, nf. (certi), *cart*
cartref, nm. (cartrefi), *home*
cartrefol, a. *homely*
caru, vn. 1. *to love*, 2. *to make love*,
  3. *to court*
carwr, nm. (carwyr), *lover*
cas, a. *hateful, nasty, horrid*
casglu, vn. *to collect*
castell, nm. (cestyll), *castle*
cath, nf. (cathod), *cat*
  cath fach, *kitten*
cau, vn. *to close, to shut*
cawell, nm. (cewyll), *cradle*
cawod, nf. (cawodydd), *shower*
cawr, nm. (cewri), *giant*
caws, nm. *cheese*
cefn, nm. (cefnau), *back*
ceffyl, nm. (ceffylau), *horse*
  ar gefn ei geffyl, *doing what pleased him
  most*
ceg, nf. (cegau), *mouth*
cegin, nf. (ceginau), *kitchen*

ceiliog, nm. (ceiliogod), *cockerel*
ceiniog, nf. (ceiniogau), *penny*
ceisio, vn. *to try, to attempt, to seek*
celwydd, nm. (celwyddau), *lie, untruth*
cell, nf. (celloedd), *cell*
cenedl, nf. (cenhedloedd), *nation*
cenedlaethol, a. *national*
cenfigen, nf. (cenfigennau), *jealousy, envy,
  grudge*
cerdyn, nm. (cardiau), *card*
cerdd, nf. (cerddi), *song, poem*
cerdded, vn. *to walk*
cerddor, nm. (cerddorion), *musician*
cerddorfa, nf. (cerddorfeydd), *orchestra*
cert, nfm. (certi, ceirt), *cart*
cês llyfrau, nm. *book-case (portable!)*
ci, nm. (cŵn), *dog*
cicio, vn. *to kick*
cig, nm. (cigoedd), *meat*
  cig moch, *bacon*
  cig oen, *lamb*
cilio, vn. *to retreat, to recede, to flee*
cinio, nm. (ciniawau), *dinner*
cip, nm. (cipiau), *glimpse, glance*
cipio, vn. *to snatch*
claddu, vn. *to bury*
clamp, nm. *lump, monster*
clapio, vn. *to clap*
clasurol, a. *classical*
clawdd, nm. (cloddiau), *wall, dyke, ditch,
  bank (of field)*
clebran, vn. *to chatter*
clec, nf. (cleciadau), *click, bang*
clecian, vn. *to click*
cledd, cleddyf, nm. (cleddau, cleddyfau),
  sword
clep, nf. (clepiau), *click, bang*
clir, a. *clear*
clirio, vn. *to clear*
clo, nm. (cloau), *lock*
cloch, nf. (clychau), *bell*
  canu cloch, *to ring a bell*
clogyn, nm. (clogynau), *cloak*
cloi, vn. *to lock*
clòs, a. *close, near*
closio, vn. *to draw near, to close up to*
clust, nf. (clustiau), *ear*
clustog, nf. (clustogau), *pillow, cushion*
clwyd, nf. (clwydi), *gate (of field, garden)*
clyfar, a. *clever*
clymu, vn. *to tie, to bind*
clywed, vn. *to hear*

cneuen, nf. (cnau), *nut*
cnocio, vn. *to knock*
cnoi, vn. *to bite, to chew*
coban nos, nm. *night shirt*
coch, a. *red*
cochi, vn. *to redden, to blush*
cod, nf. (codau), *sack, bag*
codi, vn. *to rise, to raise, to build, to erect*
coeden, nf. (coed), *tree, wood*
cof, nm. (cofion), *memory, mind*
    mynd o'i go', *to become angry*
cofio, vn. *to remember*
côl, nf. *lap, bosom*
coleg, nm. (colegau), *college*
coler, nm. (coleri), *collar*
colli, vn. *to lose*
    ar goll, *lost*
comiwnydd, nm. (comiwnyddion),
    communist
concro, vn. *to conquer*
copi, nm. (copïau), *copy*
copïo, vn. *to copy*
côr, nm. (corau), *choir*
cord, nm. (cordiau), *chord*
corff, nm. (cyrff), *body*
corfforol, a. *physical*
corn, nm. (cyrn), *horn*
cornel, nm. (corneli), *corner*
coron, nf. (coronau), *crown*
coroni, vn. *to crown*
corws, nm. *chorus*
cosi, vn. *to itch, to irritate*
côt law, nf. (cotiau glaw), *raincoat*
cownter, nm. (cownteri), *counter*
craig, nf. (creigiau), *rock*
craith, nf. (creithiau), *scar*
crand, a. *fine, grand*
cread, nm. *creation*
creadur, nm. (creaduriaid), *creature*
credu, vn. *to believe*
creu, vn. *to create*
creulon, a. *cruel*
cri, nf. (criau), *cry*
cribo, vn. *to comb*
crio, vn. *to cry, to weep*
croen, nm. (crwyn), *skin*
croesawu, vn. *to welcome*
croesi, vn. *to cross*
croeso, nm. *welcome*
crogi, vn. *to hang*
crwn, a. *round*
crwt, nm. (cryts), *boy, lad*

crwydro, vn. *to wander*
crych, a. *curly*
cryf, a. *strong*
cryn, a. *considerable*
    cryn dipyn, *a good deal*
crynu, vn. *to tremble, to quake, to shiver*
crys, nm. (crysau), *shirt*
cuddio, vn. *to hide*
cul, a. *narrow*
curad, nm. (curadon), *curate*
curo, vn. *to beat, to strike, to defeat*
cusan, nf. (cusanau), *kiss*
cwbl, nm. *all, everything*
    y cwbl, *the lot*
    dim o gwbl, *not at all*
cweryla, vn. *to quarrel, to bicker*
cwerylgar, a. *quarrelsome*
cwestiwn, nm. (cwestiynau), *question*
cwfaint, nm. *convent*
cwfl, nm. (cyflau), *hood, cowl*
cwm, nm. (cymoedd), *valley*
cwmni, nm. (cwmnïau), *company*
cwmpas, *as in* o gwmpas, *around, about*
cwmwl, nm. (cymylau), *cloud*
cwningen, nf. (cwningod), *rabbit*
cwpan, nm. (cwpanau), *cup*
cwpanaid, nm. *cupful*
cwpwl, nm. (cyplau), *couple*
cwrdd, nm. (cyrddau), *meeting*
cwrdd, vn. *to meet*
cwrs, nm. (cyrsiau), *course*
    wrth gwrs, *of course*
cwrw, nm. *beer*
cwsg, nm. *sleep*
cwt, nf. *queue* (S. Wales, *tail*)
cwtsh-dan-stâr, nm. *cupboard under the
    stairs*
cwyn, nf. (cwynion), *complaint*
cychwyn, vn. *to start, to commence, to set out*
cydio, vn. *to grasp, to take hold of*
    (followed by 'yn' or 'mewn')
cydweithio, vn. *to co-operate*
cyfaill, nm. (cyfeillion), *friend*
cyfan, nm. *all, entirety, total*
    y cyfan, *the lot; the whole*
cyfan gwbl, a. *complete, whole*
cyfandir, nm. (cyfandiroedd), *continent*
cyfansoddi, vn. *to compose (music etc.)*
cyfansoddiad, nm. (cyfansoddiadau),
    composition, constitution
cyfarfod, nm. (cyfarfodydd), *meeting*
cyfarfod, vn. *to meet*

cyfarwydd, a. *familiar, acquainted*
cyfarwyddwr, nm. (cyfarwyddwyr),
  director
cyfeilio, vn. *to accompany (on an instrument)*
cyfeillgar, a. *friendly*
cyfeillgarwch, nm. *friendliness, friendship*
cyfeiriad, nm. (cyfeiriadau), *direction,
  address*
cyfer, *as in* ar gyfer, *for, on behalf of*
cyfieithu, vn. *to translate*
cyfle, nm. (cyfleoedd), *chance, opportunity*
cyflwyno, vn. *to present, to introduce*
cyflym, a. *fast, speedy*
cyflymu, vn. *to accelerate*
cyfoethog, a. *rich, wealthy*
cyfrif, vn. *to count*
cyfrif, nm. *count*
cyfrinach, nf. (cyfrinachau), *secret*
cyfrwys, a. *cunning*
cyfun, a. *comprehensive* (as of a school)
cyffredin, a. *ordinary, common*
cyngerdd, nm. (cyngherddau), *concert*
cynghanedd, nf. (cynganeddau),
  alliteration, harmony
cynghorwr, nm. (cynghorwyr), *councillor*
cyngor, nm. (cynghorion), *council*
cyhoeddi, vn. *to announce, to publish*
cyllell, nf. (cyllyll), *knife*
cymaint, a. *as large, as many*
cymanfa, nf. (cymanfaoedd), *singing
  festival, assembly*
cymeriad, nm. (cymeriadau), *character*
cymhariaeth, nf. (cymariaethau),
  comparison
cymharu, vn. *to compare*
cymorth, nm. *help, assistance*
Cymraes, nf. (Cymraesau), *Welsh girl* or
  woman
Cymro, nm. (Cymry), *Welshman*
cymryd, vn. (stem, cymer-), *to take,
  to accept*
cymysglyd, a. *mixed, confused*
cymysgu, vn. *to mix, to confuse*
cynfas, nm. *canvas, sheet (of bed)*
cynhesu, vn. *to warm*
cynnal, vn. *to hold, to support*
cynnar, a. *early*
cynnau, vn. *to light, to set alight*
cynnes, a. *warm*
cynnig, nm. (cynigion), *offer, attempt,
  proposition*

cynnwrf, nm. (cynhyrfau), *excitement,
  agitation*
cynnyrch, nm. (cynhyrchion), *produce,
  yield*
cynt, a. *earlier, quicker*
cyntaf, a. *first*
cyntedd, nm. (cynteddau), *porch, hall*
cynulleidfa, nf. (cynulleidfaoedd),
  congregation, audience, assembly
cyrraedd, vn. *to reach, to arrive*
cysgod, nm. (cysgodion), *shade,
  shadow*
cysgu, vn. *to sleep*
cystadleuaeth, nf. (cystadlaethau),
  competition
cystadlu, vn. *to compete*
cystal, a. *as good, equal*
cysurus, a. *comfortable*
cytgord, nm. *concord, harmony*
cytuno, vn. *to agree*
cyw, nm. (cywion), *young of
  an animal, chick*
cywrain, a. *skilful, fine (of
  workmanship)*

CH

chi, pers. p. *you*
chwaer, nf. (chwiorydd), *sister*
chwaith, ad. *either, also*
chwarae, vn. *to play*
chwaraegerdd, nf. (chwaraegerddi),
  musical play
chwarter, nm. *quarter*
chwe, chwech, a. *six*
chwerthin, vn. *to laugh*
chwifio, vn. *to wave*
chwilio, vn. *to seek, to search*
chwilolau, nm. *searchlight, spotlight*
chwiorydd, np. *sisters*
chwyddo, vn. *to swell*
chwyrnu, vn. *to snore*
chwys, nm. *sweat, perspiration*
chwysu, vn. *to sweat, to perspire*
chwythu, vn. *to blow*

D

da, a. *good*
dacw, ad. *there, yonder*
dadl, nf. (dadleuon), *debate, argument*

dadlau, vn. *to argue, to debate*
daear, nf. *earth*
daeareg, nf. *geology*
dagrau, np. (s. deigryn), *tears*
dal, vn. (stem, dali-), *to catch, to hold, to continue*
dall, a. *blind*
damnio, vn. *to damn*
damwain, nf. (damweiniau), *accident*
dan, pr. (dana i, danat ti, dano fe, dani hi, danon ni, danoch chi, danyn nhw), *under, below*
dangos, vn. *to show, to appear*
dannedd, np. (s. dant), *teeth*
dannedd gosod, *false teeth*
dant, nm. *tooth*
darfod, vn. *to cease, to end, to die*
darllen, vn. *to read*
darn, nm. (darnau), *piece, portion*
dathlu, vn. *to celebrate*
dawns, nf. (dawnsiau), *dance*
dawnsio, vn. *to dance*
dawnsiwr, nm. (dawnswyr), *dancer*
de, nm. *south*
i'r de, *to the south*
de, nf. *right*
i'r dde, *to the right*
y llaw dde, *the right hand*
deall, vn. *to understand*
dechrau, vn. *to begin, to start, to commence*
defnydd, nm. (defnyddiau), *material, stuff*
defnyddio, vn. *to use, to make use of*
deffro, vn. *to awake*
degwm, nm. (degymau), *tithe*
deigryn, nm. (dagrau), *tear*
deniadol, a. *attractive*
derbyn, vn. (stem, derbyni-), *to receive*
derwen, nf. (derw), *oaktree*
desg, nf. (desgiau), *desk*
deuawd, nf. (deuawdau), *duet*
deugain, a. *forty*
deunaw, a. *eighteen*
deunawfed, a. *eighteenth*
dewis, vn. *to choose*
dewiswr, nm. (dewiswyr), *selector*
dianc, vn. (stem, dihang-), *to escape, to flee*
diawl, nm. (diawliaid), *devil*
dibynnu, vn. *to depend*
diddordeb, nm. (diddordebau), *interest*
diddorol, a. *interesting*
diferyn, nm. (diferion), *drop (of water, etc.)*
diflannu, vn. *to disappear*

diflas, a. *distasteful, disagreeable*
difrif, a. *earnest, serious*
o ddifrif, *in earnest*
diffaith, a. *barren, waste*
y tir diffaith, *the wilderness, the barren land*
diffodd, vn. *to extinguish, to douse*
dig, a. *angry*
digalon, a. *downhearted, sad, depressed*
digon, nm. *enough, plenty*
digri(f), a. *funny, amusing, comic*
digwydd, vn. *to happen*
digwyddiad, nm. (digwyddiadau), *event, happening*
dihiwmor, a. *humourless*
di-hwyl, a. *out of sorts, miserable, downcast*
diléit, nm. *delight*
diliau mêl, np. *honeycombs*
dilyn, vn. *to follow*
dillad, np. (also, dilladau), *clothes*
dim, nm. *anything, nothing*
i'r dim, *exactly*
di-nod, a. *insignificant, humble*
diolch, nm. (diolchiadau), *thanks*
diolchgar, a. *grateful, thankful*
direidi, nm. *mischief, malice*
disglair, a. *bright, shining*
disgleirio, vn. *to shine*
disgrifio, vn. *to describe*
disgwyl, vn. (stem, disgwyli-), *to expect, to await, to look*
disgybl, nm. (disgyblion), *disciple, pupil*
disgyn, vn. *to descend, to fall*
distawrwydd, nm. *silence*
di-waith, a. *unemployed*
diwedd, nm. *end, finish*
diweddar, a. *late*
diwethaf, a. *last*
diwrnod, nm. (diwrnodau), *day*
diwygiad, nm. (diwygiadau), *revival*
diwylliant, nm. *culture*
diwylliedig, a. *cultured*
do, ad. *yes*
dodi, vn. *to put, to place*
doeth, a. *wise*
doethur, nm. (doethuriaid), *doctor (of science, etc.)*
dôl, nm. *dole*
dosbarth, nm. (dosbarthiadau), *class*
dotio, vn. *to dote*
drain, np. (s. draenen), *thorns*
drama, nf. (dramâu), *drama*

draw, ad. *yonder, there*
dringo, vn. *to climb*
dros (or tros), pr. *over*
drosodd, ad. *over*
drwg, a. *bad* (cynddrwg, gwaeth, gwaethaf)
drws, nm. (drysau), *door*
drwy, (or trwy), pr. *through*
drycinog, a. *stormy*
du, a. *black*
duw, nm. (duwiau), *god*
dwbwl, a. *double*
dweud, vn. *to say, to tell*
dwfn, a. *deep*
dŵr, nm. (dyfroedd), *water*
dwsin, nm. (dwsinau), *dozen*
dwylo, np. (s. llaw), *hands*
dwyn, vn. (stem, dyg-), *to take, to steal, to bear, to carry*
dwywaith, ad. *twice*
dychmygu, vn. *to imagine*
dychryn, nm. (dychryniadau), *fright, terror*
dychryn, vn. *to frighten, to be frightened*
dychymyg, nm. (dychmygion), *imagination*
dydd, nm. (dyddiau), *day*
dyddiad, nm. (dyddiadau), *date*
dyfodol, nm. *future*
  yn y dyfodol, *in future*
Dyffryn Clwyd, *the Vale of Clwyd*
dymuniad, nm. (dymuniadau), *wish, desire*
dymuno, vn. *to desire, to wish for*
dymunol, a. *desirable, pleasant*
dyn, nm. (dynion), *man*
dysgu, vn. *to learn, to teach*

DD

ddoe, ad. *yesterday*

E

edrych, vn. *to look, to seem*
efallai, ad. *perhaps*
effro, a. *awake*
egluro, vn. *to explain*
eglwys, nf. (eglwysi), *church*
eglwyswr, nm. (eglwyswyr), *churchgoer*
ei, p. *his, her, its*
eich, p. *your*

eiddo, nm. *property, possession(s)*
ein, p. *our*
eira, nm. *snow*
eisiau, nm. *want, need*
  Rydw i eisiau, *I need, I want*
eistedd, vn. *to sit*
eisteddfod, nf. (eisteddfodau), *eisteddfod, competitive meeting*
eithaf, nm. (eithafion), *end, extremity*
eithaf, a. or ad. *very, utmost, quite*
  eithaf da, *quite good*
enaid, nm. (eneidiau), *soul*
ennill, vn. *to win, to gain*
enw, nm. (enwau), *name*
enwedig, a. *special, especial*
enwi, vn. *to name*
er, (ers), pr. *since, for*
  aros ers dyddiau, *waiting for days*
  er dydd Llun, *since Monday*
  er mwyn, *for the sake of, for, in order to*
er, conj. *though, although*
eraill, np. or ap. (s. arall), *others*
erbyn, pr. *against, by*
  erbyn chwech o'r gloch, *by six o'clock*
  yn erbyn y wal, *against the wall*
erioed, ad. *ever (referring to the past)*
esgus, nm. (esgusion), *excuse, pretence*
esgusodi, vn. *to excuse*
esmwyth, a. *comfortable, easy, smooth*
estyn, vn. *to extend (a welcome), to reach, to hand (out food)*
eto, ad. *again*
eu, pr. *their*
euog, a. *guilty*
ewyrth, ewythr, nm. (ewythredd), *uncle*

F

faint, *how much, how many (in asking a question)*
fe, pers. p. *he, him*
fel, conj. *like, as*
felly, ad. *so, thus*
fersiwn, nm. (fersiynau), *version*
fi, p. *I, me*
ficer, nm. (ficeriaid), *vicar*
ficerdy, nm. *vicarage*
fy, p. *my*
fyny, i fyny, ad. *up, upwards*

FF

ffair, nf. (ffeiriau), *fair*
ffaith, nf. (ffeithiau), *fact*
ffansi, nf. *fancy*
ffarwelio, vn. *to bid farewell*
ffasiwn, nm. (ffasiynau), *fashion*
ffasiynol, a. *fashionable*
ffau, nf. (ffeuau), *lair, den*
ffawd, nf. (ffodion), *fate, fortune*
ffefryn, nm. (ffefrynnau), *favourite*
ffein, a. *fine, kind*
ffeindio, vn. *to find*
ffenestr, nf. (ffenestri), *window*
ffermwr, nm. (ffermwyr), *farmer*
ffidil, nf. (ffidilau), *fiddle, violin*
ffidlan, vn. *to fiddle, to mess about*
ffigur, nm. (ffigurau), *figure*
fflach, nf. (fflachiau), *flash*
fflachio, vn. *to flash*
fflamio, vn. *to blaze*
fflat, a. *flat*
ffoi, vn. *to flee, to escape*
ffôl, a. *foolish, silly*
ffôn, nf. *phone*
ffonio, vn. *to phone*
fforc, nf. (ffyrc), *fork*
ffordd, nf. (ffyrdd), *road, way*
fforddio, vn. *to afford*
ffortiwn, nf. (ffortiynau), *fortune*
ffrae, nf. (ffraeau), *quarrel*
ffraeo, vn. *to quarrel*
ffrind, nm. (ffrindiau), *friend*
ffrio, vn. *to fry*
ffrog, nf. (ffrogiau), *frock, dress*
ffrwyth, nm. (ffrwythau), *fruit*
ffrydio, vn. *to stream, to flow*
ffurfio, vn. *to form*
ffwdan, nf. *fuss, bother*
ffwrdd, i ffwrdd, ad. *away*
ffwrnais, nf. (ffwrneisiau), *furnace*
ffydd, nf. *faith*

G

gadael, vn. (stem, gadaw-), *to depart, to leave, to allow*
gaeaf, nm. (gaeafau), *winter*
gafael, vn. *to grasp, to take hold of*
gair, nm. (geiriau), *word*
galw, vn. *to call*

gallu, nm. (galluoedd), *power, skill*
gallu, vn. *to be able*
gan, pr. (gen i, gennyt ti, ganddo fe, ganddi hi, gennyn ni, gennych chi, ganddyn nhw), *with, by, from*
gan mwyaf, *mostly*
Mae'n dda gen i, *I'm glad*
Mae'n ddrwg gen i, *I'm sorry*
gardd, nf. (gerddi), *garden*
garddwr, nm. (garddwyr), *gardener*
gartref, ad. *at home*
gast, nf. (geist), *bitch*
gên, nf. (genau), *chin, jaw*
geni, vn. *to be born*
gilydd, *as in* ei gilydd, *each other*
glân, a. *clean, pure*
glan, nf. (glannau), *bank, shore*
glanhau, vn. *to clean, to cleanse*
glaswyn, a. *bluish-white*
glaw, nm. (glawogydd), *rain*
glesni, nm. *blueness*
glo, nm. *coal*
glo mân, *small coal*
glöwr, nm. (glowyr), *collier*
go, ad. *somewhat, rather*
go dda, *quite good*
go iawn, *proper, real*
pryd o fwyd go iawn, *a proper meal*
gobaith, nm. (gobeithion), *hope*
gobeithio, vn. *to hope*
godidog, a. *excellent, splendid*
gofal, nm. (gofalon), *care*
gofalu, vn. *to take care, to mind, to look after*
gofyn, vn. *to ask, to question*
gogledd, nm. *north*
gogleddwr, nm. (gogleddwyr), *northman, northerner*
gogoneddus, a. *glorious*
golau, nm. (goleuadau), *light*
golchi, vn. *to wash*
golwg, nm. (golygon), *sight*
Mae golwg ofnadwy arno fe, *He looks terrible*
o'r golwg, *out of sight*
yn y golwg, *in sight*
golygfa, nf. (golygfeydd), *view, scene*
golygu, vn. *to mean, to imply, to edit*
gollwng, vn. (stem, gollyng-), *to release, to drop*
gorau, a. *best*
o'r gorau, *very well*
Rhoi'r gorau, *to give up*

gorffen, vn. *to finish, to end*
gorffennol, nm. *the past*
gorffwys, vn. *to rest*
gormod, nm. *excess, too much*
gorsedd, nf. *throne*
  Gorsedd y Beirdd, *Bardic Institution, Circle*
gorwedd, vn. *to lie down*
  rhoi i orwedd, *to lay down*
gorymdaith, nf. (gorymdeithiau), *procession*
gosod, vn. *to place, to put*
gostwng, vn. *to lower, to reduce*
gradd, nf. (graddau), *degree, grade*
graddedigion, np. *graduates*
graddio, vn. *to graduate*
grât, nm. (gratiau), *grate*
Grawys, nm. *Lent*
gref, af. *strong* (m. cryf)
gris, nm. (grisiau), *step, stair*
  i fyny'r grisiau, *upstairs*
gwaed, nm. *blood*
gwaelod, nm. (gwaelodion—*sediment*), *bottom*
gwaeth, a. *worse*
gwag, a. *vacant, empty*
gwahaniaeth, nm. *difference*
gwahanol, a. *different*
gwahanu, vn. *to separate, to part*
gwahodd, vn. *to invite*
gwaith, nm. (gweithiau), *work*
gwaith, nf. *time, turn*
  yr ail waith, *the second time*
  weithiau, *sometimes*
gwâl, nf. *lair, den*
gwal, nf. (gwaliau), *wall*
gwallt, nm. (gwalltiau), *hair (of one's head)*
gwan, a. *weak*
gwan-galon, a. *faint-hearted*
gwared (ar), nm. *deliverance, riddance*
  cael gwared ar, *to get rid of*
gwartheg, np. *cows, cattle*
gwas, nm. (gweision), *servant*
gwasgod, nf. (gwasgodau), *waistcoat*
gwasgu, vn. *to squeeze, to press*
gwâst, nm. *waste*
gwastad, a. *flat, even, level*
  yn wastad, *always*
gwastraff, nm. *waste*
gwastraffu, vn. *to waste*
gwddf, nm. (gyddfau), *neck*

gweddill, nm. (gweddillion), *remainder, residue*
gweddw, a. *widowed*
  gŵr gweddw, *widower*
  gwraig weddw, *widow*
gwefus, nf. (gwefusau), *lip*
gweiddi, vn. *to shout*
gweinidog, nm. (gweinidogion), *minister*
gweithio, vn. *to work*
gweithiwr, nm. (gweithwyr), *workman, worker*
gweld, vn. (stem, gwel-), *to see*
gweledigaeth, nf. (gweledigaethau), *vision*
gwelw, a. *pale*
gwely, nm. (gwelyau, gwelâu), *bed*
gwell, a. *better*
  Mae'n well gen i, *I prefer*
gwella, vn. *to improve, to get better*
gwên, nf. (gwenau), *smile*
  yn wên i gyd, *all smiles*
gwenith, nm. *wheat*
gwenu, vn. *to smile*
gwerin, nf. *ordinary folk, peasantry*
gwerth, nm. (gwerthoedd), *worth*
gwerthfawr, a. *valuable*
gwir, nm. *truth*
gwir, a. *true*
  yn wir, *indeed*
Gwlad yr Haf, *Somerset*
gwlân, nm. *wool*
gwlyb, a. *wet*
gŵr, nm. (gwŷr), *man, husband*
gwraig, nf. (gwragedd), *woman, wife*
gwrando, vn. (stem, gwrandaw-), *to listen*
gwrcath, nm. (gwrcathod), *tomcat*
gwres, nm. *heat, warmth*
gwrid, nm. *blush*
gwrido, vn. *to blush*
gwrthod, vn. *to refuse, to reject*
gwter, nm. (gwteri), *gutter*
gwthio, vn. *to push, to shove*
gwybod, vn. *to know* (see Notes)
gwybodaeth, nf. *knowledge, information*
gwych, a. *fine, splendid, brilliant*
gŵyl, nf. (gwyliau), *holiday, festival*
gwylio, vn. *to watch, to mind*
gwyllt, a. *wild*
gwyn, a. *white*
gwynt, nm. (gwyntoedd), *wind*
gwyrdd, a. *green*
gwyrddlas, a. *verdant, green*
gyd, i gyd, ad. *all*

gyda, pr. *with, together with*
gynt, ad. *formerly*
   yn gynt, *sooner*
gyrru, vn. *to drive*
gyrrwr, nm. (gyrwyr), *driver*

H

haearn, nm. *iron*
haf, nm. (hafau), *summer*
hances, nf. (hancesi), *handkerchief*
handi, a. *handy, useful*
hanes, nm. (hanesion), *history, story*
hanner, nm. (haneri), *half*
hap, nf. *chance, fate*
hapus, a. *happy*
hardd, a. *beautiful, handsome*
harddu, vn. *to beautify, to adorn*
harddwch, nm. *beauty, handsomeness*
haul, nm. *sun*
hawdd, a. *easy* (haws, hawsaf)
hawl, nf. (hawliau), *demand, right, claim*
heb, pr. *without* (hebddo i, hebddot ti,
   hebddo fe, hebddi hi, hebddon ni,
   hebddoch chi, hebddyn nhw)
heblaw, pr. *besides, in addition*
hebrwng, vn. *to escort*
heddwch, nm. *peace*
hefyd, ad. *also*
heibio, ad. *past*
   mynd heibio i'r tŷ, *to go past the house*
helaeth, a. *abundant, extensive*
helynt, nm. (helyntion), *fuss, trouble*
hen, a. *old* (henach, henaf but Lit. hŷn,
   hynaf)
hen-ffasiwn, a. *old-fashioned*
heno, ad. *tonight*
heol, nf. (heolydd), *road, street*
hers, nm. *hearse*
hi, pers. p. *she, her*
hidl, *as in* wylo'n hidl, *to weep copiously*
hir, a. *long* (hirach, hiraf, but Lit. hwy,
   hwyaf)
hiraeth, nm. *longing, yearning*
hirfelyn, a. *long golden*
hithau, p. *she, she also, her, her also*
hiwmor, nm. *humour*
hoeden, nf. *hoyden, flirt*
hoelen, nf. (hoelion), *nail (metal)*
hoelio, vn. *to nail*
hofel, nf. (hofelau), *hovel*

hoff, a. *fond, favourite*
hoffi, vn. *to like, to be fond of*
hoffus, a. *likeable, loveable*
hongian, vn. *to hang*
holi, vn. *to question, to inquire*
holl, a. *all, whole*
hon, p. *this (fem.)*
   y ferch hon, *this girl*
honna, honno, p. *that (fem.)*
   y ferch honno, *that girl*
hopian, vn. *to hop*
hosan, nf. (hosanau), *stocking*
hud, nm. *magic*
hufen, nm. *cream*
   hufen iâ, *ice-cream*
hun, hunan, p. (hunain), *self*
   myfi fy hun, *I myself*
hurio, vn. *to hire*
hwn, p. *this (masc.)*
   y dyn hwn, *this man*
hwnt, ad. *yonder, beyond*
   twp tu hwnt, *dull beyond*
hwy or nhw, pers. p. *they, them*
hwy, a. *longer*
hwyl, nf. (hwyliau), *mood*
   cael hwyl, *to have fun, to enjoy*
   pob hwyl, *best of luck, good luck*
hwyr, a. *late*
hyd, nm. (hydau, hydoedd), *length*
   ar hyd, *along*
   o hyd, *always*
hyd, pr. *up to, as far as*
   hyd yn oed, *even*
hyfryd, a. *pleasant, fine*
hyll, a. *ugly*
hyn, p.s. or p. *this, these*
   ar hyn o bryd, *just now, at this time*
   y pethau hyn, *these things*
hynny, ps. or pl. *that, those*
   y pryd hynny, *at that time*
hysbyseb, nf. (hysbysebion), *advertisement*

I

i, fi, p. *I*
i, pr. *to, for* (i mi, i ti, iddo fe, iddi hi, i ni,
   i chi, iddyn nhw)
   i fyny, *up*
   i ffwrdd, *away*
   i lawr, *down*
   i mewn i, *into*

iach, a. *healthy, fit*
    canu'n iach, *to bid farewell*
iaith, nf. (ieithoedd), *language*
iard, nm. (iardau), *yard*
Iau, dydd Iau, *Thursday*
iawn, a. *correct, right*
    da iawn, *very good*
ie, ad. *yes*
iechyd, nm. *health*
    iechyd da, *good health*
ifanc, ieuanc, a. *young*
injan wnïo, nf. *sewing machine*
    also peiriant gwnïo
Ionawr, *January*
ir, a. *fresh, green, ripe*
irad, a. *sad*
isel, a. *low*
is-reolwr, nm. *deputy manager,*
    under-manager

L

lamp, nf. (lampau), *lamp*
lan, ad. *up*
    mynd lan, mynd i fyny, *to go up*
larwm, nm. *alarm*
    cloc larwm, *alarm clock*
lawnt, nf. (lawntiau), *lawn*
lawr, i lawr, ad. *down*
lefel, nf. (lefelau), *level*
libart, nm. *back-yard*
lifft, nf. *lift, hitch*
linc di lonc, ad. *leisurely*
lol, nf. *nonsense*
lolfa, nf. *lounge*
lôn, nf. (lonydd), *lane, road*
lotment, nf. *allotment*
lwc, nf. *luck*
lwcus, a. *lucky*
lwmp, lwmpyn, nm. (lympiau). *lump*

LL

llaca, nm. *mud, mire*
lladd, vn. *to kill*
llai, a. *less*
llais, nm. (lleisiau), *voice*
llall, p. (lleill), *other, another*
llanc, nm. (llanciau), *youth, lad*
llanw, vn. *to fill*

llaw, nf. (dwylo), *hand*
    curo dwylo, *to clap hands*
    law yn llaw, *hand in hand*
llawen, a. *merry, glad*
llawenhau, vn. *to rejoice*
llawenydd, nm. *joy, gladness*
llawer, a. (llaweroedd), *many, much*
llawes, nf. (llewys), *sleeve*
llawn, a. *full*
llawr, nm. (lloriau), *floor, ground*
    ar lawr, *on the ground*
    i lawr, *down*
lle, nm. (lleoedd), *place*
    yn lle, *instead of*
lled, nm. *width, breadth*
    ar led, *abroad*
    lled y pen, *wide open*
lled, ad. *fairly, rather, almost*
    lled dda, *fairly good*
lleiaf, a. *least, smallest*
    o leiaf, *at least*
lleian, nf. (lleianod), *nun*
lleidr, nm. (lladron), *thief*
llen, nf. (llenni), *curtain*
llên, nf. *literature*
llenor, nm. (llenorion), *literateur, man of*
    letters
llenwi, vn. *to fill*
llestr, nm. (llestri), *dish, vessel*
lleuad, nf. (lleuadau), *moon*
llew, nm. (llewod), *lion*
lli, llif, nm. (llifogydd), *flood*
llidiart, nm. (llidiardau), *gate*
llinell, nf. (llinellau), *line*
llithro, vn. *to slip, to slide*
lliw, nm. (lliwiau), *colour*
llofft, nf. (llofftydd), *upstairs*
    ar y llofft, lan y llofft, *upstairs*
llong, nf. (llongau), *ship*
llon, a. *glad, cheerful, merry*
llond, nm. *full(ness)*
    llond tŷ, *houseful*
llongyfarch, vn. *to congratulate*
llongyfarchion, np. *congratulations*
llonni, vn. *to gladden, to cheer up*
llonydd, a. *quiet, still, calm*
llonyddwch, nm. *quietness, stillness*
llosgi, vn. *to burn*
llun, nm. (lluniau), *picture, form, shape*
    dydd Llun, *Monday*
    llun a lliw, *shape and colour*
llunio, vn. *to form, to fashion*

llwch, nm. *dust*
llwybr, nm. (llwybrau), *path, track*
llwyd, a. *grey, pale, brown*
 papur llwyd, *brown paper*
llwyfan, nm. (llwyfannau), *platform, stage*
llydan, a. *wide*
Llydaw, nf. *Brittany*
llyfnder, nm. *smoothness, sleekness*
llyfr, nm. (llyfrau), *book*
llyfrgell, nf. (llyfrgelloedd), *library*
llyfu, vn. *to lick*
llygad, nm. (llygaid), *eye*
llygadu, vn. *to eye*
llygoden, nf. (llygod), *mouse*
llym, a. *sharp, acute, strict*
llyn, nm. (llynnoedd), *lake*
llyncu, vn. *to swallow*
llysiau, np. *vegetables, herbs, plants*
llythyr, nm. (llythyrau), *letter*
llywio, vn. *to steer, to guide*

M

mab, nm. (meibion), *son, boy*
mae, *is*
maes, nm. (meysydd), *field*
magu, vn. *to rear, to breed*
mai, conj. *that*
maint, nm. *size*
 faint, *how many, how much*
maith, a. *long*
malwod, np. (s. malwoden), *snails*
mam, nf. (mamau), *mother*
 mam-gu, *grandmother*
man, nfm. (mannau), *place*
 yn y man, *soon, by and by*
mân, a. *small, tiny*
 cerrig mân, *pebbles, gravel*
 glo mân, *small coal*
 oriau mân y bore, *small hours of the morning*
manwl, a. *detailed, exact*
manylion, np. *details*
marw, vn. *to die*
marw, a. *dead*
mat, nm. (matiau), *mat*
mater, nm. (materion), *matter*
 beth sy'n bod, *what's the matter*
math, nm. (mathau), *sort, kind*
mawr, a. *big, large*

mawrion, np. *great people, the important ones*
medi, vn. *to reap, to harvest*
meddal, a. *soft*
 sebon meddal, *soft soap*
meddalu, vn. *to soften*
meddwi, vn. *to get drunk, to be drunk*
meddwl, nm. (meddyliau), *mind, thought*
meddwl, vn. *to think, to mean, to intend*
meddygol, a. *medical*
meillion, np. (s. meillionen), *clover*
meistr, nm. (meistri), *master*
meistres, nf. *mistress*
melfed, nm. *velvet*
melyn, a. *yellow, (golden)*
melyngoch, a. *auburn*
melys, a. *sweet*
mentro, vn. *to venture*
merch, nf. (merched), *girl, daughter*
Mercher, dydd Mercher, *Wednesday*
mesur, nm. (mesurau), *measure*
 mesurau caeth, *strict metres (in poetry)*
Methodistiaid, *Methodists*
methu, vn. *to fail*
mewian, vn. *to mew*
mewn, pr. *in, into*
mi, fi, i, pers. p. *I, me*
mil, nf. (miloedd), *thousand*
milgi, nm. (milgwn), *greyhound*
miliwn, nf. (miliynau), *million*
milwr, nf. (milwyr), *soldier*
milltir, nf. (milltiroedd), *mile*
min, nm. (minion), *edge, lip*
 ar fin mynd, *about to go, on the point of going*
minnau, p. *I, I also, me, me too*
mis, nm. (misoedd), *month*
mo, dim o, *nothing of*
mochaidd, a. *filthy*
mochyn, nm. (moch), *pig*
modern, a. *modern*
modd, nm. (moddion), *manner, means, mood*
 gwaetha'r modd, *worse luck*
moment, nf. *moment*
morwyn, nf. (morynion), *maid, girl*
mud, a. *mute, dumb*
mudandod, nm. *silence, dumbness*
munud, nfm. (munudau), *minute*
mwd, nm. *mud*
mwy, a. *more, larger, bigger*
mwyn, a. *gentle, mild*

mwynhad, nm. *enjoyment*
mwynhau, vn. *to enjoy*
myfyriwr, nm. (myfyrwyr), *student*
myn, pr. *by (in oaths)*
mynach, nm. (mynachod, myneich), *monk*
mynd, vn. (stem, a-), *to go*
mynnu, vn. *to insist, to will*
mynwent, nf. (mynwentydd), *churchyard, graveyard*
mynydd, nm. (mynyddoedd, mynyddau), *mountain*

N

na, *no, nor, not*
nabyddodd (hi), *(she) recognised*
naddo, *no*
nage, *no*
naid, nf. (neidiau), *leap, jump*
naïf, a. *naïve*
naill, p. *either*
y naill . . . y llall, *the one . . . the other*
natur, nf. *nature*
nawr, rwan, ad. *now*
neb, p. *anyone, no one*
nef, nf. (nefoedd), *heaven*
neges, nf. (negesau), *message, errand*
neidio, vn. *to jump, to leap*
neithiwr, ad. *last night*
nerfus, a. *nervous*
nes, a. *nearer*
nes, ad. *until, so that*
nesaf, a. *next, nearest*
neu, conj. *or*
neuadd, nf. (neuaddau), *hall*
newid, vn. *to change*
newydd, a. *new*
newydd fynd, *just gone*
newydd godi, *just risen*
o'r newydd, *anew*
newyddion, np. *news*
ni, pers. p. *we, us*
ni, nid, *not*
nid felly, *not so*
nifer, nfm. (niferoedd), *number*
niwed, nm. (niweidiau), *harm*
nodwydd, nf. (nodwyddau), *needle*
nodyn, nm. (nodion), *note*
nôl, vn. *to fetch*
nos, nf. (nosau), *night*
noson, nf. *night*
nwyddau, np. *goods*

O

o, pr. (ohono i, ohonot ti, ohono fe, ohoni hi, ohonom ni, ohonoch chi, ohonyn nhw), *from, of, out of*
o'r diwedd, *at last*
o'r gorau, *very well*
ochenaid, nf. (ocheneidiau), *sigh*
ochr, nf. (ochrau), *side*
wrth ochr, *by the side of*
od, a. *odd, strange*
oddi, pr. *from*
oddi allan, *outside*
oddi ar, *from off, since*
oddi cartref, *away from home*
oddi mewn, *inside*
oddi wrth, *from*
oed, nf. *age*
oed, nf. (oedau), *tryst, appointment*
oen, nm. (ŵyn), *lamb*
oer, a. *cold*
oeri, vn. *to become cold*
oes, nf. (oesoedd), *age, lifetime*
yn oes oesoedd, *for ever and ever*
oes, *yes*
ofer, a. *vain, wasteful*
yn ofer, *in vain*
oferddyn, nm. *waster*
ofn, nm. (ofnau), *fear*
ofnadwy, a. *terrible, dreadful, fearful*
ofni, vn. *to fear, to be afraid*
offer, np. (s. offeryn), *implements, tools, instruments*
(also p. offerynnau, *instruments (as in an orchestra)*)
o gylch, pr. *around, about*
oherwydd, conj. *because, for*
ôl, nm. (olion), *mark, track*
(also olion, *remains*)
mynd yn ôl, *to go back*
yn ôl, *according to*
yn ôl ac ymlaen, *backwards and forwards*
olaf, a. *last*
olwyn, nf. (olwynion), *wheel*
olwyn lywio, *steering wheel*
oll, ad. *all, wholly*
yr oll, *the lot*
ond, conj. *but, only*
dim ond un, *only one*
opera, nf. (operâu), *opera*
oren, nf. (orennau), *orange*
os, conj. *if*

ots, ods, np. *odds*
Does dim ots, *It doesn't matter, No odds*

P

pa, as in Pa bryd? *When?*
Pa ddyn? *Which man?*
Pa un? *Which one?*
pabell, nf. (pebyll), *tent, pavilion*
Y Babell Lên, *The Literary Pavilion*
pacio, vn. *to pack*
padell, nf. (padellau, pedyll), *bowl, pan*
padell ffrio, *frying pan*
pader, nm. (paderau), *prayer*
dy bader, *your prayers*
paent, nm. *paint*
pafiliwn, nm. *pavilion*
pafin, nm. *pavement*
pagan, nm. (paganiaid), *pagan*
pam, paham, ad. *why*
pan, conj. *when*
papur, nm. (papurau), *paper*
papur newydd, *newspaper*
pâr, nm. (parau), *pair*
para, vn. *to last, to continue*
paradwys, nf. *paradise*
paratoi, vn. *to prepare*
parcio, vn. *to park*
parch, nm. *reverence, respect*
parchus, a. *respectful, respectable*
pared, nm. (parwydydd), *wall, (between rooms)*
parlwr, nm. (parlyrau), *parlour*
parod, a. *ready*
partner, nm. (partneriaid), *partner*
Pasg, nm. *Easter*
pasio, vn. *to pass*
pawb, nm. *everybody*
pe, conj. *if*
pe bawn i, *if I were*
pedair, a. f. *four*
pedair merch, *four girls*
pedwar, a. m. *four*
pedwar dyn, *four men*
peidio (â, ag), vn. *to cease, to stop, to refrain from*
peint, nm. (peintiau), *pint*
peintio, vn. *to paint*
pêl, nf. (pelau), *ball*
pêl-droed, *football*

pell, a. *far, distant*
ymhell, *far*
ymhell i ffwrdd, *far away*
pen, nm. (pennau), *head, end, top*
ar ben, *on top of, at an end, ended*
ar fy mhen fy hun, *on my own, by myself*
da dros ben, *exceedingly good*
ymhen amser, *after some time*
ymhen wythnos, *in a week's time, after a week*
penderfynol, a. *determined*
penderfynu, vn. *to determine, to decide*
penigamp, a. *excellent, splendid*
pen-lin, nf. (penliniau), *knee*
pennaeth, nm. (penaethiaid), *chief*
pennill, nm. (penillion), *verse, stanza*
penodi, vn. *to appoint*
pen-ôl, nm. (pen-olau), *backside*
pensiynwr, nm. (pensiynwyr), *pensioner*
pentref, nm. (pentrefi), *village*
pentrefwr, nm. (pentrefwyr), *villager*
pentwr, nm. (pentyrrau), *heap*
perffaith, a. *perfect*
perfformio, vn. *to perform*
pert, a. *pretty*
perth, nf. (perthi), *bush, hedge*
perthyn, vn. *to belong*
peswch, nm. *cough*
peth, nm. (pethau), *thing*
Beth? *What?*
peth amser, *some time*
peth arian, *some money*
piano, nm. *piano*
pianydd, nm. *pianist*
piau, *owns*
Pwy biau'r llyfr? *Who owns the book?*
(Whose is the book?)
picil, nm. *pickle, difficulty, trouble*
pictiwr, nm. (pictiyrau), *picture*
pig, nf. (pigau), *beak, spout*
pigau'r drain, *thorns*
pigog, a. *prickly*
plaen, a. *plain*
plaid, nf. (pleidiau), *party, faction*
plannu, vn. *to plant*
plant, np. (s. plentyn), *children*
plât, nm. (platiau), *plate*
pledio, vn. *to plead*
plentyn, nm. (plant), *child*
pleser, nm. (pleserau), *pleasure*
pleserus, a. *pleasurable*
plesio, vn. *to please*

pluen, nf. (plu), *feather*
plu eira, *snowflakes*
plwmp, a. *plump* (not *fat* but an expression of the sound)
yn blwmp ac yn blaen, *plain and unequivocal*
plwyf, nm. (plwyfi), *parish*
plygu, vn. *to bend, to stoop*
pob, a. *each, every, all*
bob yn ail, *every other*
pob dyn, *every man, all men*
popeth, *everything*
pobl, nf. (pobloedd), *people*
poblogaidd, a. *popular*
poced, nf. (pocedi), *pocket*
poen, nm. (poenau), *pain, ache*
poeni, vn. *to pain, to ache, to worry, to irritate*
poeri, vn. *to spit*
poeth, a. *hot*
popeth, nm. *everything*
porthladd, nm. (porthladdoedd), *port, haven, harbour*
posibl, a. *possible*
post, nm. (pyst), *post*
pregethwr, nm. (pregethwyr), *preacher*
preifat, a. *private*
pren, nm. (prennau), *tree, wood*
pres, nm. *brass*, (N. Wales, *money*)
band pres, *brass band*
presennol, a. *present*
prif, a. *chief, head*
prifathro, nm. *headmaster, principal*
prifysgol, nf. (prifysgolion), *university*
prin, a. *rare, scarce*
priod, nm. *spouse*
gŵr priod, *married man*
gwraig briod, *married woman*
priodi, vn. *to marry*
problem, nf. (problemau), *problem*
pryd, nm. (prydau), *meal*
pryd o fwyd, *meal*
pryd, nm. (prydiau), *time*
ar brydiau, *at times*
ar y pryd, *at the time*
Pryd? *When? At what time?*
pryder, nm. (pryderon), *anxiety, worry*
prydferth, a. *beautiful, handsome*
prydlon, a. *punctual*
pryddest, nf. (pryddestau), *long poem in free metre*
pryfed, np. (s. pryfyn), *insects*

prynhawn, nm. (prynhawniau), *afternoon*
prynu, vn. *to buy, to purchase*
prysur, a. *busy*
pum, pump, a. *five*
punt, nf. (punnoedd), *pound* (£)
pur, a. *pure*
pwdin, nm. *pudding*
pwdin reis, *rice pudding*
pwll, nm. (pyllau), *pit, mine*
pwnc, nm. (pynciau), *subject, topic*
pŵr dab, nm. *poor fellow*
pwrpas, nm. (pwrpasau), *purpose*
pwrs, nm. (pyrsau), *purse*
pwy, p. *who*
pwy bynnag, *whoever, whosoever*
pwynt, nm. (pwyntiau), *point*
pwys, nm. (pwysau), *stress, importance, weight*
pwys, nm. (pwysi), *pound* (lb.)
pwysig, a. *important*
pwyso, vn. *to weigh, to lean*
pymtheg, a. *fifteen*
pys, np. *peas*
pysgodyn, nm. (pysgod), *fish*
pythefnos, nf. *fortnight*

R

ras, nf. (rasys), *race*
reis, nm. *rice*
rownd, pr. *round, around*
rwcsach, nf. *rucksack*
rwtsh, nm. *rubbish*

RH

rhacs, np. (s. rhecsyn), *rags*
rhag, pr. (rhagddo i, rhagddot ti, rhagddo ef, rhagddi hi, rhagddon ni, rhagddoch chi, rhagddyn nhw), *from, before, lest*
rhag ofn, *for fear, in case*
rhagbrawf, nm. (rhagbrofion), *preliminary test*
rhaglen, nf. (rhaglenni), *programme*
rhagor, a. or nm. *more*
rhagorol, a. *excellent, splendid*
rhai, p. *some, ones*
rhai dynion, *some men*
y rhai sy yma, *the ones who are here, those who are here*

rhaid, nm. (rheidiau), *need, want, necessity*
rhain (y rhai hyn), p. *these*
rhamant, nf. (rhamantau), *romance*
rhamantus, a. *romantic*
rhan, nf. (rhannau), *part*
rhandal, nm. (rhandaliadau), *instalment, part payment*
rhannu, vn. *to separate, to share, to divide*
rhaw, nf. (rhawiau), *spade, shovel*
rhedeg, vn. (stem, rhed-), *to run*
rhedyn, np. (s. rhedynen), *ferns, bracken*
rhegi, vn. *to swear, to curse*
rheiny (y rhai hynny), p. *those*
rhent, nm. (rhenti), *rent*
rheolwr, nm. (rheolwyr), *manager, ruler*
rhestr, nf. (rhestrau), *list*
    rhestr fer, *short-list*
rheswm, nm. (rhesymau), *reason, sense*
rhiain, nf. (rhianedd), *maiden*
rhieni, np. (s. rhiant), *parents*
rhif, nm. (rhifau), *number*
rhifo, vn. *to count*
rhiw, nf. (rhiwiau), *hill, slope*
rhoi, vn. *to give, to put*
rhonc, a. *rank, downright*
rhos, np. (s. rhosyn), *roses*
rhuban, nm. (rhubanau), *ribbon*
    y Rhuban Glas, *the Blue Ribbon*
rhwbio, vn. *to rub*
rhwng, pr. (rhyngo i, rhyngot ti, rhyngddo fe, rhyngddi hi, rhyngon ni, rhyngoch chi, rhyngddyn nhw), *between, among*
rhy, ad. *too (much)*
    rhy fawr, *too big*
rhybudd, nm. (rhybuddion), *warning*
rhybuddio, vn. *to warn*
rhydd, a. *free*
rhyfedd, a. *strange*
rhyfeddod, nm. (rhyfeddodau), *wonder, surprise, marvel*
rhyfeddol, a. *wonderful*
rhyfel, nm. (rhyfeloedd), *war*
rhyw, nm. (rhywiau), *sort, kind*
rhyw, a. *some, particular*
    rhyw ddydd, *some day*
rhywbeth, nm. *something*
rhywbryd, nm. *sometime*
    rhywbryd neu'i gilydd, *sometime or other*
rhywle, nm. *somewhere, anywhere*
rhywsut, ad. *somehow*
rhywun, nm. (rhywrai), *someone*

S

Sadwrn, dydd Sadwrn, *Saturday*
Saeson, np. (s. Sais, Saesnes), *English (people)*
safon, nf. (safonau), *standard, class*
Sais, nm. *Englishman*
saith, a. *seven*
sâl, a. *ill, sick, ailing, bad*
salwch, nm. *illness, sickness*
sathru, vn. *to tread, to trample*
sawl? p. *how many?*
    Sawl merch sy yno? *How many girls are there?*
    Sawl un sy yno? *How many are there?*
sbâr, a. *spare*
sbelian, vn. *to spell*
sbesial, a. *special*
sbon, *as in* newydd sbon, *brand new*
sbort, nm. *sport*
sbri, nm. *spree, fun*
sebon, nm. *soap*
    sebon meddal, *soft soap*
sedd, nf. (seddau), *seat*
    sedd gefn, *back seat*
sef, conj. *namely*
sefyll, vn. (stem, saf-), *to stand*
sefyllfa, nf. (sefyllfaoedd), *position, condition, situation*
segur, a. *idle*
seithfed, a. *seventh*
serch, nm. *love, affection*
seremoni, nf. (seremonïau), *ceremony*
seren, nf. (sêr), *star*
serth, a. *steep*
sêt, nf. (seti), *seat*
setî, nf. *settee*
setlo, vn. *to settle*
sgarmes, nf. (sgarmesau), *skirmish*
sgert, nf. (sgertiau), *skirt*
sglein, nm. *shine, polish*
sgript, nf. (sgriptiau), *script*
sgubo, vn. *to sweep*
sgwrs, nf. (sgyrsiau), *discourse, chat*
sgwrsio, vn. *to chat, to discourse, to converse*
shifft, nf. (shifftiau), *shift, turn (of work)*
siaced, nf. (siacedi), *jacket*
siantio, vn. *to chant*
siapus, a. *shapely*
siâr, nf. (siariau), *share*
siarad, vn. *to talk, to speak*
siawns, nf. *chance*

sibrwd, vn. *to whisper*
sicr, a. *sure, certain*
sicrwydd, nm. *certainty, assurance*
sidan, nm. *silk*
siersi, nf. *jersey, pullover*
sioc, nm. *shock*
sioe, nf. (sioeau), *show*
siom, nf. *disappointment*
siomedig, a. *disappointed*
siomi, vn. *to disappoint*
siop, nf. (siopau), *shop*
sir, nf. (siroedd), *county*
siwmper, nf. *jumper (clothing)*
siŵr, a. *sure*
siwrnai, nf. (siwrneiau), *journey*
siwt, nf. (siwtiau), *suit*
siwtio, vn. *to suit*
slafdod, nm. *slavery*
slafio, vn. *to slave*
slei, a. *sly*
smala, a. *droll, funny*
smalio, vn. *to joke*
sniffian, vn. *to sniff*
sobri, vn. *to sober (up)*
soffa, nf. *sofa*
solet, a. *solid, strong*
sôn, nm. *mention, rumour, sign*
sôn, vn. *to mention*
soned, nf. (sonedau), *sonnet*
sticio, vn. *to stick*
stôf, nf. *stove*
stôl, nf. (stolion, stoliau), *stool*
stond, *as in* sefyll yn stond, *to stand stock
    still*
stori, nf. (storiau), *story*
storm, nf. (stormydd), *storm*
streicio, vn. *to strike*
stryd, nf. (strydoedd), *street*
stumog, nf. (stumogau), *stomach*
stwffio, vn. *to stuff*
Sul, dydd Sul, *Sunday*
sur, a. *sour*
suro, vn. *to become sour*
sut, p. *how, what kind of*
    Sut ddyn ydy e? *What kind of a man is he?*
    Sut ydych chi? *How are you?*
swagro, vn. *to swagger*
swil, a. *shy*
sŵn, nm. (synau), *noise, sound*
    cadw sŵn, *to make a noise*
swnio, vn. *to sound*
swp, nm. *bundle, cluster*

swp, a. *limp, flaccid*
swper, nm. (swperau), *supper*
swta, a. *curt, abrupt*
swydd, nf. (swyddi), *office, job*
swyddfa, nf. (swyddfeydd), *office (place)*
swyn, nm. (swynion), *charm, magic*
swyno, vn. *to charm*
swynol, a. *charming*
sych, a. *dry*
syched, nm. *thirst*
    Mae syched arna i, *I am thirsty*
sydyn, a. *sudden*
sylw, nm. *notice, observation*
sylweddoli, vn. *to realise*
sylwi, vn. *to notice, to take notice*
syllu, vn. *to stare, to gape*
syml, a. *simple*
symud, vn. *to move*
syn, a. *amazed, amazing*
syndod, nm. *surprise*
syniad, nm. (syniadau), *idea*
synnu, vn. *to wonder, to be surprised*
synnwyr, nm. (synhwyrau), *sense*
    synnwyr cyffredin, *common sense*
syrthio, vn. *to fall*
syth, a. *straight, upright*

T

taclus, a. *neat, tidy*
tad-cu, nm. *grandfather* (N. Wales, taid)
tafarn, nf. (tafarnau), *inn, tavern, pub*
taflen fwyd, nf. *menu*
taflu, vn. *to throw, to cast*
tafod, nm. (tafodau), *tongue*
taith, nf. (teithiau), *journey, voyage*
tal, a. *tall*
tâl, nm. (taliadau), *payment*
talcen, nm. (talcennau), *forehead*
talent, nf. (talentau), *talent*
talu, vn. *to pay*
tamaid, nm. (tameidiau), *piece, morsel*
tan, pr. *until*
    aros tan yfory, *to wait until tomorrow*
taro, vn. *to strike, to knock*
tarten, nf. *tart*
tasel, nm. *tassel*
tasg, nf. (tasgau), *task*
tatw, np. (s. taten), *potatoes*
tawel, a. *quiet, calm*
tawelwch, nm. *quiet, stillness, calm*

te, nm. *tea*
tebot, nm. (tebotau), *teapot*
tebyg, a. *like, similar*
  mae'n debyg, *it's likely*
  mwy na thebyg, *more than likely*
teg, a. *fair, fine*
  chwarae teg, *fair play*
  tywydd teg, *fine weather*
tegell, nm. (tegellau), *kettle*
tei, nm. *(neck-)tie*
teigr, nm. (teigrod), *tiger*
teimlad, nm. (teimladau), *feeling*
teimlo, vn. *to feel*
teirgwaith, ad. *three times, thrice*
teithio, vn. *to travel, to journey*
teledu, nm. *television*
telyn, nf. (telynau), *harp*
temtasiwn, nf. (temtasiynau), *temptation*
tenau, a. *thin*
term, nm. (termau), *term*
testun, nm. (testunau), *subject, text*
teulu, nm. (teuluoedd), *family*
tew, a. *fat, stout*
ti, pers. p. *thou, thee*
tîm, nm. (timau), *team*
tinc, nm. (tinciau), *tinkle*
tipyn, nm. (tipiau), *bit, little*
tir, nm. (tiroedd), *land, earth*
tirfeddiannwr, nm. (tirfeddianwyr),
  landowner
tisian, vn. *to sneeze*
tithau, p. *thou also, thee also*
tiwnio, vn. *to tune*
tlawd, a. *poor, needy*
tlws, a. *pretty, beautiful*
toc, ad. *soon*
tocyn, nm. (tocynnau), *ticket*
ton, nf. (tonnau), *wave*
tôn, nf. (tonau), *tune, tone*
tonc, nf. *tinkle*
torcalon, nf. *heartbreak*
torf, nf. (torfeydd), *crowd*
torri, vn. *to break, to cut*
tost, a. *sore, ill, severe*
  pen tost, *headache*
tra, conj. *while*
traeth, nm. (traethau), *beach*
trafod, vn. *to discuss, to deal with*
traffig, nm. *traffic*
traffordd, nf. (traffyrdd), *motorway*
tragwyddol, a. *eternal*
tragwyddoldeb, nm. *eternity*

trampio, vn. *to tramp*
trasiedi, nm. (trasiedïau), *tragedy*
traws, *as in* ar draws, *across*
tref, nf. (trefi), *town*
trefn, nf. *order, system*
trefnydd, nm. (trefnyddion), *organizer*
treiddio, vn. *to penetrate, to pierce*
treio, vn. *to try*
treulio, vn. *to spend, to wear out, to digest*
  treulio'r amser, *to spend the time*
tri, a. *three*
tridiau, np. *three days*
  ymhen tridiau, *in three days time*
trigolion, np. *inhabitants*
trin, vn. *to treat, to deal with*
trist, a. *sad*
tristwch, nm. *sadness*
tro, nm. (troeon), *turn, bend, walk*
  gwneud y tro, *to make do*
  mynd am dro, *to go for a walk*
  un tro, *once (upon a time)*
troed, nf. (traed), *foot*
troi, vn. *to turn*
tros *or* dros, pr. (drosto i, drosot ti,
  drosto fe, drosti hi, droson ni, drosoch
  chi, drostyn nhw), *over*
trosodd *or* drosodd, ad. *over*
  Dewch drosodd, *Come over*
trowsus, nm. (trowsusau), *trousers*
truan, nm. (trueiniaid), *wretch,* a. *wretched*
  Druan ohono fe! *Poor fellow! Poor wretch!*
trwm, a. *heavy* (trymach, trymaf)
trwy, pr. (trwyddo i, trwyddot ti, trwyddo
  fe, trwyddi hi, trwyddon ni, trwyddoch
  chi, trwyddyn nhw), *through, by*
trwyn, nm. (trwynau), *nose*
trydydd, a. *third*
tu, nm. *side*
  tu allan, *outside*
  tu hwnt, *yonder, beyond*
  tu mewn, *inside*
  tu ôl i, *behind*
tua(g), pr. *towards, about*
  tua saith mewn rhif, *about seven in*
  number
tudalen, nm. (tudalennau), *page*
twll, nm. (tyllau), *hole*
twp. a. *stupid, dull*
twpsyn, nm. *stupid person, idiot*
twt, a. *neat, tidy*
twtio, vn. *to tidy*

tŷ, nm. (tai), *house*
  tŷ bach, *toilet, wc*
tybed, ad. *I wonder*
tyddyn, nm. (tyddynnod), *smallholding*
tyfu, vn. *to grow*
tymer, nf. (tymherau), *temper, temperament*
tymor, nm. (tymhorau), *season*
tyner, a. *tender*
tynn, a. *tight*
tynnu, vn. *to draw, to pull*
  tynnu llun, *to take a picture*
tysteb, nf. (tystebau), *testimonial*
tywydd, nm. *weather*
tywyll, a. *dark*
tywyllu, vn. *to darken, to become dark*
tywyllwch, nm. *darkness*
tywysog, nm. (tywysogion), *prince*

U

uchaf, a. *highest*
uchel, a. *high*
uffach (uffern), nf. *hell*
uffernol, a. *hellish*
ugain, a. *twenty*
un, a. *one*
unawd, nm. (unawdau), *solo*
unawdwr, nm. (unawdwyr), *soloist*
unig, a. *lonely, lone, only*
  y dyn unig, *the lonely man*
  yr unig ddyn, *the only man*
union, a. *straight, direct*
  yn union, *exactly, precisely*
  yr union beth, *the exact thing*
unlle, nm. *somewhere, anywhere, someplace*
unman, nm. *anywhere*
unrhyw, a. *any*
  unrhyw beth, *any thing*
  unrhyw ddyn, *any man*
unwaith, ad. *once*
  ar unwaith, *at once*
urddasol, a. *dignified*
uwch, a. *higher*
uwchben, ad. *or* pr. *above*

W

wâc, nm. *walk*
  mynd am wâc, *to go for a walk* (S. Wales)
wardrôb, nm. *wardrobe*

wats, nf. (watsys), *watch*
wedi, pr. *after*
wedyn, ad. *afterwards*
weithiau, ad. *sometimes*
wele, *behold!*
wrth, pr. (wrtho i, wrthot ti, wrtho fe,
  wrthi hi, wrthon ni, wrthoch chi,
  wrthyn nhw), *by, with, to, as*
wy, nm. (wyau), *egg*
wylo, vn. *to weep*
ẃyn, np. *lambs*
wyneb, nm. (wynebau), *face, surface*
wynebu, vn. *to face*
wyth, a. *eight*
wythnos, nf. *week*

Y

ychydig, a. *few, little*
yfed, vn. *to drink*
yfory, ad. *tomorrow*
ynghanol, pr. *in the middle of*
ynghau, a. *closed*
  Mae'r siop ar gau, *The shop is closed*
ynglŷn â, ad. *in connection with,
  concerning*
yma, ad. *here, this*
ymarfer, vn. *to practise*
  nm. *exercise*
ymateb, vn. *to respond, to react*
ymdrochi, vn. *to bathe*
ymddangos, vn. *to appear*
ymddwyn, vn. *to behave*
ymhell, ad. *far, afar*
ymhellach, ad. *furthermore, further*
ymhlith, pr. *among, amidst*
ymladd, vn. *to fight*
ymlaen, ad. *forward, onward, on*
ymolchi, vn. *to wash*
ymprydio, vn. *to fast*
ymuno, vn. *to join*
yn, pr. (yno i, ynot ti, ynddo fe, ynddi hi,
  ynon ni, ynoch chi, ynddyn nhw), *in*
yna, ad. *there, then*
ynad, nm. (ynadon), *magistrate*
yno, ad. *there*
yntau, p. *he, him also*
ynteu, conj. *or else, then*
  mynd ynteu aros, *to go or to stay*
Ynyd, *as in* Dydd Mawrth Ynyd, *Shrove
  Tuesday*

ynys, nf. (ynysoedd), *island*
ysbryd, nm. (ysbrydion), *spirit, ghost*
ysbyty'r meddwl, nm. *mental hospital*
ysgafn, a. *light (weight)*
ysgol, nf. (ysgolion), *school*
ysgol, nf. (ysgolion), *ladder*
ysgrifennu, vn. *to write*
ysgrifennydd, nm. (ysgrifenyddion),
   secretary

ysgwyd, vn. *to shake*
ysgwydd, nf. (ysgwyddau), *shoulder*
ystafell, nf. (ystafelloedd), *room*
ystod, *as in* yn ystod, *during*
ystyr, nf. (ystyron), *meaning*
yw, *is*